信息系统开发与应用

张 鹏 ———— 编著

人民邮电出版社
北京

图书在版编目（CIP）数据

信息系统开发与应用 / 张鹏编著. -- 北京 ：人民邮电出版社，2025. -- ISBN 978-7-115-65857-9

Ⅰ．G202

中国国家版本馆CIP数据核字第2025V9Z644号

内 容 提 要

本书全面而深入地介绍了信息系统开发实践。全书共分为 6 章，首先介绍系统开发生命周期（SDLC），明确系统开发的关键环节，然后描述支撑软件信息系统所运行的重要基础设施，接着提出信息系统分析的方法，再对模块化设计、面向对象设计思想、数据库设计、设计模式等系统设计问题进行全方位探讨，还围绕目前流行的软件系统开发主流技术（如 Spring 框架、Spring MVC 框架和 MyBatis 框架）对系统的实施与运行进行阐述，最后分析如何从不同的方面和角度提高系统性能，保证系统运行时的可靠与高效，降低系统维护成本。

本书不仅适合计算机及相关专业的学生阅读，还适合对信息系统开发感兴趣的人士阅读，也可作为信息系统开发人员的参考图书。

◆ 编　著　张　鹏
　　责任编辑　高　扬
　　责任印制　马振武

◆ 人民邮电出版社出版发行　北京市丰台区成寿寺路11号
　　邮编　100164　电子邮件　315@ptpress.com.cn
　　网址　https://www.ptpress.com.cn
　　固安县铭成印刷有限公司印刷

◆ 开本：787×1092　1/16
　　印张：14.5　　　　　　　　　　2025年4月第1版
　　字数：300千字　　　　　　　　2025年4月河北第1次印刷

定价：89.80元

读者服务热线：(010)53913866　印装质量热线：(010)81055316
反盗版热线：(010)81055315

前言 Preface

随着信息技术和互联网的快速发展,各行各业的业务开展都需要依靠信息系统的帮助,因此信息系统的开发流程成为系统开发人员必须掌握的核心知识。信息系统的开发是一项系统的工程,所涉及的环节与技术也非常多。一个信息系统的开发往往是由许多部门和岗位配合完成的,一个人很难独立构建一个完整的信息系统,这也导致从业人员往往只了解系统开发的某一个环节,缺乏对系统整体性的认识和学习,进而很难从全局性的角度去审视整个系统开发的过程。

本书作者利用多年对软件工程方法学的理论研究,结合企业实际开发案例,全面总结了系统开发的全流程。本书基于目前信息系统开发主流思想的软件工程方法学,从底层到高层、从硬件到软件,全方位、全过程地将信息系统开发所涉及的硬件、软件、数据库、基础设施、开发技术、性能评测等进行呈现,使读者可以对信息系统开发的每一个环节和流程都有清晰的认识,并且形成大局观,能够从比较高的层次去思考系统开发问题。

本书共分为6个章节,第1章主要论述SDLC,阐述系统开发所经历的环节,明确了系统开发的关键环节。第2章主要论述信息系统基础设施,描述支撑软件信息系统运行所需要的重要基础设施,包括硬件体系结构、计算逻辑和方式、操作系统以及系统间的数据通信方式。第3章主要论述系统分析的方式方法,提出对信息系统进行合理、科学的分析手段和方法。第4章描述系统设计,主要针对模块化设计、面向对象设计思想、数据库设计、设计模式等关键设计问题进行全方位的探讨。第5章主要阐述系统的实施与运行,围绕着目前流行的软件系统开发主流技术(Spring框架、Spring MVC框架和MyBatis框架)展开,并对软件系统质量保证技术进行分层阐述,从而保证系统开发后的质量不出现问题。第6章主要阐述系统性能与维护,探讨如何从不同的方面和角度提高系统性能,保证系统运行时的可靠与高效,降低系统维护成本。

目 录 Contents

第1章　SDLC

1.1　概述 …… 002
1.2　系统选择与规划 …… 003
1.2.1　系统选择与规划的目的 …… 003
1.2.2　数字时代下的商业模式 …… 003
1.3　系统分析 …… 005
1.4　系统设计 …… 007
1.5　系统实施与运行 …… 007
1.6　系统性能与维护 …… 008

第2章　信息系统基础设施

2.1　概述 …… 012
2.2　信息系统硬件体系结构 …… 013
2.2.1　冯·诺依曼计算机 …… 013
2.2.2　程序 …… 013
2.2.3　信息系统中的指令结构 …… 014
2.2.4　信息系统中的寻址方式 …… 016
2.2.5　信息系统中的存储结构 …… 020
2.3　数学与计算 …… 025
2.3.1　计算机中的进制 …… 025
2.3.2　码间运算 …… 028
2.3.3　矩阵与数组 …… 030
2.4　信息系统中的操作系统 …… 035

2.4.1　进程调度 ··· 036
　　2.4.2　内存调度 ··· 040
　　2.4.3　I/O 数据传输 ··· 043
2.5　信息系统中的数据通信 ··· 044
　　2.5.1　物理层的采样、量化、编码 ··· 045
　　2.5.2　数据链路层 ··· 046
　　2.5.3　网络层的 IP 协议 ·· 050
　　2.5.4　传输层 ·· 054

第 3 章　系统分析

3.1　需求分析 ··· 058
　　3.1.1　需求分析要素 ··· 058
　　3.1.2　成本效益分析 ··· 059
3.2　数据分析 ··· 060
3.3　数据流图 ··· 063
3.4　UML 建模 ··· 064
　　3.4.1　UML ·· 064
　　3.4.2　静态图 ·· 065
　　3.4.3　静态图间的关系 ·· 067
　　3.4.4　类之间的关系描述 ··· 068
　　3.4.5　动态图 ·· 070

第 4 章　系统设计

4.1　概述 ·· 074
4.2　模块化设计 ·· 074
　　4.2.1　模块化设计原则 ·· 074
　　4.2.2　模块间的耦合度 ·· 076
　　4.2.3　模块内的内聚性 ·· 078
　　4.2.4　启发规则 ··· 080
4.3　面向对象设计思想 ·· 082
　　4.3.1　类和对象的创建 ·· 083
　　4.3.2　Java 的封装 ·· 084
　　4.3.3　构造函数 ··· 085

4.3.4　继承 ·· 087
　　4.3.5　this 和 super 关键词 ·· 090
　　4.3.6　Java 的多态 ··· 090
　　4.3.7　Java 语言的编译 ·· 094
　　4.3.8　静态变量 ··· 097
　　4.3.9　抽象类与接口 ··· 098
　4.4　数据库设计 ··· 099
　　4.4.1　逻辑模型设计 ··· 099
　　4.4.2　物理模型 ·· 101
　　4.4.3　数据库中的 SQL 语句 ·· 105
　　4.4.4　多表关联查询 ··· 108
　　4.4.5　关系运算 ·· 110
　　4.4.6　数据库三级模式映射 ··· 112
　　4.4.7　JDBC 技术 ·· 113
　4.5　设计模式 ·· 114
　　4.5.1　设计原则 ·· 115
　　4.5.2　单例模式 ·· 121
　　4.5.3　工厂方法模式 ·· 123
　　4.5.4　代理模式 ·· 125
　　4.5.5　模板方法模式 ·· 126

第 5 章　系统实施与运行

　5.1　概述 ··· 130
　　5.1.1　MVC 设计思想 ··· 131
　　5.1.2　Java EE 分层设计架构 ·· 132
　5.2　Spring 框架技术 ··· 134
　　5.2.1　Spring 框架 IOC 技术 ··· 134
　　5.2.2　Spring 框架搭建基础 ··· 137
　　5.2.3　Spring 框架注解搭建 ··· 142
　　5.2.4　Spring 框架 AOP 技术 ·· 144
　　5.2.5　Spring 框架 AOP 技术应用 ·· 147
　5.3　Spring MVC 框架 ··· 150
　　5.3.1　Spring MVC 框架搭建基础 ·· 150
　　5.3.2　Spring MVC 框架的视图定位 ··· 153
　　5.3.3　Spring MVC 框架的注解形式搭建 ······································· 154

5.3.4　Spring MVC 表单请求 ……………………………………… 155
5.3.5　页面跳转 ……………………………………………………… 156
5.4　MyBatis 框架 …………………………………………………………… 158
5.4.1　Java 持久化对象 ……………………………………………… 159
5.4.2　MyBatis 框架搭建步骤 ……………………………………… 161
5.4.3　MyBatis 框架的增删改查操作 ……………………………… 165
5.4.4　MyBatis 框架的多表关联操作 ……………………………… 168
5.4.5　MyBatis 框架的动态 SQL …………………………………… 170
5.4.6　MyBatis 框架的注解形式使用 ……………………………… 173
5.4.7　MyBatis 框架与 Spring 框架整合 …………………………… 174
5.5　软件质量保证技术 ……………………………………………………… 176
5.5.1　软件危机与能力成熟度模型 ………………………………… 176
5.5.2　软件过程模型 ………………………………………………… 177
5.5.3　可靠性设计技术与 FEMA …………………………………… 179
5.5.4　软件测试 ……………………………………………………… 180

第 6 章　系统性能与维护

6.1　高性能 …………………………………………………………………… 188
6.1.1　存储高性能 …………………………………………………… 188
6.1.2　计算高性能 …………………………………………………… 190
6.1.3　消息队列 ……………………………………………………… 192
6.2　高可用 …………………………………………………………………… 193
6.2.1　存储高可用 …………………………………………………… 193
6.2.2　计算高可用 …………………………………………………… 194
6.3　多线程 …………………………………………………………………… 195
6.3.1　线程的状态 …………………………………………………… 199
6.3.2　操作线程的方法 ……………………………………………… 199
6.3.3　线程的同步 …………………………………………………… 203
6.4　异常处理 ………………………………………………………………… 209
6.4.1　代码异常处理机制 …………………………………………… 209
6.4.2　接口级异常处理方案 ………………………………………… 213
6.4.3　系统级异常应对方案 ………………………………………… 214
6.5　事务管理 ………………………………………………………………… 215
6.6　云计算 …………………………………………………………………… 219
6.6.1　云计算的特点 ………………………………………………… 219
6.6.2　云计算的服务方式 …………………………………………… 220

参考文献 …………………………………………………………………………… 223

第1章 SDLC

1.1 概述
1.2 系统选择与规划
1.3 系统分析
1.4 系统设计
1.5 系统实施与运行
1.6 系统性能与维护

1.1 概述

信息系统的主要任务是模拟现实世界中的一个业务流程，并通过计算机软件赋能，使得业务流程变得自动化、智能化。例如，在企业中设计企业资源规划系统实现企业资源智能化处理，在高校中设计高校教务管理系统实现智慧校园的建设。信息系统的主要目的是将人从复杂烦冗的重复性劳动中解脱出来，并根据信息系统的智慧化分析处理进行更高效的决策。

信息系统并不是拿来即用，而是需要经过一系列复杂的环节才能诞生。每一个信息系统都有一个开发生命周期，即信息系统从一个概念的诞生到使用寿命终止的完整生命过程，这个过程就被称为系统开发生命周期。该生命周期包含 4 个阶段：系统规划与选择、系统分析、系统设计、系统实施与运行。这 4 个阶段有严格的先后顺序，不能颠倒。第 1 个阶段是系统规划与选择，主要任务是确定需要解决的问题领域，并对其进行规划。第 2 个阶段是系统分析，主要任务是从信息系统开发的专业角度出发，根据用户的规划与选择对即将开发的信息系统进行分析。第 3 个阶段是系统设计，主要任务是对分析阶段产出的文档和模型进行详细的逻辑设计以及人机界面设计。第 4 个阶段是系统的实施与运行，主要任务是对系统设计阶段的逻辑设计内容进行编码开发和测试工作。系统开发生命周期（SDLC）的完整过程如图 1.1 所示。

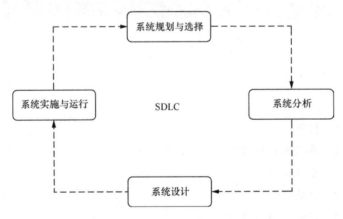

图1.1 SDLC的完整过程

值得注意的是，当生命周期中的 4 个阶段按照顺序执行完毕，图中的箭头并没有停止，而是从第 4 个阶段再一次指向了第 1 个阶段，从而形成一个环。这时大家可能会有疑问，既然系统开发的 4 个阶段都执行完毕，系统也已经开发完成，那为什么还要继续执行而不是结束呢？

在 SDLC 中，第一次执行完 4 个阶段后会得到一个完整的软件系统，而且这个系统会被投入使用，来帮助用户去解决相应的业务问题。但是，在用户使用过程中，系统不可能完全没有问题，或者说即使系统在使用初期没有出现问题，也可能会随着企业业务的增加和规模的扩张导致系统出现问题需要更新系统。像这类在使用过程中因系统出现问题而需要维护的过程，就是软件工程中常说的"软件系统维护过程"，而维护的过程并不是 SDLC 中仅仅通过某个阶段可以处理的，也需要从系统规划-系统分析-系统设计-系统实施这 4 个阶段着手。如果理解了系统维护的过程，那么就可以解释系统开发生命周期会不断地循环执行以上 4 个阶段的原因，即第一次循环是软件从无到有的开发周期，而后续的循环就是软件在使用过程中，不断维护的周期。

所以，信息系统也是有生命周期的，如同我们人也会经历生老病死的生命周期一样，系统也是从一个概念开始，直到这个系统到达使用寿命被淘汰。

SDLC 就是对系统进行开发的过程。系统开发完毕，系统与硬件系统、电信网络组合在一起进行使用。

信息系统可以作用于各行各业，可以帮助企业或组织提高工作效率、拓宽营收渠道、获得市场竞争优势、赢得更多客户和改善用户服务等。

常见的信息系统有事务处理系统（TPS）、管理信息系统（MIS）、决策支持系统（DSS）等。

1.2 系统选择与规划

1.2.1 系统选择与规划的目的

作为一个系统开发人员，首先要清楚一个问题，我们进行的代码编写、系统开发，并不是为了做而做，单纯写代码和做系统是没有任何意义的，信息系统的出现一般是为了解决现实当中的一个具体问题。比如教务管理系统的开发主要是服务于教学管理运行业务，使得教学管理运行过程更加自动化、智慧化。同理，超市管理系统的开发主要是服务于超市买卖业务，使得超市在管理、交易、存储、展示上更加便捷、高效。所以，系统的选择过程就是要明确需要解决的实际问题以及面向的业务流程。

1.2.2 数字时代下的商业模式

当下处在一个数字时代，随着数字技术渗透到工作场所，许多企业的商业模式和业务流程正在由原先传统的商业模式和业务流程向数字化转变。

商业模式是对战略方向的总结，概括了如何实现商业目标、构建业务模型以及企业将如何创造、交付和获取价值，并确定其客户细分、价值主张、渠道、客户关系、收入流、关键资源、关键活动、关键合作伙伴和成本结构。

换句话来说，商业模式反映了如下 5 点。

（1）企业是做什么的？

（2）企业如何做到独一无二？

（3）企业通过什么方式获得报酬？

（4）需要哪些关键资源和活动？

（5）所涉及的成本是什么？

业务流程是企业组织为实现其业务目标而执行的活动，包括转换输入和产生输出的核心活动，以及支持使核心活动能够发生的活动。

信息系统对企业的变革首先是组织结构，大部分的企业组织结构包括 3 个层面，分别是运营层面、管理层面和战略层面。每一个层面的业务流程都不同。

运营层面主要从事基础性、重复性的业务；管理层面主要是对运营部门的工作进行监督、管理等；战略层面主要是对未来的企业战略和方向进行把控。

企业可以通过信息系统提升各个层面的工作效率。对于企业组织的运营层面，信息系统通过自动化工作和重复的活动来帮助其提高效率。企业组织管理层面的信息系统通过自动化操作来监视和控制活动，帮助其提高效率。企业战略层面的信息系统通过提供过去数据的摘要和对未来的预测，改进企业的战略和规划。

在上述企业的不同层面中，信息系统自动化能够让事情做得更快；信息系统的学习能力能够把事情做得更好；信息系统支持决策能够实现更聪明地做事。企业通过信息系统的自动化、学习能力和支持决策等功能实现业务增值。

信息系统主要作用于企业的价值链来帮助企业增值，在企业的业务流程中，实现企业增值的这组活动被称为企业中的价值链。信息系统的使用使得价值链的价值增长空间变得更大。

比如某个企业的价值链中的业务活动包括产品的输入、输出、运营、售卖和市场以及售后服务。对上述活动提供支撑的企业部门有管理部门、公司基础设施部门、人力资源部门、产品研究与开发部门、技术部门和采购部门等。

对于输入活动和输出活动，可以使用供应链和客户关系管理系统；运营活动可以使用计算机辅助制造系统；售卖和市场可以使用微博、微信等社交软件系统；售后服务可以使用客户服务系统。管理部门可以使用 ERP 系统等。

信息系统在服务于企业业务流程与企业价值链活动的同时，也衍化出许多信息化时代不同类型的盈利模式。有联盟营销模式、广告营销模式、订阅模式、授权管理模式、交易费模式、传统营销模式、免费增值模式等。

联盟营销模式可以理解为互联网带货，拥有流量的主播在互联网平台上售卖不同商家的货品，商家则会给主播佣金。

广告营销模式指向用户提供免费的服务，向第三方平台收取费用，第三方平台可利用此模式进行广告宣传，提高知名度，如微博、微信等。

订阅模式指用户为了能够使用平台上的资源，向平台支付年费或月费，如爱奇艺、优酷等视频网站。

授权管理模式是用户向拥有知识产权的一方支付资金的模式。

交易费模式是交易双方在该平台进行交易，平台收取佣金的模式，如滴滴等。

传统营销模式是用户在网站上购买产品或服务的模式，如京东、淘宝等。

免费增值模式是首先提供给用户免费的服务，等到用户对该服务使用一段时间，形成黏性后，再通过增值服务向用户收取费用的模式，如迅雷等。

1.3 系统分析

系统分析是系统开发生命周期的第 2 个阶段，该阶段的目的是让系统设计者对所要开发的新的信息系统的业务流程有一个全面而深刻的认识。这里的系统设计者可以理解为系统开发工程师。

系统分析主要由 4 个步骤构成。

（1）需求分析（Requirements）。

（2）数据建模（Data Modeling）。

（3）数据流（Data flows）。

（4）处理逻辑（Processing logic）。

需求分析主要是系统设计者通过访谈、问卷调查、开会讨论等方式获得用户的需求。用户的需求对于系统设计者非常的重要，只有了解用户需求，设计出的系统才能符合用户业务需要。

数据建模是在需求分析之后进行的分析工作。通过需求分析，系统设计者可以确定所设计的系统包含了哪些数据，比如通过对学校教学业务的分析，可以提炼出学生数据、教师数据、班级数据等信息，数据建模可以将这些数据整理成概念模型进行表示，为以后转换成数据库信息做准备。

数据建模之所以放到需求分析之后，是因为数据是信息系统非常重要的组成部分，数据之于信息系统，相当于血液之于人体。无论是信息系统还是计算机本身，数据都是其使用和操作的主要对象。对于常使用的计算机来说，无论是笔记本计算机，还是台式计算机，其最重要的部分就是中央处理器（CPU）。因为中央处理器中有两个核心部件：控制器与运算器。运算器的主要作用就是计算。平常使用计算机的内容，无论是视频、图片，还是游戏、办公，都是将其转换成二进制数据后，在 CPU 中运算所生成的。这也是我们称其为计算机，而不是洗衣机、电冰箱的原因。所以，信息系统强大的最根本原因是其对数据的处理,如果没有数据,那么系统的工作意义也不复存在。

数据流,顾名思义就是数据的流动。数据建模是将需求分析步骤中所获得的重要数据信息进行整理。但这是一个静态的过程,数据建模无法描述数据在系统中流动的方向和流经的模块。数据流则可以帮助系统设计者描述定义的数据是如何在系统中流动的。数据的流动是一个重要的要素,只有当数据在系统中正常流动,才说明系统的各个模块发挥了其应有的作用并且相互配合。如果数据只是静止状态,或者数据流动到某一个模块就不往下走了,则说明该系统存在缺陷或不足。

系统组成如图 1.2 所示,包含 1 个数据源、2 个功能模块。如果该数据不流动,则模块 A 和模块 B 无法发挥其作用,因为模块的主要作用就是用于处理、存储、分发数据等。所以,一个健壮的系统一定是数据可以畅通无阻地流经各个模块,并且正确无误地经历数据变换。而数据流正是提供这类信息,来描述系统的功能、数据的流向和数据的变化。

图1.2　系统组成

系统的数据流如图 1.3 所示,数据 a 从数据源流向模块 A,经过模块 A 处理,变为数据 a+b 输出,数据 a+b 流经模块 B,变换为数据 a+b−c 输出。

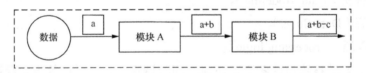

图1.3　系统的数据流

系统分析的第 4 个步骤是处理逻辑。处理逻辑是一个模块内部具体的执行算法。一般是由一系列的伪代码表示数据在一个模块内部经历了哪些算法步骤。伪代码是一种类似于编程语言但又不能直接在编译器中运行的一种代码,主要用来表示系统分析阶段的逻辑步骤。

如图 1.3 所示,数据流分析只是告诉我们,当数据 a 流经模块 A 后,会变为 a+b。但并没有具体说输入的数据 a 在模块 A 中做了何种处理才变成数据 a+b。

也可以说,数据流是对软件系统进行的一个宏观的分析描述;而处理逻辑则是从模块内部的算法逻辑入手,从微观的角度,深入分析模块的具体算法步骤。让程序设计者对即将设计的模块有一个更加清晰、深入的理解,方便后续设计到代码的转换。

1.4 系统设计

系统设计是介于系统分析与系统实施与运营之间的阶段,具有承上启下的作用。系统设计是对系统分析成果的进一步深化,将分析的内容变得更加具体化、直观化。系统设计完成后,开发人员可以直接根据设计的成果顺利地完成系统的实施。系统设计主要包含3个部分,处理与逻辑、数据库设计、人机交互界面。

处理与逻辑是对系统分析所得到的模型进行进一步细化和设计,主要根据需求分析和数据流图等对系统模块进行模块化设计,完成模块的分层、分类,以及了解模块间的相互关系和通信接口。同时,对每一个模块内部的数据结构和算法流程进行详细设计。

数据库设计主要是针对系统分析阶段获得的 E-R 图的进一步设计。E-R 图是根据需求分析产出的数据所构建的概念模型,为了能够将数据模型贴近于数据库实施要求,需要将 E-R 图进一步转换成符合一定范式的标准存储结构的逻辑模型。

人机交互界面是用户与所设计的信息系统沟通时使用的窗口。交互界面设计主要关注于用户界面中元素布局、色彩搭配、用户使用友好度等特点。信息系统复杂的处理方法与逻辑都要通过交互界面与用户进行沟通,属于系统前端设计。

1.5 系统实施与运行

系统实施与运行是 SDLC 的最后一个阶段,该阶段主要包括两个任务,第1个任务是将系统设计阶段的成果转化为实际运行的信息系统;第2个任务是系统的测试与质量保证。

第1个任务主要通过不同的编程语言,将系统设计阶段模块间的关系与模块中的数据结构和算法进行编码。目前流行的编程语言有 Java、Python、C#、C++ 等。每一种编程语言都有各自的优缺点,适用的场景也不同,编码时需要根据实际需求进行选择。

第2个任务是对编码的系统进行测试。系统测试是为了保证软件系统投入使用后,能够正确无误。

测试环节一般分为3个阶段,按照测试的先后顺序可分为开发测试、α 测试和 β 测试。每一个阶段的操作者和任务都是不一样的,3个阶段形成一个整体,共同保证系统的质量。

开发测试是由系统开发人员进行的测试,该测试注重边开发边测试。开发人员每设计一个模块,不论该模块规模大小,都需要对其进行测试。对于单一模块的测试也称为单元测试,它注重测试模块内部的代码逻辑和过程。同时,模块之间不是独立的,而是相互关联的。开发人员也会将几个模块聚合到一起进行集成测试,测试不同模块间代码逻辑和通信是否正确。

当软件系统的各个模块开发完毕，并且已经整合成一个完整的软件系统时，测试就会进入下一个环节——α 测试。

α 测试是由测试人员完成的。软件测试是一个独立的岗位，其职责是通过不同的测试手段，专门进行系统测试。测试对象是完整的软件系统，而不是某一个模块或某几个模块。其测试的目的不是关注系统内部代码逻辑是否正确，而是关注系统的功能是否都按照客户的需求完成了，并且功能的输入和输出是否与预期一致。

β 测试是测试的最后一个阶段，也是产品进入市场的最后一关。β 测试并不是由专业的人员进行的，而是由真实的用户执行。因为最终的产品是要交到用户手上去运行，用户相对于专业人员可能不具备专业知识，也并不了解系统的内部原理。比起专业人员进行的测试，用户在测试时，可能会出现很多之前测试中没有出现的问题，这也是 β 测试的主要目的。

β 测试要求最终的用户使用真实的数据在真实的环境中进行测试。β 测试有时也称为公开测试，即"公测"。很多网络游戏在发布之前，往往会举办"不删档公测"活动，邀请一部分玩家在一个月内进行游戏试玩，这就是我们说的 β 测试。只有当 β 测试完成，并且没有问题后，产品才能投入市场，进入用户手里使用。

到此为止，SDLC 的 4 个阶段就全部结束了。这 4 个阶段职责分明、各司其职，每个阶段都完成了系统开发的不同任务。那么，是不是 4 个阶段结束后，系统开发的生命周期就结束了？

从 SDLC 的流程图中不难发现，当 SDLC 的箭头从系统规划与选择开始一直到达系统实施与运行后，箭头的流向并没有停止，而是又重新指向了系统规划与选择。因为 SDLC 并不是只有一个圈，而是一个循环往复的过程，第一个圈只是将系统从无到有地构建起来，而后续的循环往复过程则是对已有的系统进行维护的过程，直到系统被淘汰。

SDLC 的这种描述形式也跟其概念是一致的："系统是从一个概念开始，直到这个系统到达使用寿命被淘汰"。

1.6 系统性能与维护

系统维护过程是对已经构建完毕并投入运行的系统不断更新和修复的过程，维护过程占到了软件开发过程的大部分时间。

系统维护按照维护类型的不同，共分为 4 种，分别是改正性维护、适应性维护、预防性维护和完善性维护。

改正性维护是最紧急的一种维护，它表示系统在运行的时候出现了错误，需要马上对系统的编码、设计或者实施部分进行修改，否则会影响用户的使用。

适应性维护是对系统中的功能进行更新和升级，使系统适应企业业务需求的变化。起初设计的系统一般是根据企业当前的规模进行设计的，但是随着企业的不断发展壮大，其业务板块和所要处理的数据量都在不断增大，如果仍然保持系统的功能或者处理数据的性能不变，则满足不了企业的业务需要。适应性维护就是让系统随着企业的业务增长而同步更新。

预防性维护是通过改变系统功能而避免将来会发生重大问题。所谓"安全第一、预防为主"，如果能够在问题还没有出现的时候，就将该问题隐患排除，这将是最节省人力、物力的方式。预防性维护所处理的就是当前还没有发生，并没有影响到系统的正常运行的问题。但是在未来的某个时间段，该问题可能会对系统形成实质性的损害。所以，预防性维护的作用是将隐患消灭于未发。

完善性维护是对软件系统精益求精的一种维护。虽然目前的系统无论从功能上、性能上还是需求上都能够完成业务的要求，但是要想将系统的功能、性能等方面进行提升的维护就是完善性维护。完善性维护不是必需的，是一种锦上添花、精益求精的维护方式。

在进行维护的时候，不同的维护类型有不同的优先级顺序。4种维护类型按照优先顺序由高到低分别是改正性维护、适应性维护、预防性维护、完善性维护。为了保证优先处理紧急的请求，当一个维护请求发生后，首先判断其优先级。如果是改正性维护，则首先进行处理，其次是适应性和预防性维护。对于完善性维护，并不是必须去处理，而是需要经过评估，衡量目前系统是否需要进行完善或者系统性能提升。因为完善性维护即使不去做，也不会影响系统的运行。只有通过评估的完善性维护才需要对其进行处理。

同时，性能的优劣直接决定了维护的成本和所花费的时间，系统性能是一种非功能特性，它关注的不是系统是否能够完成特定的功能，而是在完成该功能时展示出来的及时性、可靠性、容错性等。系统性能在提高功能稳定性，降低维护成本，增强用户体验等方面具有重大作用，是进行系统开发时必须考虑的因素。

第2章
信息系统基础设施

2.1 概述
2.2 信息系统硬件体系结构
2.3 数学与计算
2.4 信息系统中的操作系统
2.5 信息系统中的数据通信

2.1 概述

信息系统（IS）是由创建、收集、处理、存储和分发有用数据的信息技术和人员组成的人机一体化系统。人员是使用信息系统的用户；信息技术则是硬件、软件和电信网络的组合。

所以，信息系统的构成不是只有软件系统，还有硬件设备、计算机网络通信和使用的人员。虽然在进行系统开发时，大部分情况是考虑如何按照用户的需求实现软件系统功能，但也需要考虑软件系统在硬件设备的部署和网络通信问题。

信息系统基础设施是支撑一个信息系统正常运行的基础。如同我们所居住的城市一样，城市的正常运转需要基础设施（比如电力、水利、排污、交通等）的支撑。如果没有城市基础设施的支撑，城市将不能正常运转。信息系统也是如此，即使信息系统的功能再完善和强大，如果没有信息系统基础设施的支撑，也无法驱动系统的运行。信息系统的基础设施主要有硬件、软件、网络和数据中心等。

基础设施位于最底层，是系统功能应用的支撑；中间层是用户所需要的系统功能应用和数据库；顶层是业务流程。中间层的系统功能应用和数据库的设计与开发是为了实现企业或组织的业务流程而进行的。

如果一个系统应用想要实现服务企业或组织业务流程的功能，没有基础设施的支撑，则犹如空中楼阁，根本不可能实现。反过来，基础设施越完善、性能越好，那么用户在使用系统功能应用进行工作的时候，效率也就越高。

硬件主要指运行软件所需的物理部件，包括的类型有超级计算机、服务器、工作站、个人计算机等。每一种物理部件对应的性能和适用场景都不同，个人计算机是最经济实惠的物理硬件，一般针对个人，不能面向大量人群；工作站也是针对个人，但是性能要远高于个人计算机，价格高，一般用于科研等工作；如果需要面向大量人群，则可以使用服务器。

系统软件用于控制计算机硬件，最典型的系统软件就是操作系统，比如常见的Windows操作系统，或者是Ubuntu、Linux等。操作系统可以管理硬盘的驱动和存储，管理键盘、鼠标、显示器和打印机或者协调应用程序对计算机资源的访问等。

存储的主要功能是对于数据的保存，存储类型包括3种：第1种是操作存储类型，该类型存储的数据用于事务处理或数据分析；第2种是备份存储类型，该类型存储的数据用于组织数据的短期存储，以用于将系统从相关的灾难中恢复。更新的备份数据不断地覆盖原有数据；第3种是归档类型存储，用于组织数据的长期备份。

网络主要用于人机通信，便于进行数据的共享和通信。完成一次完整的网络通信一般需要具有发件人和收件人、传播途径、通信规则/协议等几个要素。发件人与收件人是信息发送与接收的两个端点；传播途径即数据传播的线路；通信规则或协议则是说明数据如何定义内容和格式。一般情况下，通信双方所位于的地理位置相距很远，所存在的网络空间也不同，这就会造成数据定义的不统一，在网络通信中此种情况不计其数，就如同两个不同国家的人进行交流是非常的困难的，因为他们的文化背景、语言等都是不一样的。通信协议就是为了将这些不同进行统一，从而使通信双方即使不在一个网络空间当中，也可以正常进行数据通信。

2.2 信息系统硬件体系结构

2.2.1 冯·诺依曼计算机

信息系统的主要物理结构就是计算机硬件部分，现代计算机的硬件组成是由冯·诺依曼提出的，他将计算机硬件划分成 5 个部分，分别是控制器、运算器、存储器、输入设备和输出设备。其中，控制器和运算器又叫作中央处理器（CPU）。

这 5 个部分各司其职，共同完成计算机硬件部分的工作。

控制器相当于人脑的操作控制功能，主要对操作进行获取、分析、执行。运算器相当于人脑的计算功能，主要用于计算机中的数据计算。存储器相当于人脑的记忆功能，主要作用是存储信息。输入设备是人机交互的接口，相当于平时用的笔，用于信息的输入。常见的输入设备有鼠标、键盘等。输出设备也是人机交互的接口，相当于平时用的纸，用于显示处理的结果。常见的输出设备有显示器、打印机等。

计算机之所以被称作计算机，而不是被称作洗衣机、电冰箱，是因为它的主要作用是计算数据。计算机能够显示五彩缤纷的世界，正是因为其强大的计算能力。计算机中表示的数据与我们现实世界中用的数据不同，现实世界使用的计数方式是十进制，也就是由 0~9 这 10 个数码组成的数字。而在计算机的世界中，有自己的专属计数方式，那就是二进制。二进制由 0 和 1 这两个数码组成。二进制也称作机器语言，即计算机的语言，五彩缤纷的世界在计算机看来，就是由一串一串的二进制序列组成。

冯·诺依曼计算机与之前的计算机相比的最大的优点是存储程序，之前的计算机中的存储器只能存放数据，而冯·诺依曼计算机可以在存储器中存储程序。

2.2.2 程序

程序是指按照一定的规则和顺序进行的一系列任务执行过程。有了程序，机器才能按照人的意图自动运行。比如我们常用的洗衣机，衣服放进洗衣机里可以自动清洗，正是因为洗衣机里存储了程序。当我们按动开关，洗衣机就会按照内部存储的程序中的规则和顺序，依次执行洗涤、漂洗、烘干等任务。

程序并不是最小的执行单位，程序是一系列指令的集合。每一个指令表示一个具体的操作，一个完整任务的完成是由一系列的指令共同配合实现的。

冯·诺依曼计算机在自动执行任务前，首先应确保程序（即指令集合）提前存入存储器。指令会按照顺序依次执行，而不是所有的指令同时执行，这就需要计算机中有一个计数器来标识每一次执行的是哪一个指令。这个计数器称作程序计数器（PC），根据PC的序号，中央处理器依次从存储器中取出当前需要执行的指令，送入控制单元（CU），控制单元对送入的指令进行分析，理解该指令需要执行何种操作，然后驱动算术/逻辑单元进行具体数值的运算，并将运算后的结果存入存储器，完成一次指令的执行，然后继续执行下一条指令，直到程序中的所有指令执行完毕。

程序中的指令都是以二进制的形式进行编写，因为二进制是计算机的"母语"，计算机无法识别其他进制语言。计算机指令（Computer Instruction）的执行过程分为3步：取指令、分析指令、执行指令。

执行计算机指令时，CPU首先从存储器中取出一条指令到CPU内执行，然后分析指令需要执行的具体操作，最后根据指令分析的结果控制计算机相关部件执行指令。

在信息系统的硬件体系结构中，有3种信号贯穿整个系统，分别是数据信号、地址信号和控制信号。控制信号由控制器发出，通过控制输入设备和输出设备进行数据的输入和输出，控制存储器将其中存储的指令和数据传递到控制器中。数据信号负责数据的传递，完成输入设备到运算器再到输出设备的传递以及存储器到控制器的数据传递。地址信号则负责控制器发送地址信息到存储器指定的地址中取数据。

CPU在处理一系列工作时，会有许多时间上的表示，就如同歌曲一样。歌曲通过节拍来表示每一个音符的时间长短，CPU中也是通过节拍来实现时间控制。

CPU中常见的时间概念有指令周期、机器周期（CPU周期）、时钟周期、存取周期等。指令周期是指从主存中取出并执行一条指令所需完整时间；机器周期是指完成一个基本操作所需时间，基本操作包括取值、间址、执行、中断等；时钟周期是由CPU时钟定义的定长时间间隔，是CPU工作的最小时间单位，也称为节拍脉冲或T周期。这3种时间的长短不一致，其大小关系是：指令周期＞机器周期＞时钟周期。除此之外，还有存取周期，存储周期是指存储器进行两次独立存储器操作所需最小的时间间隔。

2.2.3　信息系统中的指令结构

冯·诺依曼计算机最大的特点是存储程序和控制程序，通过存储程序使得计算机可以自动完成指定的任务。程序又是由一系列的指令构成，每一条指令表示一个具体的操作。对于复杂的计算，计算机在运算前必须细分成简单的加、减、乘、除等基本操作。每一个基本操作就称作一条指令，而解决某一问题的一串指令序列，称作该问题的程序。下面来看一下指令系统的具体构成。

每一条指令由两部分组成，分别是操作码和地址码。操作码字段表征指令的操作特性与功能，而地址码字段通常指定参与操作的操作数的地址。操作码主要表示指令要做什么，如加法、减法、乘法、除法等；而地址码主要表示进行相关运算的操作数在哪里寻找。

指令系统中的指令格式并不是固定不变的，根据一条指令中有多少操作数地址，可以将指令分为零地址指令、一地址指令、二地址指令、三地址指令、四地址指令等。

（1）零地址指令不包含任何操作数，只有一个操作码。在零地址指令中，没有操作数并不代表该指令不参与任何操作，只是说明该指令的执行并不需要操作数参与即可完成。比如"停机""空操作""清除"等控制类指令。

（2）一地址指令包含1个操作数，有1个操作数地址码。一地址指令格式中，op是操作码，A1是1个操作数的地址。在该指令结构中，操作码op给出指令需要做的具体操作；操作数地址A1表示第一个参与运算的操作数。因为一地址指令格式只有一个操作数，另一个操作数没有固定的存储空间，为了完成操作码中的运算，该指令格式将另一个操作数存储在累加寄存器（ACC）中。

上述指令的各个部分可以用一个功能表达式进行表示，即(ACC)op(A1)→A1。因为没有存储第二个操作数的地址，所以在表达式中用CPU中现成的累加寄存器存储第二个操作数，而运算结果则存放在A1中。下一个指令的地址仍然通过程序计数器PC代为存储表示，即(PC)+1→PC。

（3）二地址指令包含2个操作数，有2个操作数地址码。op是操作码，A1~A2是2个操作数的地址。在该指令结构中，操作码op给出指令需要做的具体操作；操作数地址A1表示第一个参与运算的操作数；操作数地址A2表示第二个参与运算的操作数。二地址指令比三地址指令少一个存储结果的地址。

上述指令的各个部分可以用一个功能表达式进行表示，即(A1)op(A2)→A1或(A1)op(A2)→A2。虽然二地址指令中没有单独存储结果的地址，但是可以通过存储操作数的A1或者A2将运算结果存在其中。这样做，既不影响存储操作数，又可以节省空间，并能最大限度地使用空间。二地址指令在计算机中得到了广泛的应用，但是在使用时有一点必须注意：指令执行之后，A1或A2中原来存储的内容已经被新的运算结果替换了。

二地址指令中的操作数的存储位置主要有两种，一种是存放在存储器中，存储器就是冯·诺依曼计算机中的主存或者内存，是存储程序和数据的主要场所。另一种是存放在寄存器中，寄存器是存在于中央处理器中的存储器件，它的存取速度快，因为靠近控制器，但是容量却很小。

根据两个操作数存储的位置不同，可以将其分为3种类型：存储器–存储器类型（S–S）、寄存器–寄存器类型（R–R）、寄存器–存储器类型（R–S）类型。

存储器-存储器类型是将两个操作数都存储在主存当中，这种类型执行速度最慢，因为主存与中央处理器距离较远，数据传输时间长。

寄存器-寄存器类型是将两个操作数都存储在寄存器中，这种类型执行速度最快，因为寄存器存在于中央处理器中，距离控制器最近。

寄存器-存储器类型是将两个操作数分别存储于寄存器和主存中。这种类型执行速度在上述两者之间。

（4）三地址指令包含3个操作数，有3个操作数地址码。op是操作码，A1~A3是3个操作数的地址。在该指令结构中，操作码op给出指令需要做的具体操作；操作数地址A1表示第一个参与运算的操作数；操作数地址A2表示第二个参与运算的操作数；结果地址A3存放运算结果。三地址指令比四地址指令缺少一个存储下一条指令的地址。

上述指令的各个部分可以用一个功能表达式进行表示，即（A1）op（A2）→A3,（PC）+1→PC。因为缺少存储下一个指令地址的A4，所以在该指令格式中，下一个指令的地址通过程序计数器PC代为存储。即（PC）+1→PC。这种格式虽然省去了一个地址，但指令仍比较长，所以只在字长较长的大、中型机中使用，而在小型、微型机中很少使用。

（5）四地址指令包含4个操作数，有4个操作数地址码。op是操作码，A1~A4是4个操作数的地址。在该指令结构中，操作码op给出指令需要做的具体操作；操作数地址A1表示第一个参与运算的操作数；操作数地址A2表示第二个参与运算的操作数；结果地址A3存放运算结果；A4为下一条指令的地址。四地址指令的每一个地址都有明确的作用。

上述指令的各个部分可以用一个功能表达式进行表示，即（A1）op（A2）→A3，A4作为下一条指令的地址。虽然四地址指令格式内容丰富，但是缺点是指令过长，需要占用大量存储空间。

2.2.4　信息系统中的寻址方式

存储器是信息系统硬件体系结构的重要组成，存储器既可用来存放数据，又可用来存放指令。存储器中的结构与现实世界中的街道类似，每一个存储空间都有一个编号，就跟我们每一家的门牌号类似。同样，数据或者指令在存储器中存储时，并不是无序存储，每一个数据或者指令都有一个编号，这个编号就是地址。

中央处理器在工作时，需要根据指令的地址码或者程序计数器中的地址找到对应的指令或者数据，这个过程就称作寻址，找到当前正在执行指令的数据地址以及下一条将要执行指令的地址的方法又称作寻址方式。冯·诺依曼结构的计算机中，内存中指令的寻址与数据的寻址是交替进行的。

指令寻址主要是根据CPU的命令寻找当前所需要的指令，而数据寻址是寻找指令中所要处理的数据。

1. 指令寻址方式

指令寻址方式有两种，一种是顺序寻址方式（Sequential Addressing Mode），另一种是跳跃寻址方式（Jump Addressing Mode）。

由于指令地址在内存中按顺序安排，当执行一段程序时，通常是一条指令接着一条指令顺序执行，即顺序寻址方式。执行程序的第一个指令的地址保存在程序计数器 PC 中，当执行完第一个指令后，只需要将程序计数器中的地址数加 1，便可获得下一个指令的地址。依次类推，直到整个程序中的指令都执行完毕。

跳跃寻址方式并不是按照从上到下的顺序依次寻找指令地址，而是寻址的顺序发生了转移。所谓跳跃，是指下一条指令的地址码不是由程序计数器给出，而是由本条指令给出。例如，当指令执行到指令地址 3 时，该条指令内容是"JMP 6"，"JMP"指令是转移指令，转移的位置由该指令名称后面的数值给出，"6"表示转移到地址为 6 的指令继续执行，此时，随着 JMP 指令的执行，会将程序计数器中的地址改为 6，也就是下一个执行的指令不再是地址 4 中的指令，而是地址 6 中的指令。

2. 数据寻址方式

数据寻址的种类更多，在了解数据寻址之前，需要先区分两个地址概念：形式地址和有效地址。

由于地址码字段通常不代表操作数的真实地址，因此称为形式地址（一般记作 A）；有效地址是指操作数的真实地址（记作 EA）。有效地址是由形式地址和寻址方式共同决定的。

形式地址转化为真实地址需要通过各种各样的寻址方式来完成。这也是数据寻址方式种类繁多的原因。

由于由形式地址生成有效地址的方式不同，因此数据寻址可以分为立即寻址、直接寻址、间接寻址和寄存器寻址。

立即寻址是指令中在操作码字段后面的部分，不是通常意义上的操作数地址，而是操作数本身，也就是说数据就包含在指令中，只要取出指令，就取出了可以立即使用的操作数，因此，这样的操作数被称为立即数。

立即寻址的优点是只需取出指令便可立即获得操作数。采用立即寻址的指令只需在取指令时访问存储器，而在执行阶段不必再访问存储器。立即寻址的缺点是由于 A 表示的是立即数，因此 A 的位数限制了立即数表示的范围。为了能够弥补立即寻址表示范围有限的缺点，进一步扩大寻址范围，出现了直接寻址方式。

直接寻址是指指令中地址码字段给出的地址 A 就是操作数的有效地址 EA，在数据寻址时，只要取得指令中的地址 A，便可直接到存储器中找到该地址对应的数据。直接寻址的优点是寻找操作数非常简单，直接就给出了操作数的有效地址。但是缺点仍然是寻址范围不够大，操作数的有效地址仅由 A 决定，而 A 的位数一般都比较小，例如，A 取 8 位，寻址范围为 2^8=256 个存储单元。

指令结构中的地址码的空间毕竟有限，如果想要进一步扩大寻址范围，就不能只依靠指令的地址码来存储地址，可以找寻空间更大的硬件来存储地址，于是出现了间接寻址方式。存储器是计算机硬件中的主要的存储位置，其空间较大，间接寻址就将真实地址放到了存储器中，而指令的地址码仅仅给出了存储器中有效地址的地址，该地址也称作间接地址。

间接寻址意味着指令的地址码部分给出的地址 A 不是操作数的地址，而是存放操作数地址的主存单元的地址，简称操作数地址的地址。操作数的有效地址的计算公式为：EA =（A）。

间接寻址虽然通过将有效地址存储在主存中的方式，扩大了寻址范围。但是，其缺点就是在指令的执行阶段，一次间接寻址需要访问两次存储器。第一次访问存储器是根据间接地址去取有效地址，第二次访问存储器是根据有效地址去取操作数。为了解决访问时间长的问题，出现了寄存器寻址和寄存器间接寻址。

寄存器寻址中，指令的地址码表示寄存器的编号，而不是操作数地址，操作数存储在寄存器中。由于寄存器在 CPU 的内部，指令在执行时从寄存器中取操作数比访问主存要快得多。除了速度问题外，由于寄存器的数量较少，因此寄存器编号所占位数也较少，从而有效减少指令的地址码字段的长度。

既然寄存器可以作为寻址方式之一，并且优势众多，那么是否可以利用寄存器来解决间接寻址中需要多次访问主存的问题？这就有了寄存器间接寻址方式。

为了克服间接寻址中多次访问主存的缺点，可采用寄存器间接寻址，即将操作数放在主存中，而操作数的地址放在某一通用寄存器中，然后指令的地址码部分给出该通用寄存器的编号，这时有 EA=（R_i）。

指令结构中的地址码表示寄存器编号，而在编号对应的寄存器中存储的是操作数的有效地址，通过寄存器中的有效地址就可以在主存中找到操作数。这种寻址方式指令较短，并且在取指后只需一次访问主存便可得到操作数，因此该方式的执行速度较前述的间接寻址方式的执行速度快，是目前在计算机中使用较为广泛的一种寻址方式。

3. 操作码

每一条指令均由两部分组成，分别是操作码和地址码。了解了地址码后，接下来看一下操作码，操作码字段表示指令的操作特性与功能。一个较完善的指令系统根据功能进行分类，有数据传送、算术运算、逻辑运算、控制传送四大类指令。

数据传送类指令主要包含 MOV、STO、LAD、CLA 这 4 种操作名称，MOV 指令的作用是由源头向目标传送信息，源头和目标都是寄存器；STO 指令的作用是存储，从 CPU 向存储器中传送储存信息；LAD 指令的作用是取数，从存储器向 CPU 进行信息传送；CLA 指令的作用是清零，传送全 0 字到目标地点。

算术运算类指令包含 ADD、SUB、ABS、INC 这 4 种操作名称，ADD 指令的作用是执行加法操作，计算两个操作数的和；SUB 指令的作用是执行减法运算，计算两个操作数的差；ABS 指令的作用是进行绝对值运算，以该数的绝对值替代操作数；INC 指令的作用是进行增量运算，使操作数加 1。

逻辑运算类指令包含 AND、OR、NOT、EOR4 种操作名称，作用是按位完成指定的逻辑操作。

控制传送类指令主要是 JMP 指令，作用是进行无条件转移，以指定地址装入 PC 中。

4. 寄存器

通过寻址方式，我们了解到，在 CPU 中存在许多不同用途的寄存器，其实，CPU 中的控制器和运算器功能的实现，是离不开寄存器的。各种计算机的 CPU 可能不同，但是在 CPU 中至少要有 6 类寄存器。这些寄存器分别是：程序计数器（PC）、地址寄存器（AR）、数据缓冲寄存器（DR）、指令寄存器（IR）、通用寄存器（$R_0 \sim R_3$）、程序状态寄存器。

数据缓冲寄存器用来暂时存放运算器的运算结果，或暂存从存储器读出的一个数据字。数据缓冲寄存器的作用主要有两个：一是作为 CPU、内存和外部设备之间信息传送的中转站；二是补偿 CPU、内存和外部设备之间在操作速度上的差别。

指令寄存器用来保存当前正在执行的一条指令。当执行一条指令时，先把它从存储器中读出，然后再传送至指令寄存器。

程序计数器用来储存下一条指令的地址。在程序开始执行前，必须将它的起始地址，即程序的第一条指令所在的内存单元地址送入 PC。当执行指令时，CPU 自动修改 PC 的内容，以使其保存的总是将要执行的下一条指令的地址。保证程序能够连续地执行下去。

地址寄存器用来保存当前 CPU 所访问的内存单元的地址。由于内存和 CPU 之间存在着操作速度上的差别，因此必须使用地址寄存器来保持地址信息，直到内存的读/写操作完成为止。

通用寄存器的功能是当算术逻辑单元（ALU）执行算术或逻辑运算时，为 ALU 提供一个工作区。

状态字寄存器保存由算术指令和逻辑指令运算或测试结果建立的各种条件代码，如运算结果进位标志（C）、运算结果溢出标志（V）、运算结果为零标志（Z）等。

上述各种不同的寄存器构成了 CPU 的功能结构，控制器由程序计数器、指令寄存器、时序产生器、指令译码器和操作控制器组成，它是发布命令的"决策机构"，即完成协调和指挥整个计算机系统的操作。

运算器由算术逻辑单元、通用寄存器、数据缓冲寄存器和程序状态寄存器组成，它是数据加工处理部件。相对控制器而言，运算器接受控制器的命令而进行动作。运算器的主要功能有两个：一是执行所有的算术运算；二是执行所有的逻辑运算。

5. CPU 内部工作原理

下面结合计算机的工作原理，看一下 CPU 内部是如何工作的。当一个程序执行时，首先将程序的第一条指令所在的内存单元地址送入程序计数器中，根据 PC 中的地址内容，通过指令寻址在主存中取到该条指令，并通过总线送到 CPU 中的指令寄存器中，指令寄存器将操作码输出到指令译码器中进行译码，识别该指令的类型，要进行哪一种操作。然后，控制器释放控制信号和时序信号，控制整个 CPU 完成该操作。控制信号首先根据指令中的地址码，进行取操作数的操作，该地址先进入地址寄存器进行保存。根据保存在地址寄存器中的地址，从主存中读取操作数，操作数沿着数据总线进入运算器开始执行运算。

在运算器模块，操作数首先进入数据缓冲寄存器，在数据缓冲寄存器中暂时存放。然后，将计算的操作数通过通用寄存器进入算术逻辑单元中进行相关运算，最后更改程序状态寄存器中的值，完成一次指令的执行。此后根据程序计数器中的下一条指令地址，继续完成后续指令的执行，循环往复，直到整个程序中的指令执行完毕。

通过 CPU 内部的工作过程，可以总结出 CPU 的 4 大功能：指令控制、操作控制、时间控制、数据加工。

指令控制是指程序的顺序控制。由于程序是一个指令序列，这些指令的相互顺序不能任意颠倒，必须严格按程序规定的顺序进行，因此，保证机器按顺序执行程序是 CPU 的首要任务。

操作控制是指一条指令的功能往往是由若干个操作信号的组合来实现的。因此，CPU 管理并产生由内存取出的每条指令的操作信号，把各种操作信号送往相应的部件，从而控制这些部件按指令的要求进行工作。

时间控制是指对各种操作实施时间上的定时。在计算机中，各种指令的操作信号均受到时间的严格定时。同时，一条指令的整个执行过程也受到时间的严格定时。只有这样，计算机才能有条不紊地自动工作。

数据加工就是对数据进行算术运算和逻辑运算处理。完成数据的加工处理，是 CPU 的根本任务。因为，原始信息只有经过加工处理后才能对人们有用。

2.2.5 信息系统中的存储结构

在冯·诺依曼结构体系中，主存是计算机主要的存储场所，程序与数据在此进行存储之后，才能正常执行。但是，在整个信息系统的存储体系中，存储器不是仅由主存构成，而是由"三级两层次"的体系结构构成。

在存储体系结构中，按照功能对存储器进行分类，可分为 3 大类：主存储器、高速缓冲存储器和辅助存储器。主存储器就是冯·诺依曼体系结构中的主存，主要由 RAM 和 ROM 构成。ROM 与 RAM 都是半导体存储器，RAM 称为随机存储器，存取信息时，和存储位置没有关系，能够随时访问存储器的任意单元地址。ROM 称为只读存储器，一旦存储了数据，以后就只能读取，不能再重新写入。RAM 和 ROM 共同构成了主存。

Cache 是一种高速缓冲存储器，它是计算机系统中的一个高速小容量半导体存储器，是解决 CPU 和主存之间的执行速度不匹配问题的重要技术。

辅助存储器也称作外存储器，主要有磁盘、光盘等，其特点是容量大，但存取速度慢。

目前存储器主要有 3 个性能指标：速度、容量、价格，但是这 3 个性能指标很难在一个存储器上同时实现。速度快的存储器价格贵，容量小，如寄存器；价格低的存储器速度慢，容量大，如磁盘。

为了能够获得容量大、速度快、价格低的存储器，依靠单独的存储器是无法实现的，所以，存储采用的是"三级两层次"的结构。

"三级两层次"的存储结构主要是使用高速缓冲存储器、主存和辅存将存储结构分为两个层次，即缓存–主存层次和主存–辅存层次。

每一个层次解决一个问题，缓存–主存层次主要解决 CPU 和主存速度不匹配的问题；主存–辅存层次主要解决存储系统的容量问题。通过两个层次的相互配合，将容量大、速度快、价格低的存储变为现实。

主存与 CPU 进行数据交换时，因为 CPU 的执行速度高于主存。所以，会存在 CPU 经常等待主存数据的情况，导致 CPU 的利用率降低。为了弥补 CPU 与主存之间速度不匹配的问题，在 CPU 与主存之间加入高速缓冲存储器，高速缓冲存储器速度快、但是容量小，可以将一些常用到的数据提前存储到缓存中，这样在大部分情况下，CPU 只需要与缓存进行数据交换就可以，如果在缓存中找不到需要的数据，再去主存中寻找，从而提高了 CPU 的工作效率。

主存虽然容量要比寄存器或者高速缓冲存储器大，但随着信息系统的复杂化和系统化，程序规模越来越大，如果都存储在主存中，会增加主存的存储负荷，导致主存中无法存储有些重要的信息。所以，提出了主存–辅存结构。辅存就是我们常见的硬盘或者磁盘，现在硬盘的容量越来越大，大部分已经是以 T 为存储单位。所以，可以将当前不用的程序或者信息放在辅存中存储。

Cache 虽然速度快，容量却要远小于主存。所以，Cache 不可能保存主存中所有的数据，只能是其中的一小部分。那么，Cache 是如何选择需要保存的数据，又是如何实现其与主存间的数据映射？

首先，Cache 的实现原理基于程序运行中具有的空间局部性和时间局部性特征。时间局部性是指如果某个数据或指令被使用，那么不久将可能再被使用；空间局部性是指如果某个数据或指令被使用，那么附近数据也可能被使用。通过空间局部性和时间局部性原理，可以将主存中最有可能被 CPU 使用的数据放入 Cache，提高 Cache 的命中率，进而提高 CPU 的工作效率。

虽然时间局部性和空间局部性特征可以保证存储在 Cache 中大部分数据能被 CPU 频繁利用，但是肯定也存在一些数据在 Cache 中找不到，需要到主存中去寻找，而在主存中找到的数据，根据缓存−主存层次的工作原理，需要被放入 Cache。接下来，我们先深入介绍缓存与主存之间的地址映射和 Cache 的相关策略，再讲解虚拟存储器在主存 - 缓存层次中的工作原理。

1. 地址映射

为了把主存块放到 Cache 中，必须应用某种方法把主存地址定位到 Cache 中，这一过程称作地址映射。这样当 CPU 访问存储器时，它所给出的一个字的内存地址会自动变换成 Cache 的地址。

主要有 3 种映射方式：全相联映射方式、直接映射方式、组相联映射方式。

直接映射方式是假设 Cache 分为 8 行，主存分为 256 行，因此在主存中可以将每 8 块看成一个循环，这样主存就可以被分为 32 个循环。而每个循环中的第 j 块只能映射到 Cache 的第 i 块。其计算公式如下所示。

$$i = j \bmod C$$

其中，i 为 Cache 中的块号，j 为主存中的块号，C 为 Cache 的块数。

直接映射方式的优势就是电路少，硬件实现简单。因为每一个主存块在 Cache 块中的位置已经被定义好了，不能改动。所以，直接映射方式的缺点就是冲突概率高，因为只要有一个 Cache 块被占据了，其他被定义到该位置的主存块就不能存放；其次就是不够灵活，因为每个主存块只能固定地对应某个 Cache 块，即使 Cache 内还空着许多位置也不能占用。直接映射方式适合小容量的 Cache。

全相联映射允许主存中每一个字块映射到 Cache 中的任何一块的位置上。主存有 256 块，Cache 需要 8 位来作为标记位，这样才能识别每一个主存块。

全相联映射的优势是允许主存的每一个字块映射到 Cache 中的任何一个字块，因此可以提高 Cache 的命中率，减小了块的冲突率，提高了 Cache 的利用率。缺点是标识位增加，访问 Cache 时主存字块标记需要和 Cache 的全部标记进行比较，才能判断所访问主存地址的内容是否已在 Cache 内。全相连映射适合大容量的 Cache，因为只有 Cache 的容量足够大，才能保证冲突率减小，实现效率的提高。

组相联映射是对直接映射和全相联映射进行折中的一种方式。假设把 Cache 分为 Q 组，每组有 R 块，组间按照直接映射规则，组相联映射的一组看作直接映射中的一块。其计算公式如下所示。

$$i = j \bmod Q$$

其中，i 为 Cache 中的组号，j 为主存中的块号，Q 为 Cache 的组数。组内就按照全相联映射规则，主存块都可以进行存放。

2. Cache 的替换策略

Cache 需要尽量保存最新数据，但是 Cache 空间非常有限，当 Cache 的空间满了，就应该进行数据替换。Cache 的替换策略主要有先进先出（FIFO）算法、近期最少使用（LRU）

算法、最不经常使用（FU）算法、随机法。

最不经常使用算法要求将一段时间内被访问次数最少的那行数据换出。为此，每行设置一个计数器。新行建立后从 0 开始计数，每访问一次，被访问的计数器上的计数值增加 1。一段时间后，统计 Cache 中每一行的计数值，小的就被换出。

先进先出算法要求选择最早调入 Cache 的字块进行替换，它不需要记录各字块的使用情况，比较容易实现，开销小。

近期最少使用算法要求将近期内长久未被访问过的行换出。为此，每行设置一个计数器，但它们是 Cache 每命中一次，命中行计数值清零，其他各行计数器上的计数值增加 1。

随机法要求从特定的行位置中随机地选取一行换出即可。这种策略在硬件上容易实现，且速度也比前两种策略快。缺点是随意换出的数据很可能马上又要使用，从而降低了命中率和 Cache 工作效率。

3. Cache 的写操作策略

Cache 的内容只是主存部分内容的拷贝，也就是 Cache 有的，主存也一定有。当 CPU 将最新的数据写入 Cache，Cache 需要将该数据同步到主存中，从而保证主存与 Cache 数据的一致性，这就是 Cache 的写操作策略。Cache 的写操作策略主要有 3 种方法：写回法、全写法和写一次法。

写回法是当 CPU 写 Cache 命中时，只修改 Cache 的内容，而不立即写入主存；只有当此行被换出时才写回主存。实现这种方式时，每个 Cache 行必须配置一个修改位来决定将该内容写回主存还是简单舍去。全写法是写命中时，Cache 与主存同时发生写修改。写一次法与写回法一致，但是第一次 Cache 命中时采用全写法。

4. 虚拟存储器

随着程序占用存储器容量的增长，在进行程序设计时，计算机系统实际配备的主存储器的容量与程序所需的存储器容量不匹配。为了满足系统对于存储容量的需求，提出了主存-辅存层次结构，在主存-辅存层次基础上，又进一步提出了虚拟存储器的概念。虚拟存储器是一个逻辑模型，并不是一个实际的物理存储器。虚拟存储器必须建立在主存-辅存结构基础上。

虚拟存储器给用户的错觉是内存的空间增大了，但实际并不是，它也是利用局部性原理进行实现的。在程序装入时，可以将程序的一部分放入主存，而将其余部分放在辅存。在程序执行过程中，当所访问的信息不在主存中时，再由操作系统将所需的部分调入主存。另一方面，操作系统将主存中暂时不使用的内容换到辅存上，从而腾出空间存放将要调入主存的信息。从效果看，计算机系统好像为用户提供了一个存储容量比实际内存大得多的存储器，这个存储器称为虚拟存储器。

虚拟存储器的优点是程序员编制程序时独立编址，既不用考虑程序是否能在物理存储器中存放得下，也不用考虑程序应该存放在哪一个物理位置。当程序运行时，由地址转换部件将编程时的地址转换成实际的物理地址。

所以，使用虚拟存储器时需要考虑实地址与虚地址相互转换的问题。用户编制程序时使用的地址称为虚地址或逻辑地址，其对应的存储空间称为虚存空间或逻辑地址空间；而计算机物理内存的访问地址则称为实地址或物理地址，其对应的存储空间称为主存储空间或物理空间。程序进行虚地址到实地址转换的过程称为程序的再定位。

虚存空间的用户程序按照虚地址编程并存放在辅存中。程序运行时，由地址变换机构依据当时分配给该程序的实地址空间把程序的一部分调入主存。每次访存时，首先判断该虚地址所对应的部分是否在主存中：如果是，则进行地址转换并用实地址访问主存；否则，按照某种算法将辅存中的部分程序调度进内存，再按同样的方法访问主存。

根据存储空间的基本单位不同，虚拟存储器可以划分为页式虚拟存储器、段式虚拟存储器和段页式虚拟存储器。下面以页式虚拟存储器为例来说明。

页式虚拟存储器将虚存空间分成等长大小的页，称为逻辑页；主存空间也被分成同样大小的页，称为物理页。虚地址分为两个字段：高字段为逻辑页号，低字段为页内地址（偏移量）；实地址也分两个字段：高字段为物理页号，低字段为页内地址。通过页表可以把虚地址（逻辑地址）转换成物理地址。

通常页表在主存中，因而即使逻辑页已经在主存中，也至少要访问两次物理存储器才能实现一次访问主存，这将使虚拟存储器的存取时间加倍。为了减少对主存的访问次数，可以对页表本身实行二级缓存，把页表中最活跃的部分存放在高速存储器中组成快表。这个专用于页表缓存的高速存储部件通常称为转换后援缓冲器（TLB）。保存在主存中的完整页表则称为慢表。

高速缓冲存储器与虚拟存储器都是用到了局部性原理，但是两者却有很大的不同。首先 CPU 与 Cache 和主存之间均有直接访问通路，Cache 不命中时可直接访问主存；而虚存所依赖的辅存与 CPU 之间不存在直接的数据通路，当主存不命中时只能通过调页解决，CPU 最终还是要访问主存。其次，Cache 的管理完全由硬件完成，对系统程序员和应用程序员均透明；而虚存管理由软件（操作系统）和硬件共同完成，由于软件的介入，虚存对实现存储管理的系统程序员不透明，只对应用程序员透明。

TLB、页表、Cache 与主存之间具有非常紧密的访问关系。首先，程序员给出一个逻辑地址。通过逻辑地址去查询 TLB 和页表（一般是同时查询，TLB 是页表的子集，所以 TLB 命中，页表一定命中；但是页表命中，TLB 不一定命中），以确定该数据是否在主存中。因为只要 TLB 和页表命中，该数据就一定被调入主存。如果 TLB 和页表都不命中，则代表该数据就不在主存，所以必定会导致 Cache 访问不命中。如果该数据在主存中，那么 Cache 也不一定会命中，因为 Cache 里面的数据仅仅是主存中的一小部分。

2.3 数学与计算

计算机之所以称为计算机，正是因为其最重要的功能就是计算。计算机中的计算模块是以许多数学知识为基础而实现的。

2.3.1 计算机中的进制

用进位的原则进行计数称为进位计数制，简称进制。在计算机的世界中使用的语言称为二进制语言，而我们现实世界常用的数学计数方式是以十进制为主。其实，除了二进制和十进制之外，还有其他进制的存在。

用一组固定的数字字符和一套统一的规则来表示数目的方法称为数制。主要有以下几个概念。

首先是数码，即一组用来表示某种数值的符号。如1、2、3、4、A、B、C、Ⅰ、Ⅱ、Ⅲ、Ⅳ等。其次是基数，即数制所使用的数码个数，也称为"基"，常用"R"表示，称R进制。如二进制的数码是0、1，基数为2。最后是位权，即数码在不同位置上的权值。在数制中，处于不同数位的数码代表的数值不同。如十进制数111，个位数上的1权值为10^0，十位数上的1权值为10^1，百位上的1权值为10^2。对于一般数制，某一整数位的位权是基数$^{位数-1}$，某一小数位的位权则是基数$^{-位数}$。

十进制是人们最熟悉的一种进位计数制，它由0、1、2、3、4、5、6、7、8、9这10个数码组成，基数为10。十进制的运算规则为：逢十进一，借一当十。一个十进制数各位的权是以10为底的幂。

二进制由0、1两个数码表示组成，基数为2。二进制的运算规则为：逢二进一，借一当二。

八进制由0、1、2、3、4、5、6、7这8个数码组成，基数为8。八进制的运算规则为：逢八进一，借一当八。

十六进制由0、1、2、3、4、5、6、7、8、9、A、B、C、D、E、F这16个数码组成，基数为16。十六进制的运算规则为：逢十六进一，借一当十六。

常用以下两种方法对进制进行表示。

方法一是将数用圆括号括起来，并将其所在数制的基数写在右下角标。例如，$(101111)_2$是二进制数，$(188)_{16}$为十六进制数。

方法二是在数字后加上一个英文字母表示所用的数制。其中，十进制用D（Decimal）表示，二进制用B（Binary）表示，八进制用O（Octal）表示，十六进制用H（Hexadecimal）表示。例如，1011B为二进制数，188H是十六进制数。

进制之间并不是孤立的，而是可以通过相对应的算法进行相互转化。

1. 进制间相互转换

先来看任意进制数转化为十进制数。对于任何一个二进制数、八进制数、十六进制数写出它的按权展开式，再对其进行计算即可。每位数乘以其基数的 N 次幂，然后相加即可。N 的取值规定：小数点左边第一位 N 为 0，往左每移动一位，N 增加 1，往右每移动一位，N 减少 1。通过这种算法，即可获得任意进制到十进制的数。

例如（1101）$_2$，这是一个二进制的数，根据转换法则，需要 1101 的每位数乘以 2 的不同次幂，然后相加即可。

$$（1101）_2 = 1 \times 2^3 + 1 \times 2^2 + 0 \times 2^1 + 1 \times 2^0 = （13）_{10}$$

再比如八进制的 1101，虽然数值与二进制没有区别，但是进制发生了改变，这就导致位权发生了改变，需要 1101 的每位数乘以 8 的不同次幂，然后相加。

$$（1101）_8 = 1 \times 8^3 + 1 \times 8^2 + 0 \times 8^1 + 1 \times 8^0 = 512 + 64 + 0 + 1 = （577）_{10}$$

其他进制也是以此方法类推。了解了任意进制数转化为十进制的规则，接下来再了解一下将十进制转化为二进制、八进制、十六进制的规则。十进制转化为二进制、八进制、十六进制时，整数和小数部分的转换规则不同，要分别转换，整数部分采用除基数取余法，即用基数多次去除被转换的十进制数，直到商为 0，按逆序排列每次产生的余数便是对应的进制数。小数部分采取乘基数取整法，过程相反。

接下来，再来了解一下二进制、八进制、十六进制之间的转换关系。首先，二进制到八进制之间的转化采用"三位合一"，即以小数点为基准，整数部分从右至左，小数部分从左至右，每三位一组，不足三位时，整数部分在高端补齐，小数部分在低端补齐。然后，把每一组二进制数用一位相应的八进制数表示，小数点位置不变，即得到八进制数。

因为八进制是由 8 个数构成，正好可以通过 3 位二进制数来表示。八进制与二进制的对应关系如表 2.1 所示。

表2.1 八进制与二进制的对应关系

八进制	二进制
0	000
1	001
2	010
3	011
4	100
5	101
6	110
7	111

例如，有一个二进制的数值（110 110 111.011 101）$_2$，若将其转化为八进制，按照"三位合一"的法则，对照上述关系表，则很容易得到（667.35）$_8$ 的八进制数值。

同理，如果想要将八进制转化为二进制，则按照"一位拆三位"，即把一位八进制数写成对应的三位二进制数，然后按权连接即可。

例如，(54270)$_8$ 按照"一位拆三位"的法则，对照上述关系表，可以得到 (101 100 010 111 000)$_2$。

二进制到十六进制之间的转化采用"四位合一"，即以小数点为基准，整数部分从右至左，小数部分从左至右，每 4 位一组，不足 4 位时，整数部分在高端补齐，小数部分在低端补齐。然后，把每一组二进制数用一位相应的十六进制数表示，小数点位置不变，即得到十六进制数。十六进制与二进制的对应关系如表 2.2 所示。

表2.2　十六进制与二进制的对应关系

十六进制	二进制
0	0000
1	0001
2	0010
3	0011
4	0100
5	0101
6	0110
7	0111
8	1000
9	1001
A	1010
B	1011
C	1100
D	1101
E	1110
F	1111

例如，有一个二进制的数值 (1 0110 1010 1110)$_2$，如果要将其转化为十六进制，按照"四位合一"的法则，对照上述关系表，则很容易得到 (16AE)$_{16}$ 的十六进制数值。

同理，如果想要将十六进制转化为二进制，则按照"一位拆四位"，即把一位十六进制数写成对应的四位二进制数，然后按权连接即可。

例如，(C2.A8)$_{16}$ 按照"一位拆四位"的法则，对照上述关系表，可以得到 (1100 0010.1010 1000)$_2$。

2. 二进制逻辑运算

二进制运算中还有一种逻辑运算，逻辑运算是针对给定的逻辑变量进行的运算。逻辑变量一般将"真"记作1，将"假"记作0。

逻辑运算主要有4种："或"运算、"与"运算、"非"运算、"异或"运算。

"或"运算的规则是在给定的逻辑变量中，A或B只要有一个为1，其逻辑"或"运算的结果就为1；两者都为0时结果才是0。常用符号为"∨"。

例如，0∨0=0　　0∨1=1　　1∨0=1　　1∨1=1。

"与"运算的规则是只有当参与运算的逻辑变量同时取值为1时，其逻辑运算结果才等于1。常用符号为"∧"。

"非"运算又称否运算，运算规则为当参与运算的逻辑变量为1时，非运算后变为0；当参与运算的逻辑变量为0时，非运算后变为1。

"异或"运算也称半加运算，常用符号"⊕"，运算规则：0⊕0=0、0⊕1=1、1⊕0=1，1⊕1=0。

"异或"运算计算的特点是只有两个逻辑变量相异，"异或"运算结果才为1。

2.3.2　码间运算

计算机能够识别的语言是二进制语言，二进制语言又称为机器语言。机器语言的数据格式分为两种表示形式：定点表示法和浮点表示法。

1. 定点表示法

先看一下定点表示法，定点表示法中的点指的是小数点。所有数据的小数点位置固定不变。理论上小数点所在的位置可以任意，但实际上数据表示有两种方法：纯小数和纯整数。

定点纯小数的第一位是符号位，小数点固定于符号位之后，不需要专门的存放位置，后面是量值；定点纯整数的第一位也是符号位，符号位之后是量值，小数点固定于最后一位之后，不需要专门的存放位置。

下面以真值与机器数之间的对应关系来说明一下格式问题。一般把符号"数字化"的数称为机器数，而把带"+"或"-"符号的数称为真值。

+0.1011在机器中表示为01011，第一位是符号位0，0表示正数，后面4位是量值，小数点在符号位之后，量值之前，无专门的位置。

−0.1011在机器中表示为11011，第一位是符号位1，1表示负数，后面4位是量值，小数点在符号位之后，量值之前，无专门的位置。

+1100在机器中表示为01100，第一位是符号位0，0表示正数，后面4位是量值，小数点固定于最后一位之后，无专门存放位置。

−1100在机器中表示为11100，第一位是符号位1，1表示负数，后面4位是量值，小数点固定于最后一位之后，无专门存放位置。

如果需要解决计算机内部数的正、负符号和小数点运算问题，就要用到机器码。机器码主要有原码、反码、补码等。

原码的表示形式是将真值符号"数字化"的机器数,如

真值:x=+1001;[x]$_原$=01001

真值:y=−1001;[y]$_原$=11001

原码的特点是表示简单,易于同真值之间进行转换,但是进行加减运算十分麻烦。

反码的表示形式是正数的反码表示与原码相同,负数的反码符号位为 1,数值位是将原码的数值按位取反,就得到该数的反码表示。

真值:X1=+0.1011011;[X1]$_反$=0.1011011

真值:X2=−0.1011011,[X2]$_反$=1.0100100

补码:一般不直接求补码,而是通过反码来得到。

当真值为正数时,原码、补码和反码的表示形式均相同,即符号位用"0"表示,数值部分与真值相同。

当真值为负数时,原码、补码和反码的表示形式不同,但其符号位都用"1"表示,而数值部分有这样的关系,即补码是原码的"每位求反加 1",反码是原码的"每位求反"。

真值:x=+1011111;[X1]$_补$=01011111

真值:x=−1011111;[X1]$_补$=10100001

2. 浮点表示法

浮点表示法是用来表示浮点数的。浮点表示法是把数的范围和精度分别表示的方法,相当于数的小数点位置随比例因子的不同而在一定范围内自由浮动。

浮点数的格式形式如下所示:

$$N=2^e \cdot M$$

其中,M 称为浮点数的尾数,是一个纯小数;e 是比例因子的指数,称为指数,是一个整数;比例因子的基数 2,对二进记数制的机器是一个常数。

浮点数在机器中的表示形式如表 2.3 所示。

表2.3 浮点数在机器中的表示形式

阶符	阶码	数符	尾数

在表 2.3 中,尾数用定点小数形式表示。尾数部分给出有效数字的位数,因而决定了浮点数的表示精度。指数用整数形式表示,常称为阶码,阶码指明了小数点在数据中的位置,因而决定了浮点数的表示范围。阶符表示阶码的正负情况,数符表示整个数值的正负情况。

3. 机器数的加减运算

在进行机器数的加减运算时,常使用补码的形式进行。补码加法的表达式如下所示。

$$[x+y]_补 = [x]_补 + [y]_补$$

举例说明，现有真值：x = + 1001，y = + 0101，求 x + y = ?

首先，先将题目中的两个真值变为补码的形式，即 [x]补 = 01001，[y]补 = 00101。然后，利用补码的加法公式，即 [x + y]补 = [x]补 + [y]补，得到 [x + y]补 = 01110。最后，将 [x + y]补 按照规则转化回真值的形式，得到结果 x + y = + 1110。

对于补码减法，其表达式如下所示。

$$[x - y]_补 = [x]_补 - [y]_补 = [x]_补 + [-y]_补$$

[-y]补 的值可以通过 [y]补 求得，其法则是对 [y]补 包括符号位"求反且最末位加 1"，即可得到 [-y]补。

举例说明，现有真值：x = + 1101，y = + 0110，求 x - y = ?

对于求减法的问题，先不要直接求解，而是将其根据补码减法表达式，转换成加法进行求解。所以，首先求解 [x]补 和 [y]补 的值，得到 [x]补 = 01101；[y]补 = 00110，然后利用 [y]补 的值求出 [-y]补 的值，即将 [y]补 包括符号位"求反且最末位加 1"，即 [-y]补 = 11010，最后，使用减法表达式 [x - y]补 = [x]补 + [-y]补 求得 [x - y]补 = 100111，将其转换为真值得 x - y = + 0111。

2.3.3 矩阵与数组

矩阵是数学体系中很重要的一个分支，在计算机运算处理中扮演了很重要的角色。计算机中的许多逻辑计算都依托于矩阵完成。

在程序设计语言中，有一个非常重要的数据结构，称作数组。数组在程序语言中的定义是由若干相同数据类型的数据所组成的有序集合。数组中的每一个数据又称为数组元素，它们之间具有固定的先后顺序。一个数组在内存中占据一组连续的存储单元。

数组用一个统一的数组名和下标来确定数组中的元素。具有一个下标的数组称为一维数组，具有两个或两个以上下标的数组称为二维或多维数组。

二维数组是由两个下标构成，其逻辑模型类似于由行与列构成的一张二维表，第一个下标表示行，第二个下标表示列。这种逻辑结构在数学中称为矩阵。矩阵是线性代数中的一个重要概念，二维数组中的许多计算和使用规则都是根据线性代数中的矩阵运算规则得来的。

1. 矩阵的类型

矩阵是数学中最基础也是最重要的概念之一，其应用非常广泛。矩阵是由 $m \times n$ 个数 a_{ij}（$i = 1, 2, \cdots, m$；$j = 1, 2, \cdots, n$）排成的 m 行 n 列的数表。

$$\begin{bmatrix} a_{11} & a_{12} & \cdots & a_{1n} \\ a_{21} & a_{22} & \cdots & a_{2n} \\ \vdots & \vdots & \vdots & \vdots \\ a_{m1} & a_{m2} & \cdots & a_{mn} \end{bmatrix}$$

称为 m 行 n 列矩阵，简称 $m \times n$ 矩阵，通常用大写英文字母 A 表示：

$$A = \begin{bmatrix} a_{11} & a_{12} & \cdots & a_{1n} \\ a_{21} & a_{22} & \cdots & a_{2n} \\ \vdots & \vdots & \vdots & \vdots \\ a_{m1} & a_{m2} & \cdots & a_{mn} \end{bmatrix}$$

简记 $A = (a_{ij})m \times n$，这 $m \times n$ 个数称为矩阵 A 的元素，称为矩阵 A 的第 i 行第 j 列元素。下面介绍几种特殊矩阵。

零矩阵：所有元素都是零的矩阵称为零矩阵，记作 $O_{m \times n}$。

负矩阵：设 $A = (a_{ij})m \times n$，称矩阵 $(-a_{ij})m \times n$ 为 A 的负矩阵，记作 $-A$，即

$$-A = (-a_{ij})m \times n = \begin{bmatrix} -a_{11} & -a_{12} & \cdots & -a_{1n} \\ -a_{21} & -a_{22} & \cdots & -a_{2n} \\ \vdots & \vdots & \vdots & \vdots \\ -a_{m1} & -a_{m2} & \cdots & -a_{mn} \end{bmatrix}$$

行矩阵：只有一行的矩阵 $A = (a_1, a_2, \cdots, a_n)$，称为行矩阵，也称为行向量，为了避免元素间的混淆，行矩阵的元素之间用逗号分开。

列矩阵：只有一列的矩阵 $A = \begin{bmatrix} a_1 \\ a_2 \\ \vdots \\ a_m \end{bmatrix}$ 称为列矩阵，也称为列向量。

n 阶方阵：如果 $m=n$，则称 A 为 n 阶方阵，简记为 A_n，n 阶方阵 A 中的左上角到右下角那条线上的元素 a_{11}、$a_{22} \cdots a_{nn}$ 称为 A 的主对角线元素。

上三角矩阵：主对角线下方元素全为零的方阵称为上三角矩阵，即

$$A = \begin{bmatrix} a_{11} & a_{12} & \cdots & a_{1n} \\ 0 & a_{22} & \cdots & a_{2n} \\ \vdots & \vdots & \vdots & \vdots \\ 0 & 0 & \cdots & a_{nn} \end{bmatrix}$$

下三角矩阵：主对角线上方元素全为零的方阵称为下三角矩阵，即

$$A = \begin{bmatrix} a_{11} & 0 & \cdots & 0 \\ a_{21} & a_{22} & \cdots & 0 \\ \vdots & \vdots & \vdots & \vdots \\ a_{n1} & a_{n2} & \cdots & a_{nn} \end{bmatrix}$$

对角矩阵：非主对角线元素都为零的方阵称为对角矩阵，简称对角阵，记作

$$A = diag(a_{11}, a_{22}, \cdots, a_{nn}) = \begin{bmatrix} a_{11} & 0 & \cdots & 0 \\ 0 & a_{22} & \cdots & 0 \\ \vdots & \vdots & \vdots & \vdots \\ 0 & 0 & \cdots & a_{nn} \end{bmatrix}$$

n 阶单位矩阵：$E = \begin{bmatrix} 1 & 0 & \cdots & 0 \\ 0 & 1 & \cdots & 0 \\ \vdots & \vdots & \vdots & \vdots \\ 0 & 0 & \cdots & 1 \end{bmatrix}$ 为 n 阶单位矩阵，简称 n 阶单位阵，通常用 E 表示。

2. 矩阵的复杂运算

矩阵之间也可以进行较为复杂的运算，首先是矩阵的加法。

设有两个 $m \times n$ 矩阵 $A = (a_{ij})$、$B = (b_{ij})$，那么矩阵 A 与 B 的和记作 $A + B$，规定

$$A + B = \begin{bmatrix} a_{11}+b_{11} & a_{12}+b_{12} & \cdots & a_{1n}+b_{1n} \\ a_{21}+b_{21} & a_{22}+b_{22} & \cdots & a_{2n}+b_{2n} \\ \vdots & \vdots & \vdots & \vdots \\ a_{m1}+b_{m1} & a_{m2}+b_{m2} & \cdots & a_{mn}+b_{mn} \end{bmatrix}$$

两个矩阵的减法同理，变更一下运算符号即可，只有当两个矩阵是同型矩阵时，才能求和或者求差，同型矩阵是指两个矩阵行数相等，列数也相等。

矩阵的加法满足下列运算规律（假设矩阵 A、B、C 是同型矩阵），则加法运算满足：

加法交换律 $A + B = B + A$；

加法结合律 $(A + B) + C = A + (B + C)$。

$A + 0 = A$（其中 0 为与 A 同型的零矩阵）。

$A + (-A) = 0$（其中 0 为与 A 同型的零矩阵）。

矩阵同样也可以进行乘法运算，矩阵的乘法运算可以分为两种：数与矩阵相乘，矩阵与矩阵相乘。

数与矩阵相乘的规则是，设 $A = (a_{ij})m \times n$，λ 是一个数，规定 λ 与 A 的乘积为矩阵 $(\lambda a_{ij})m \times n$，记作 λA，即

$$\lambda A = \begin{bmatrix} \lambda a_{11} & \lambda a_{12} & \cdots & \lambda a_{1n} \\ \lambda a_{21} & \lambda a_{22} & \cdots & \lambda a_{2n} \\ \vdots & \vdots & \vdots & \vdots \\ \lambda a_{m1} & \lambda a_{m1} & \cdots & \lambda a_{mn} \end{bmatrix}$$

矩阵与矩阵的乘法的运算规则是，设 $A = (a_{ik})_{ms}$ 是一个 $m \times s$ 矩阵，$B = (a_{kj})_{sn}$ 是一个 $s \times n$ 矩阵，规定矩阵 A 与矩阵 B 的乘积是一个 $m \times n$ 矩阵 $C = (c_{ij})$，其中 $c_{ij} = a_{i1}b_{1j} + ai_2b_{2j} + \cdots a_{is}b_{sj} = \sum_{k=1}^{s} a_{ik}b_{kj}$，$i = 1, 2, \cdots, m$；$j = 1, 2, \cdots, n$，记作 $C = AB$，称 A 与 B 为可乘矩阵，A 为左乘

矩阵，B 为右乘矩阵。需要注意的是，只有当左乘矩阵 A 的列数与右乘矩阵 B 的行数相同时，两矩阵才能相乘；乘积 AB 的行数等于 A 的行数，乘积 AB 的列数等于 B 的列数。例如，

设 $A = \begin{bmatrix} 1 & 3 \\ 3 & 1 \\ 4 & 2 \end{bmatrix}$，$B = \begin{bmatrix} 2 & 1 \\ 1 & 3 \end{bmatrix}$，求 AB。

因为矩阵 A 是 3×2 矩阵，矩阵 B 是 2×2 矩阵，A 的列数与 B 的行数相等，所以矩阵 A 与 B 可以相乘，其乘积 AB 是一个 3×2 矩阵，该矩阵乘法的计算过程是

$$AB = \begin{bmatrix} 1 & 3 \\ 3 & 1 \\ 4 & 2 \end{bmatrix} \begin{bmatrix} 2 & 1 \\ 1 & 3 \end{bmatrix} = \begin{bmatrix} 1\times2+3\times1 & 1\times1+3\times3 \\ 3\times2+1\times1 & 3\times1+1\times3 \\ 4\times2+2\times1 & 4\times1+2\times3 \end{bmatrix} = \begin{bmatrix} 5 & 10 \\ 7 & 6 \\ 10 & 10 \end{bmatrix}$$

矩阵的乘法不满足交换律，也就是 AB 不等于 BA；矩阵的乘法一般情况下也不满足消去律，即虽然 $BA=BC$，且 $B\neq 0$，但 $A\neq C$。在矩阵运算中，如果 $AB = 0$，不能推出 $A = 0$ 或 $B = 0$ 的结论。

除了矩阵的加减法与乘法外，还有一种特殊的运算，称为矩阵的转置。把矩阵 A 的行换成同序数的列得到一个矩阵，称作 A 的转置矩阵，记作 A^T，例如，矩阵 $A = \begin{bmatrix} 1 & -1 & 2 \\ 0 & 3 & 4 \end{bmatrix}$ 的转置矩阵为

$$A^\mathrm{T} = \begin{bmatrix} 1 & 0 \\ -1 & 3 \\ 2 & 4 \end{bmatrix}$$

矩阵的转置也是一种运算，满足下述运算规律。

（1） $(A^\mathrm{T})^\mathrm{T} = A$。

（2） $(A+B)^\mathrm{T} = A^\mathrm{T} + B^\mathrm{T}$。

（3） $(\lambda A)^\mathrm{T} = \lambda A^\mathrm{T}$（$\lambda$ 为数值）。

（4） $(A+B)^\mathrm{T} = B^\mathrm{T} A^\mathrm{T}$。

若 A 为 n 阶方阵，且 $A^\mathrm{T} = A$，则称 A 为对称矩阵，简称对称阵。对称阵的特点为它的元素以主对角线为对称轴对应相等。

方阵是一种特殊的矩阵，必须当行与列的数量相等时，才能称为方阵。所以，方阵有两个重要的特征。

设 A 是 n 阶方阵，规定 $A^0 = E_N$，$A^1 = A$，$A^2 = AA$，…，$A^{k+1} = A^k A^1$，其中 k 为正整数，即 k 个 A 连乘。方阵的幂运算满足如下规律。

（1） $A^k A^l = A^{k+l}$

（2） $\left(A^k\right)^l = A^{kl}$

3. 方阵与行列式

方阵是矩阵中唯一与行列式有关的矩阵类型，由 n 阶方阵 A 的元素所构成的行列式，称为方阵 A 的行列式，记作 $|A|$ 或 $\det A$。

这里需要注意的是，方阵与行列式是两个不同的概念，n 阶方阵是个数按一定方式排列成的数表，而 n 阶行列式则是数表 A 按一定的运算法则所确定的一个数。所以，由于行列式是 n 行 n 列的格式，如果矩阵 A 不是方阵，就不能对 A 取行列式。

行列式的运算法则如下，以二阶行列式和三阶行列式为例。

$\begin{vmatrix} a_{11} & a_{12} \\ a_{21} & a_{22} \end{vmatrix}$ 称作一个二阶行列式，它的值定义为：

$\begin{vmatrix} a_{11} & a_{12} \\ a_{21} & a_{22} \end{vmatrix} = a_{11}a_{22} - a_{12}a_{21}$

$\begin{vmatrix} a_{11} & a_{12} & a_{13} \\ a_{21} & a_{22} & a_{23} \\ a_{31} & a_{32} & a_{33} \end{vmatrix}$ 称作三阶行列式，它的值定义为：

$\begin{vmatrix} a_{11} & a_{12} & a_{13} \\ a_{21} & a_{22} & a_{23} \\ a_{31} & a_{32} & a_{33} \end{vmatrix} = a_{11}a_{22}a_{33} + a_{12}a_{23}a_{31} + a_{13}a_{21}a_{32} - a_{11}a_{23}a_{32} - a_{12}a_{21}a_{33} - a_{13}a_{22}a_{31}$

矩阵运算中讲解了加法、减法和乘法，但是始终没有提到矩阵的除法。事实上，矩阵中并没有除法运算，因为矩阵的运算与常规数学四则运算不同，尤其是矩阵的乘法不符合交换律，所以种种原因导致在矩阵中并没有除法运算规则的存在。虽然矩阵中没有除法运算，但是有一个逆矩阵。

设 A 为 n 阶方阵，若存在 n 阶方阵 B，使 $AB = BA = E$。则称矩阵 A 是可逆的，并把矩阵 B 称为 A 的逆矩阵，简称逆阵，记作 $B = A^{-1}$。如果方阵 A 是可逆的，那么 A 的逆矩阵是唯一的。

可逆矩阵是一类重要的方阵，在使用记号 A^{-1} 之前，必须首先弄清楚 A 是否可逆，在无法判断 A 是否可逆的情况下，记号 A^{-1} 没有意义。

下面介绍方阵 A 可逆的充要条件。在讲解可逆的充要条件之前，首先介绍一个新的矩阵，称为伴随矩阵。

设 $A = \begin{bmatrix} a_{11} & a_{12} & \cdots & a_{1n} \\ a_{21} & a_{22} & \cdots & a_{2n} \\ \vdots & \vdots & & \vdots \\ a_{n1} & a_{n2} & \cdots & a_{nn} \end{bmatrix}$，则称 n 阶方阵 $A^* = \begin{bmatrix} A_{11} & A_{12} & \cdots & A_{1n} \\ A_{21} & A_{22} & \cdots & A_{2n} \\ \vdots & \vdots & & \vdots \\ A_{n1} & A_{n2} & \cdots & A_{nn} \end{bmatrix}$ 为矩阵 A 的伴随矩

阵，其中 A_{ij} 是 $|A|$ 的元素 a_{ij} 的代数余子式。

代数余子式是行列式中的一个重要概念，经过之前的介绍我们了解到行列式就是按照一定规则计算后的一个数。根据行列数的不同，行列式又分成了二阶行列式、三阶行列式、高阶行列式等。行列式阶数越高，其计算复杂度越高，低阶行列式的化简是相对较容易的。所以，代数余子式的作用就是将高阶的行列式降阶，从而达到方便计算的目的。

在 n 阶行列式中，把元素 a_{ij} 所在的第 i 行和第 j 列划去后，留下来的 $n-1$ 阶行列式称作元素 a_{ij} 的余子式，记为 M_{ij}；而 $A_{ij}=(-1)^{i+j}M_{ij}$ 被称为 a_{ij} 元素的代数余子式。

了解了伴随矩阵以及其中的代数余子式，最后我们看一下方阵 A 可逆的充要条件。

n 阶方阵 A 可逆的充要条件是 $|A|\neq 0$，且当 $|A|\neq 0$ 时，$A^{-1}=\dfrac{1}{|A|}A^*$，其中 A^* 为矩阵 A 的伴随矩阵。

2.4 信息系统中的操作系统

根据信息系统的定义，计算机系统是信息系统的重要组成部分，计算机系统主要由两部分构成：软件系统和硬件系统。硬件系统就是信息系统硬件体系结构中的组成部分，主要由主机和外设构成，主机又包含中央处理器和内存，外设包含输入设备、输出设备等。软件系统主要由系统软件和应用软件构成。系统软件是指控制和协调计算机及外部设备，支持应用软件开发和运行的系统，有操作系统、语言处理程序、数据库系统和服务程序等，系统软件是软件系统中最重要的部分；应用软件包含通用应用程序和专门应用程序等。

系统软件是软件系统中最重要的部分，操作系统则是系统软件中最重要的部分。操作系统是一个大型的系统程序，它管理和分配计算机系统软、硬件资源，控制和协调并发活动，为用户提供接口和良好的工作环境。如果信息系统中没有操作系统，则用户无法通过应用程序直接访问硬件资源，软件与硬件也无法协同工作。批处理技术和多道程序设计技术是操作系统中常见的两个技术，批处理技术的工作流程是先将用户程序组成一批传送到外存，然后操作系统每次将其中一个程序调入运行，同时只有一道程序处于运行状态，当该程序运行完毕，再调入下一个程序运行，循环往复，直到这一批程序全部执行完毕。这种工作方式称作单道批处理技术，因为其一次只能运行一个程序。当进行输入输出请求时，CPU 必须等待 I/O 的完成，造成 CPU 空闲，降低了 CPU 的利用率。所以，在此基础上引入了多道程序设计技术，多道程序设计技术是将一个以上的程序存放在内存中，并且同时处于运行状态，提高 CPU 的利用率。

目前常见操作系统的基本功能主要有 4 个：处理器管理、存储器管理、设备管理和文件管理。处理器管理的主要任务是对处理器的分配和运行实施有效的管理，在多道程序环境下,处理器的分配和运行是以进程为基本单位进行的,因此对处理器的管理也可以归结为对进程的管理;存储器管理的主要任务是对内存进行分配、保护和扩充;设备管理的主要任务是对计算机系统内的所有设备实施有效管理,比如输入设备、输出设备等;文件管理的主要任务是有效地支持文件的存储、检索和修改等操作。

2.4.1 进程调度

冯·诺依曼计算机系统的最大特点是存储程序,通过在内存中存储程序,可以使系统自动按照程序中的指令要求有序执行,直到完成程序中的全部操作。程序的执行分为顺序执行和并发执行。

程序的顺序执行是指程序的各个模块按逻辑顺序依次执行,而且在内存中只有这一个程序在运行。

顺序执行的程序具有顺序性、封闭性和可再现性的特点。当程序在 CPU 上执行时,CPU 的操作是严格按照程序所规定的顺序执行的。一个程序的每一个操作都按照顺序执行完毕后,再执行下一个程序的操作。程序一旦开始执行,其执行结果不受外界因素的影响,只要程序执行时的初始条件相同,交互输入的数据相同,无论执行多少次,其执行结果都是相同的,与程序的执行速度无关。

虽然顺序执行不受外界因素影响,但是执行效率较低,因为内存中只有唯一的程序在运行,如果该程序需要与外部设备进行数据交换,则 CPU 只能等待,不能做任何事情,导致 CPU 的利用效率降低。使用程序的并发执行可以提高执行效率。

程序并发执行的含义是把多个应用程序同时装入内存,使它们共享系统资源,让所有程序"同时"向前推进。并发程序执行顺序如图 2.1 所示。

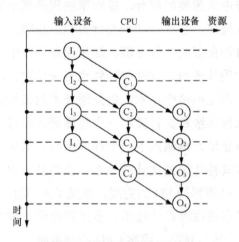

图2.1 并发程序执行顺序

在图 2.1 中,横坐标是程序运行时所需要的资源,包括输入设备、CPU 和输出设备,分别用字母 I、C、O 表示,纵坐标表示程序运行的时间。

原本在顺序执行时，一个程序的 I、C、O 这 3 个阶段必须都做完，才能开始下一个程序的 3 个阶段的执行。但是在并发执行中，同一个时间多个应用程序可以同时装入内存，这样做的优势是，当某一个资源空闲时，可以执行其他程序，提高资源利用率。比如，当 CPU 在执行第一个程序时，输入设备资源空闲下来，就可以进行第二个程序的执行，从而构成一个流水线执行模式，每一个资源都可以被充分利用。但是，程序并发执行使得程序与运行过程不再一一对应，失去了封闭性和不可再现性。

程序并发执行方式在提高资源利用率上的作用非常大，但是，程序属于软件层面，程序的成功运行最终要依靠计算机硬件的支持才能完成。因为程序无法直接调用硬件，需要有操作系统进行协调、调度，所以程序的执行不能脱离操作系统的支持。

当程序在操作系统上运行时，程序就不能称为程序，而是变成了进程。进程是程序在并发环境下在一个数据集上的一次运行过程。进程与程序是有本质区别的，首先进程是只有程序运行时才会存在，它是一个动态的过程，当程序运行结束，进程也就随之消亡。所以，进程的存在是暂时的，程序的存在是长久的，程序是静态的，不管运行与否，都一直存在于系统中。同时，程序与进程之间是一对多的关系，一个程序可以对应多个进程。

进程在执行时具有并发性，进程可以同其他进程一起向前推进，但是，这里的一起向前推进并不是所有进程同时独立地向前推进，而是每一个进程时断时续地向前推进。在宏观上，每个进程都在向前推进；在微观上，每个进程都在时走时停地运行。因为，在计算机系统中，CPU 资源是有限的。在多道程序设计的操作系统中，可以同时运行的进程有多个，但是 CPU 一次只能运行一个进程，所以，多个进程其实是交替进行，而不是同时运行，只不过 CPU 切换进程的时间非常短暂，使得用户感觉进程都在同时运行。

1. 进程的运行状态

进程是程序的一次执行过程，进程随着 CPU 调用程序而动态地产生，并随着程序执行完毕而动态地消亡。所以，每一个进程都有属于自己的生命周期，就跟人一样，拥有生命。随着时间的流逝、事件的发生，其生命状态也在不断发生变化。进程在其生命周期内主要有 3 种基本状态：运行状态、就绪状态、阻塞状态。

运行状态是指进程获得了 CPU 资源，正在 CPU 上运行的状态；就绪状态是指进程已经具备运行条件但由于无 CPU 资源，故暂时还不能立即运行的状态，当进程获得 CPU 资源后，马上就可以运行；阻塞状态是指进程因缺少运行条件或等待某种事件发生而暂时不能运行的状态。

进程之间的 3 种状态并不是固定不变的，而是随着条件的改变会从一种状态变为另一种状态。就像物理中水的三种状态一样，固态、气态和液态都可以随着吸热或者放热而转换为另一种状态。

进程在运行过程中，由于自身运行逻辑和运行环境（包括与之并发的合作进程、操作系统、软硬件资源）的变换，会在运行、就绪、阻塞这3个状态之间发生转换。

多个进程在并发运行时，操作系统根据每一个进程的时间片分配CPU资源。当时间片轮转到相关进程后，进程开始运行。当正在运行的进程使用完自己的时间片时，系统将中断该进程的运行，使它由运行状态转为就绪状态。

进程调度程序选中一个就绪状态的进程并为其分配CPU资源后，该进程由就绪状态转为运行状态。处于就绪状态的进程只要获得了CPU资源就可以马上进入运行状态，不存在任何其他问题。

正在运行的进程申请使用某种系统资源、向操作系统请求服务、在它的合作进程给它某个信号之前，不会继续运行，而是进入阻塞状态。

当一个处于阻塞状态的进程得到所申请的资源，或申请的服务已被完成，或所需的合作进程的信号已获得时，那么该进程由阻塞状态转为就绪状态。在这里需要注意的是，阻塞状态不会直接转为运行状态，因为即使所申请的资源或者服务等都完成，时间片却不一定会轮转此进程，所以，阻塞状态必须先变为就绪状态，等待系统的CPU资源分配。

进程虽然是程序在并发环境下在一个数据集上的一次运行过程。但是，进程的调度需要受到操作系统控制。所以，一个完整的进程是由3部分构成：进程控制块（PCB）、程序段和数据段。

进程控制块是内核描述进程自身属性、进程和其他并发进程之间的互动关系、进程和系统资源之间的关系、不同时刻所处状态等信息的一种数据结构。系统创建进程的同时自动为进程创建PCB，进程撤销后该PCB同时被撤销。每个进程都有唯一的PCB与之对应，系统根据PCB感知进程，PCB是进程存在的标志。

在创建一个进程时，其创建的工作流程是：（1）产生唯一的进程标识符（PID）；（2）为新进程分配一个空白PCB；（3）为进程映像分配内存空间；（4）为进程分配除内存之外其他各种资源；（5）初始化PCB各个成员变量，如PID、CPU初始状态、优先级、资源、家族关系等；（6）将进程插入就绪队列；（7）等待调度。

通过了解进程的3种状态变化，我们清楚进程不是在任何时候都可以运行的，即使该进程没有任何问题，也必须先处于就绪状态，等待系统统一的调度分配。

2. 进程调度算法

在多道程序系统中，用户进程数往往多于处理器数，这导致用户进程争夺处理器。因此，系统需要按照一定的策略动态地把处理器分配给就绪队列中的某个进程，以便使之执行。处理器分配的任务由进程调度程序完成。

先来先服务调度算法是一种最简单的调度算法，其基本思想是按照进程进入就绪队列的先后次序来分配处理器。该算法采用非抢占式的调度方式，即一旦一个进程占有处理器，它就一直运行下去，直到该进程完成其工作或因等待某一事件而不能继续执行时才释放处理器。

从表面上来看，先来先服务调度算法对于所有进程是公平的，即按照它们到来的先后次序进行服务。但若一个长进程先到达系统，就会使许多短进程等待很长时间，从而引起许多短进程用户的不满。

短进程优先调度算法的思想是把处理器分配给最快完成的进程。在进程调度中，短进程优先调度算法每次从就绪队列中选择估计运行时间最短的进程，并将处理器分配给它，使该进程运行并直到完成其工作或因某种原因阻塞才释放处理器。

虽然短进程优先调度算法的平均周转时间最短，但该算法对长进程不利，当有很多短进程不断进入就绪队列时，长进程会因长期得不到调度而产生等待。

优先级调度算法是一种常见的进程调度算法，其基本思想是把处理器分配给优先级最高的进程。该算法的核心问题是如何确定进程的优先级。进程的优先级分为两种：静态优先级和动态优先级。

动态优先级是指在创建进程时，根据进程的特点及相关情况确定一个优先级，确定动态优先级的主要原则有：（1）根据进程占用 CPU 时间的长短来决定，一个进程占用 CPU 的时间越长，则优先级越低；（2）根据就绪状态的进程等待 CPU 时间的长短来决定，一个就绪状态的进程在就绪队列中等待的时间越长，则优先级就越高，获得调度的可能性就越大。

静态优先级是在创建进程时确定的，确定之后在整个进程运行期间不再改变，其确定原则具体如下。

（1）按照进程类别确定。系统中主要有两类进程，系统进程和用户进程。系统中各进程运行速度以及系统资源利用率很大程度上依赖于用户进程，所以系统进程的优先级高于用户进程。

（2）根据进程要求系统提供的资源确定。进程所申请的资源越多，估计的运行时间越长，进程的优先级越低。

（3）按照用户类型和要求确定。用户的收费标准越高则用户进程的优先级越高。

时间片轮转调度算法也是一种重要的调度算法。在该算法中，系统将所有的就绪进程按照到达的先后顺序排成一个队列，然后对每一个进程规定一个运行时间，该时间称作时间片，当该进程运行完其所属的时间片后，则算法将该进程的 CPU 资源分配到下一个进程，然后继续执行这一操作。时间片的设置不宜过大也不宜过小，过大会使得所有进程都能够在一个时间片内完成所有任务，则时间片轮转算法会退化成先来先服务调度算法。如果时间片过小，则进程的执行时间几乎全部用来进行进程间的切换，留给真正执行任务的时间就非常少了。所以，时间片的选择一定要适宜。

3. 进程间的制约关系

多道程序系统中，虽然系统可以调度多个进程实现并发执行，但是在有些情况下，进程间存在相互制约的关系，不能随意地并发执行。常见的制约关系有两种：间接制约关系和直接制约关系。

间接制约关系也称作互斥关系，若某一进程要求使用某种资源，而该资源正被另一进程使用，并且这一资源不允许被两个进程同时使用，那么该进程只好等待已占用资源的进程释放资源后再使用。

直接制约关系也称作同步关系，某一进程若收不到另一进程给它提供的必要资源就无法继续运行下去，这种情况表明了两个进程之间在某些点上要交换资源。

为了能够解决进程间同步与互斥的问题，现代操作系统可以通过信号量来协调，其基本思想是在多个相互合作的进程之间使用简单的信号来同步。

信号量是一个确定的二元组（S, Q），其中S表示信号量，Q是一个空的队列。信号量的值是由P操作和V操作完成，P操作表示对资源的申请；V操作表示对资源的释放。

现在有P1~P4共4个进程，设置5个信号量S1~S5，这5个信号量的初值都为0。因为P1是P2和P3的前趋，所以当P1执行后需要通知P2和P3，应采用V(S1)V(S2)操作分别通知P2和P3。因为P2是P1和P3的后继，当P2执行前，应测试P1和P3是否执行完毕，应采用P(S1)P(S3)操作测试P1和P3是否执行完毕。同理，P2是P4的前趋，当P2执行完后应通知P4，应采用V(S4)操作通知P4。因为P3是P1的后继，所以当P3执行前应测试P1是否执行完毕。应采用P(S2)操作测试P1是否执行完毕。又因为P3是P2和P4的前趋，所以当P3执行完应通知P2和P4。当P4执行前应测试P2和P3是否执行完毕。应采用P(S4)P(S5)操作测试P2和P3是否执行完毕。

2.4.2 内存调度

内存管理的主要任务是为多道程序的运行提供良好的环境，方便用户使用存储器，通过内存的分配和回收，提高存储器的利用率。

需要被计算机执行的程序，只有进入内存，才能被CPU进行调用执行。从程序的编写到进入内存中再到被CPU调用执行，大致经历了3个阶段：编译、链接、装入。

1. 程序的编译与运行

在了解程序进入内存所经历的3个阶段之前，我们先了解一下什么是程序。

有一个很经典的解释，程序等于算法加数据结构，即程序 = 算法 + 数据结构。

数据结构就是关系，是数据元素之间存在一种或者多种特定关系的集合。算法就是处理不同数据集合的步骤。所以，程序就是按照一定的方法步骤，对不同关系的数据集进行处理运算的文件。

这句话的解释其实也是对信息系统定义的微观体现。信息系统是人员利用信息技术对有用的数据进行创建、收集、处理、存储和分发的系统。程序也是通过算法来对不同数据结构的数据集进行处理的文件。所以，信息系统与程序的定义是宏观与微观的不同，但其本质上是一样的。

我们通过高级编程语言，如 C 语言、Java 语言、C++ 语言等编写的程序不能直接被 CPU 使用，因为高级语言贴近于自然语言，更加方便了程序员的编写和理解。但是，这种语言并不能被计算机所理解，因为计算机的母语是机器语言，也就是二进制数。所以，当用高级语言编写好程序之后，需要经过编译环节，先将编写的程序编译成计算机能够理解的语言。

编译主要分为两个阶段：前端编译和后端编译。前端编译主要指与源语言有关但与目标机无关的部分，包括词法分析、语法分析、语义分析与中间表示生成；后端编译主要指与目标机有关的部分，包括代码优化和目标代码生成等。

编译完程序后需要进行程序的链接，链接程序是将编译好的目标模块以及所需的库函数链接在一起，形成完整的装入模块。链接完毕，最后就是装入程序。

装入程序是将这些装入模块装入内存并执行。对于程序员来说，数据的存放地址通过数据变量给出，而不是在存储器中实际的物理地址。所以，源程序经过编译后，因为无法获得代码在内存中实际位置，编译器一般会将代码地址从 0 号开始编址，并顺序分配所有地址单元，这些地址单元不是实际的物理地址，因此称为虚拟地址。

当装入程序将可执行代码装入内存时，程序的虚拟地址与程序在内存中实际的物理地址往往不同，需要通过地址转换将虚拟地址转换为实际的物理地址。

2. 程序的装入

将虚拟地址转换为实际的物理地址的方式可以通过程序的装入方式完成，程序的装入方式主要有 3 种：绝对装入、可重定位装入、动态运行装入。

（1）绝对装入即在编译时就知道程序将要装入的物理地址，该种装入方式不适合多道程序设计。

（2）可重定位装入即根据当前内存使用情况，将装入模块装到内存的适当位置，地址变换通常在装入时一次完成，之后不再改变，操作系统采用连续分配管理方式为装入的程序分配内存地址。系统分配内存地址的方式有两种：固定分区分配和动态分区分配。固定分区分配方法是将内存空间划分为若干个固定大小的分区，每个分区中可以放入一道程序，分区的大小可以不等。当某个用户程序要装入内存时，由内存分配程序检索分区说明表，从表中找出一个能满足要求的尚未分配的分区分配给程序。

动态分区分配是一种动态划分存储器的分区方法。这种分配方法并不事先将主存划分成一块块的分区，而是在程序进入主存时，根据程序的大小动态地建立分区，并使分区的大小正好满足程序的需要。动态分区分配算法主要有 4 种：首次适应算法、循环首次适应算法、最佳适应算法、最差适应算法。

首次适应算法是把空闲分区按照地址递增使用链表串成一个队列，每次为一个程序分配内存的时候都从队首开始找，直到找到足够大的空闲分区，然后按照程序的大小，从该分区划分出一块内存空间分配给请求者。该算法的优点是优先利用内存低地址部分的空闲分区，从而保留高地址部分的大的空闲分区。该算法的缺点是低地址部分的分区被不断地划分，致使留下许多不能被使用的、很小的空闲区域。且算法每次都会从低地址开始查找，导致时间开销增大。

循环首次适应算法是在首次适应算法的基础上，把队列改成循环队列，这样就使得每次开始查找的地址是上次找到的空闲分区的下一个分区。该算法的优点是空闲分区的分布更加均匀，减少了查找的时间开销。缺点就是缺乏大的空闲分区，因为空闲分区都以均匀的概率被分割。

最佳适应算法是以空闲分区的容量大小递增排序，每次为程序分配内存空间时，总能将满足空间大小所需要的最小的空闲分区分给程序。该算法的优点是总能分配给程序最合适的分区，缺点是会产生许多难以利用的碎片空间。因为分配的最合适分区进行分割后所剩的空间非常小，基本不能再使用。

最差适应算法是要求空闲分区按照容量大小递减的次序排列。每次为程序分配内存空间时，总是将满足要求且最大的内存空间分配给程序。该算法的优点是分给程序后剩下的空闲分区比较大，可以装下其他程序。缺点是由于最大的空间总是被优先分配，当有大程序到来时，其存储空间的申请会得不到满足。

可重定位装入采用的是连续分配管理方式，这种方式的内存空间分配算法会不可避免地产生许多碎片，使得内存空间利用率降低。

（3）动态运行装入即操作系统采用非连续分配管理，其操作方式是用户程序的地址空间被划分成若干个大小相等的区域，这些区域称为页，每一个逻辑地址通过页号排列。主存空间也分成与页面大小相等的区域，这些区域称为块。在为程序分配内存空间时，以块为单位来分配，可以将程序中的任意一页放到主存的任意一块。在调度程序时，必须将程序的所有页面一次调入主存，若主存中没有足够的物理块，则需等待。这种存储管理方式就是非连续分配管理方式，也称为分页存储管理方式。

分页存储管理方式实现了将逻辑地址上连续的页号分布到物理内存中不连续的多个物理块中。所以，在分页存储管理中，构建了一个页表，该页表实现了逻辑地址上连续的页号映射到物理内存中不连续的多个物理块中。从而实现页面与每个物理块的一一对应，通过页表的使用，实现了即使物理地址不连续，也能够正确地表示程序的每一个逻辑地址。

分页存储管理方式虽然通过非不连续分配管理实现了内存中碎片的减少，提高内存空间的利用率。但是，在调度程序时，必须将程序的所有页面一次调入主存，若主存中没有足够的物理块，则需等待。当内存空间不足或者程序太大时，就会限制一些程序的进入，影响信息系统的运行。为此提出了请求分页存储管理方法，请求分页管理方法可以实现将程序部分载入内存执行，当需要程序的其他部分时再将其他部分陆续调入内存。

请求分页存储管理方式是以信息系统组成中的主存-辅存存储层次为基础实现的。它是在分页存储管理的基础上，增加了请求调页功能和页面置换功能所形成的一种虚拟存储系统。请求调页是指当前程序的运行，只需到调取该程序的一部分页面进入主存便可启动运行，不需要全部的程序进入内存。在程序运行过程中，如果要执行的程序页面不在内存中，则需要通过请求调页功能将需要用的页面调入内存，同时，为了保证内存空间充裕，通过页面置换功能将不需要的页面置换到辅存中。

所以，请求分页管理方式是基本分页存储管理方式的增强版本，可以用一个表达式说明：请求分页管理 = 基本分页管理 + 请求调页功能 + 页面置换功能。

2.4.3 I/O 数据传输

I/O 设备是现代计算机系统的重要组成部分，可以实现数据与外部的输入输出。I/O 设备在进行工作时，需要受到 CPU 的控制并且与主存进行数据交换。为了控制 I/O 设备，在 CPU 与外设之间有一个设备控制器，用于完成设备的控制运行。I/O 设备的控制方式主要有 3 种：程序查询方式、程序中断方式、DMA 方式。

程序查询方式是指数据在 CPU 和外部设备之间的传送完全靠计算机程序控制，该方式是在 CPU 主动控制下完成的。当需要执行 I/O 操作时，CPU 暂停执行主程序，转去执行设备输入/输出的服务程序。在设备执行 I/O 操作期间，处理器通过循环执行测试指令不断地检测设备程序是否完成。

程序查询方式的工作流程是 CPU 通过 I/O 指令启动输入设备，输入设备将数据输入至数据缓冲寄存器，在此期间，CPU 不断地执行测试指令，检测设备程序是否完成，当数据传送完成后，外设的状态变为就绪状态，CPU 执行输入指令，将数据缓冲寄存器中的数据送至 CPU 的通用寄存器，再存入主存相关单元。

程序查询方式的优点是其工作流程非常简单，但是缺点是 CPU 的利用率非常低，因为 I/O 的处理速度要远低于 CPU 的处理速度，使得 CPU 在大部分时间都是不断地测试 I/O 设备程序是否完成，而不能正常开展其他工作。

程序中断方式可以减少 CPU 等待的时间，提高 CPU 的工作效率。中断的定义是 CPU 启动 I/O 设备后，不必停止现行的程序。当 I/O 设备准备就绪时，向 CPU 提出请求，此时 CPU 立即中断现行程序，并保存断点，转至执行中断服务程序为 I/O 设备服务，中断服务程序结束后，CPU 又返回断点处，继续执行中断前的程序。

程序中断方式的工作流程是首先 CPU 发送启动 I/O 设备命令，输入设备开始工作，将数据送入数据缓冲寄存器，当 I/O 设备完成数据发送就绪后，CPU 发送中断查询信号，判断 CPU 是否能够进行中断，若允许 CPU 中断，则 CPU 开始执行中断服务程序，通过输入指令将数据缓冲寄存器的输入数据送至 CPU 的通用寄存器，再存入主存单元。然后，CPU 中断返回至源程序的断点处。至此，一个完整的程序中断处理过程结束。中断程序的完整流程一般包括：保护现场、中断服务、恢复现场和中断返回 4 个部分。

保护现场主要包含两个部分，其一是保存程序的断点，其二是保存通用寄存器和状态寄存器中的内容。中断服务是整个中断流程的主体，根据中断前后所执行任务的不同，其处理流程也不相同。恢复现场要求在退出服务程序前，将源程序中断时的"现场"恢复到原来的寄存器中。中断返回是使其返回到源程序的断点处，以便继续执行源程序。

程序中断方式虽然减少了 CPU 的等待时间，使设备和主机在一定程度上并行工作，但是每传送一个字或者字节都要发送一次中断，去执行一次中断服务程序。这将使 CPU 处于频繁的中断工作状态，影响了 CPU 的工作效率。

由此引入了 DMA 控制方式，DMA 控制方式也称为直接存储器存取方式，是一种完全由硬件进行成组信息传送的控制方式。外设与内存之间可以直接进行数据传送，而不需要经过 CPU，比起程序中断方式，可以提高 CPU 的利用率。

DMA 控制方式虽然可以让外设和主存直接进行数据传送，而不用 CPU 进行中断响应，但是，如果出现了外设与 CPU 同时访问主存的情况该如何处理？通常有以下 3 种方式解决。

第 1 种是停止 CPU 访问主存，当外设需要传送数据时，由 DMA 向 CPU 发一个信号，要求 CPU 放弃使用权，这种传送方式控制简单，适用于数据传输率很高的设备成组传送。

第 2 种是周期挪用，当 I/O 设备没有 DMA 请求时，CPU 按程序的要求访问主存，一旦 I/O 设备有 DMA 请求就会遇到 3 种情况：第 1 种情况是 CPU 未访存，故 I/O 设备的访存请求与 CPU 未发生冲突；第 2 种情况是 CPU 正在访存，必须等待存储周期结束后，CPU 再将总线占有权让出；第 3 种情况是 I/O 设备和 CPU 同时请求访存，出现了访存冲突，此刻 CPU 要暂时放弃总线占有权，由 I/O 设备挪用一个或几个存储周期。

第 3 种是 DMA 与 CPU 交替访问，这种方式适用于 CPU 的工作周期比主存存取周期长的情况。

2.5 信息系统中的数据通信

电信网络是信息系统的重要组成部分，信息系统所处理的数据经常需要通过电信网络进行传递和分发。所以，电信网络是信息系统重要的基础设施，支持信息系统执行应用功能。

电信网络完成整个数据通信的过程需要具备 3 个要素：收件人和发件人、传播途径、通信规则。在整个网络通信中，收件人和发件人是通信的角色，传播途径是数据传播的道路，但是，只是具备了通信双方和数据的传播途径是不够的，因为并不清楚怎么在这个道路上走，而通信规则就是用来定义数据在路径上传播的格式，保证数据能够安全无误地到达目的地。

网络通信协议主要有 3 个构成要素：语法、语义和同步（定时）。语法是数据与控制信息的结构或格式，语义是用于协调和进行差错处理的控制信息，同步是对事件实现顺序的详细说明。通俗点说，语法是将做什么，语义是将怎么做，同步是将什么时候做。

具体来说，收件人和发件人作为通信双方的用户，将信息传递到物理介质之前都会经历 7 层结构。这 7 层结构就是 OSI 参考模型。由下往上分别是物理层、数据链路层、网络层、传送层、会话层、表示层和应用层。每一层都有其特定的任务和功能，同时也具有特定的协议。

应用层主要面向用户，用户在这一层完成应用软件的使用，并产生需要发送的数据。如访问和管理对方的系统、进行电子邮件发送等功能，主要使用的协议有 FTP、HTTP 等。

传输层主要面向进程，因为使用应用软件的根本是进程的调用，传输层负责主机中两个进程之间的通信。其功能是为端到端提供可靠的传输服务，并为端到端连接提供流量控制、差错控制、服务质量控制等管理服务，该层的传输单位是报文段。主要使用的协议有 TCP、UDP 等。

网络层面向主机，将传输层传下来的报文段封装成分组，并且选择适当的路由，使传输层传下来的分组能够交付到目的主机，该层传输的单位是数据报。主要使用的协议是 IP、ICMP 等。

数据链路层主要是将网络层传下来的 IP 数据报组装成帧，在该层主要完成链路连接的建立、拆除、分离等工作，该层的传输单位是帧。主要使用的协议有 PPP、HDLC 等。

物理层主要任务是透明地传输比特流，为数据端设备提供传送数据通路，该层的传输单位是比特。

2.5.1 物理层的采样、量化、编码

数据通信时，数据是传递信息的主要形式，分为模拟数据和数字数据。模拟数据的特点是连续变化，比如物理中的电流、电压等；数字数据的特点是离散化，比如计算机中的机器语言就是由 0 和 1 这两个离散的值构成。

因为信息系统的主体是计算机系统，根据现代计算机的特性，计算机所处理、传递的语言是机器语言，机器语言就是由 0 和 1 组成的二进制流。二进制流是典型的数字数据，所以，信息系统输出到通信线路上进行传输的数据主要是数字数据。

传递数据的线路称为信道，信道中传递的不是数据而是信号，信号是数据的电气或者电磁的表现。通信信道进行信号传递时，有基带信号和宽带信号两类。基带信号是将数字信号 0 和 1 直接用两种不同的电压表示；宽带信号是将基带信号进行调制后形成模拟信号表示。

在通信过程中，传递的许多信号都是模拟信号，而计算机所能识别、处理的信号是数字信号，这就需要将模拟信号数字化。模拟信号数字化分为 3 个步骤：采样、量化、编码。

采样是对连续信号在时间上进行离散，即按照特定的时间间隔在原始的模拟信号上逐点采集瞬时值。在进行模拟信号转换成数字信号采样时，需要遵循采样定理的规范。即假设原始信号中的最大频率为 f，那么采样频率必须大于或等于最大频率 f 的两倍，才能保证采样后的数字信号完整保留原始模拟信号的信息。

虽然连续值已被采样成若干离散值，但每个离散值的取值可能有无限多个。为了给每一个离散值都对应一个数字码，必须将无限种取值转化为有限种取值。物理中把这种通过四舍五入分级取整的方法称为量化。

模拟信号经过采样变成离散值，每一个离散值经过量化都对应一个二进制数，将这些二进制数按时间序列组合在一起就称为编码。常见的有"非归零码""曼彻斯特编码"等。

非归零码是用低电平表示 0，高电平表示 1；或者反过来。这种编码方式的缺点是无法判断一个码元的开始和结束，收发双方难以保持同步。

曼彻斯特编码是将每一个码元分成两个相等的间隔。前面一个间隔为高电平而后一个间隔为低电平表示码元 1；码元 0 正好相反。曼彻斯特编码的特点是将每个码元的中间跳变作为收发双发的同步信号，无须额外的同步信号。

2.5.2 数据链路层

数据链路层在物理层提供服务的基础上向网络层提供服务，即将原始的、有差错的物理线路改进成逻辑上无差错的数据链路，从而向网络层提供高质量的服务。数据链路的服务主要有 3 种：无确认的无连接服务、有确认的无连接服务、有确认的有连接服务。数据链路层主要功能如下。

（1）数据链路管理：负责数据链路的建立、维持和释放。该功能主要是为面向连接的服务提供，如果是无连接则不需要。

（2）帧同步：接收方确定收到的比特流中一帧的开始与结束位置。

（3）差错控制：用于使接收方确定接收到的数据就是由发送方发送的数据。

（4）透明传输：在帧的组成中，除了帧定界中的开始和结束字节，帧的剩余部分都是透明传输区，在进行帧传输的时候，要保证透明传输区不管是何种数据组合，都应该在链路中正常传递。

在计算机网络通信中，使用有确认的无连接服务较多，而在有确认的无连接服务中，帧同步和差错控制是两个重要的功能。

在数据链路层中，帧是传输的基本单位。为了保证传输正常，首先要进行组帧，将帧加上首部和尾部。虽然直接传送比特流更加方便，但是这种方法一旦在传输过程中出现问题，则需要重新传输全部的比特流，非常麻烦。而组帧的优点是，如果传输出现错误，只需要发送出错的帧即可，组帧常用的方法有字符计数法、字符填充的首尾界符法等。

1. 组帧

字符计数法是用一个特殊的字符来表示一帧的开始，然后用一个计数字段来表明该帧包含的字节数。当目的主机接收到该帧时，根据此字段提供的字节数，便可知道该帧的计数位和下一帧的开始位。

但是，字符计数法存在一个很严重的问题，那就是如果计数字段在传输中出现差错，接收方就无法判断出该帧的结束位和下一帧的开始位。

字符填充的首尾界符法可以弥补字符计数法的缺点。在 ASCII 编码中，共有 33 个控制字符，可以选定其中 2 个字符作为每一帧的开始和结束，如选择 SOH 和 EOT 这 2 个字符，这样接收端只需要判断两个控制字符出现的位置就能准确地将其分割成帧。SOH 作为开始字符，EOT 作为结束字符。

但是这种构建方式也会出现问题，就是当帧的数据部分出现了控制字符，就不能仅仅使用控制字符定界帧。如果在数据部分出现了 EOT 字符，则会判定该帧已经结束，导致错误地找到帧的边界，只是把该帧的一部分收下。这种情况就无法保证帧的正确传输，所以，提出了字节填充的首尾定界符法。

字节填充的首尾定界符法要求在数据中出现字符"SOH"或"EOT"时，就将其转换为另一个字符，而且该字符不会被错误地解释。但是，如果只是转换为另一个字符的话无法保证不重复，所以就通过转换为两个字符的组合形式来实现。

即将"SOH"转换为"ESC"和"x"两个字符，将数据中出现的字符"EOT"转换为"ESC"和"y"两个字符。而当数据中出现了控制字符"ESC"时，就将其转换为"ESC"和"z"两个字符，通过上述两个字符组合替换的形式，可以实现数据部分不会出现与帧的开始字符和结束字符重复的情况。等数据到了接收端只要按照上述规则进行相反的转换，就可以获得原数据。通过字节填充的首尾界符法可以在满足帧定界的同时，解决透明传输的问题。

2. 差错控制

差错控制是使接收方确定接收到的数据就是由发送方发送的数据，其中不存在任何的差错。通过一定的编码和解码，能够在接收端解码时检查出传输的错误，这就是差错控制的作用，常见的检错编码有奇偶校验码和循环冗余码（CRC）。

奇偶校验码是在信息码后面加一位校验码，分为奇校验和偶校验。奇校验是添加一位校验码后，使得整个码字里面 1 的个数是奇数。接收端收到数据后就校验一下数据里 1 的个数，如果正好为奇数，则认为传输没有出错；如果检测到偶数个 1，则说明传输过程中数据发生了变化，需要重发。

偶校验是添加一位校验码后，使得整个码字里面 1 的个数是偶数。接收端收到数据后就校验一下数据里 1 的个数，如果正好为偶数，则认为传输没有出错；如果检测到奇数个 1，则说明传输过程中，数据发生了变化，需要重发。奇偶校验码有一定的局限性，当数据中有一位发生了变化,可以通过该方式检测出来问题,如果数据中同时有两位数发生了改变,奇偶校验码就很难检测出问题。

循环冗余码检错是在发送端产生一个冗余码,附加在信息位后面一起发送到接收端,接收端收到的信息按发送端形成循环冗余码同样的算法进行校验,如果发现错误,则通知发送端重发。

通过奇偶校验码和循环冗余码可以保证对传输中比特差错进行检测,但是在实际的传输过程中,除了比特差错外,还有可能出现传输差错。传输差错是指在传输过程中出现帧丢失、帧重复、帧失序等情况。

帧丢失是指发送端发送的是帧1、2、3,结果只收到帧1、3,帧2在传输过程中丢失;帧重复是指发送端发送帧1、2、3,最后收到帧1、2、3,也就是帧2重复发送了2遍;帧失序是指发送端发送帧1、2、3,结果接收端收到帧1、3、2,帧的传输顺序发生了改变。

以上3种情况都属于传输差错,所以,仅仅保证比特无差错不能真正实现可靠传输,还必须考虑传输不能有差错。为了实现可靠传输,可以通过可靠传输机制实现。在实现可靠传输机制前,首先需要解决流量控制问题。

3. 流量控制

在进行数据通信时,发送方和接收方都在不断地传输数据,如果发送方发送数据过快,就有可能导致接收方来不及接收。所以,需要通过流量控制实现接收方可以完全接受发送方发送的数据。流量控制的一个基本实现方法是由接收方控制发送方的数据流。常见的有两种方式:停止-等待流量控制和滑动窗口流量控制。

停止-等待流量控制的工作原理是发送方发出一帧,然后等待应答信号到达再发送下一帧;接收方每收到一帧后,返回一个应答信号,表示可以接受下一帧,如果接收方不返回应答,则发送方必须一直等待。停止-等待方式必须等到接收方返回应答信号,发送方才能再次发送下一个数据,且每一次只允许发送一帧,传输效率较低。

滑动窗口流量控制允许一次发送多个帧,其工作原理是在任意时刻,发送方都维持了一组连续的、允许发送的帧的序号,称为发送窗口。同时,接收方也维持了一组连续的、允许接收的帧的序号,称为接收窗口。发送方窗口内的序列号代表了那些已经被发送,但是还没被确认的帧。发送端每收到一个帧的确认,发送窗口就向前滑动一个帧的位置。在接收端只有当收到的数据帧的发送序号落入接收窗口内才允许将该数据帧收下。

滑动窗口流量控制的传输效率要高于停止-等待方式,一次可以允许发送端发送多个帧,但是在接收端也必须按照接收窗口的帧序号依次地接收,只有这样才能保证传输的帧的顺序正确。

4. 可靠传输

理解了流量控制方式后,就会容易理解可靠传输机制,可靠传输机制就是指发送方发送什么接收方就接收什么。一般使用确认和超时重传两种机制共同完成。确认帧是一个没有数据部分的控制帧，只是用来告诉发送方发的某帧已经被接收到了。超时重传是指发送方在发送一个数据帧时设置一个超时定时器，如果在规定时限内没有收到该帧的确认，就重新发送该帧。发送方没有收到确认的原因有以下两种。

（1）当接收方检测到出错帧时，接收方直接丢弃该帧，而不返回确认。

（2）该帧在传输过程中丢失。

使用确认和超时重传两种机制实现可靠传输的策略又称为自动请求重发（ARQ）。

在计算机网络中，常见的可靠传输的实现协议主要有3个：停止-等待协议、后退N帧协议、选择重传协议。

停止-等待协议的基本思想是发送方传输一个帧后，必须等待对方的确认才能发送下一帧。如果在规定时间内没有收到确认，则发送方重传原始帧。

后退N帧协议基于滑动窗口流量控制技术。其基本原理是发送方发送完一个数据帧后，不是停下来等待确认帧，而是连续再发送若干个数据帧。如果这时收到了接受方的确认帧，那么接着发送数据帧。如果某个帧出错，接收方只能简单地丢弃该帧及其所有的后续帧。发送方超时后需要重发该出错帧及其后续所有的帧。

选择重传协议基本思想是若一帧出错，其后续帧先存入缓冲区中，同时要求发送方重传出错帧，一旦收到重传帧，就和原先存在缓冲区的后续帧一起按正确的顺序送入主机。

3种协议各有各的特点。停止-等待协议必须一帧发送完后，等待确认后才能发送下一帧，增加了等待时间，降低了传输效率。后退N帧协议减少了等待时间，使得整个通信的吞吐量得到提高。选择重传协议避免了重复传输那些本来已经正确到达接收方的数据帧，进一步提高了信道利用率，但代价是增加了缓冲空间。

5. 介质访问控制

通过可靠传输机制可以解决数据传输的可靠性问题，但是数据传输信道是一种宝贵的资源，如果在局域网的传输中因为共用信道而产生了竞争，应该如何分配信道？介质访问控制用于解决共用信道所产生的竞争与使用权分配的问题。介质访问控制主要分为3大类：信道划分介质访问控制、随机访问介质访问控制、轮询访问介质访问控制。

（1）信道划分介质访问控制的特点是通过信道的划分提高传输系统利用率。当传输介质上存在多个传输信号，为了使其能够在一条介质上同时传输，可以通过多路复用技术提高传输系统利用率，使多个计算机共享信道资源。信道划分介质访问控制就是为了满足多个计算机之间对于信道的使用权的分配而提出的。常见的信道划分介质访问控制技术有频分多路复用、时分多路复用、码分多路复用。

频分多路复用是指将一条信道分割成多条不同频率的信道。虽然多个信号都在同一条信道传播，但是因为各自信号的频率不同，所以不会有冲突。

时分多路复用是指将一个信道的使用时间分割成一个一个固定的时间段，每一个想要使用该信道的信号只有拿到了信道使用的时间段才可以传输，否则不能够占用信道资源。

码分多路复用又称为码分多址（CDMA），它既共享信道的频率，又共享时间，是一种真正的动态复用技术。码分复用是另一种共享信道的方法，每一个用户可以在同样的时间使用同样的频带进行通信。该技术以不同的伪随机码来区别基站。各基站使用同一频率并在同一时间进行信息传输。由于发送信号时叠加了伪随机码，信号的频谱被大大加宽。采用这种技术的通信系统也称为扩频通信系统。

上述解决信道资源紧张问题的方式称为信道划分介质访问控制，这是一种静态划分信道的方式，通过频分多路、时分多路等手段，在传输之前就静态地分配好信道的使用权，只要用户分配到了信道，就不会与其他用户发生冲突。但是，这种划分信道的方式所付出的代价非常高，并不具有普适性。因此，提出了动态地划分信道的方式，此方式又可以分成随机接入和受控接入。

（2）随机访问介质访问控制方式是一种随机接入，其原理是所有的用户都可以根据自己的意愿随机地发送信息，但是这样很大概率会产生冲突，从而导致数据传送失败。为了解决随机接入发生的碰撞的问题，可以通过 CSMA 协议、CSMA/CD 协议等完成。

CSMA 称为载波侦听多址访问。在 CSMA 协议中，每个结点发送数据之前都使用载波侦听技术来判定通信信道是否空闲。常用的 CSMA 有以下 3 种策略。

① 1-坚持 CSMA：当发送结点监听到信道空闲时，立即发送数据；否则继续监听。

② p-坚持 CSMA：当发送结点监听到信道空闲时，以概率 p 发送数据；以概率（1-p）延迟一段时间并重新监听。

③ 非坚持 CSMA：发送结点一旦监听到信道空闲，立即发送数据；否则延迟一段随机的时间再重新监听。

在 CSMA 机制中，可能存在多个结点同时侦听到信道空闲并同时开始传送数据，从而造成冲突。为了提高信道的利用率，避免这种冲突情况的发生，提出了 CSMA/CD 机制。

CSMA/CD 机制的工作流程是每一个站点在发送数据前先检测一下信道上是否有其他计算机发送的数据，如果有，则暂时不发送数据，以避免冲突；如果没有，则发送。与 CSMA 机制不同，在发送数据的时候，仍然继续检测信道上是否有冲突发生，如果有冲突发生，则采用相关算法来等待一段随机时间后再次发送。

（3）轮询访问介质访问控制是一种受控接入。多个计算机被排列成一个物理或者逻辑连接环，让一个令牌沿着环形总线在计算机之间依次传递，轮着询问是否需要发送数据。如果需要发送数据，只有拿到令牌后，才可以进行数据的发送，所以，这种方式也可以避免冲突的发生。

2.5.3 网络层的 IP 协议

为了实现 Internet 上不同计算机之间的通信，除使用相同的通信协议之外，每台计算机都必须有一个不与其他计算机重复的地址,它相当于通信时每个计算机的名字。这个 Internet 地址就是 IP 地址。

IP 地址共有 32 位,即 4 个字节(8 位构成一个字节),由类别、标识网络的 ID 和标识主机的 ID 这 3 部分组成:常用十进制或二进制来表示 IP 地址。

十进制 IP 地址表示为 202.99.96.76,与之对应的二进制表示方式为 11001010 01100011 01100000 01001100。这个二进制数由 32 位二进制数码构成,这也是计算机在处理时能够识别的 IP 地址,而十进制的 IP 地址只是通过二进制 IP 地址转换过来,便于用户阅读。

如果把 Internet 看成单一的、抽象的网络。IP 地址就是给每个连接在因特网上的主机分配一个在全世界范围唯一的 32 位的标识符。一般将 IP 地址分为 A 类地址、B 类地址、C 类地址。每一个地址都是由网络号和主机号共同组成的。网络号标识的是 Internet 上的一个子网,而主机号标识的是子网中的某台主机。

A 类地址的网络号是前面 8 位,并且第一位规定为 0,而后面的 24 位是主机号,A 类地址最小网络地址与最大网络地址之间的范围是(1~126):

00000001.00000000.00000000.00000000~01111110.00000000.00000000.00000000

B 类地址的网络号是前面 16 位,并且前面 2 位规定为 10,而后面的 16 位是主机号,B 类地址最小网络地址与最大网络地址之间的范围是(128.1~191.255):

10000000.00000001.00000000.00000000~10111111.11111111.00000000.00000000

C 类地址的网络号是前面 24 位,并且前面 3 位规定为 110,而后面的 8 位是主机号,C 类地址最小网络地址与最大网络地址之间的范围是(192.0.1~223.255.255):

11000000.00000000.00000001.00000000~11011111.11111111.11111111.00000000

由网络号和主机号组成的两级 IP 地址在设计上存在不合理的地方,主要有 3 处:(1) IP 地址空间的利用率有时会很低;(2)给每一个物理网络分配一个网络号会使得路由表变得太大而使网络性能变差;(3)两级 IP 地址不够灵活。

为了弥补两级 IP 地址的不合理之处,在原先的基础上加入了"子网号字段",使得两级的 IP 地址变为三级的 IP 地址,这种做法称作划分子网。

划分子网的基本思路是:从主机号借用若干个比特作为子网号,而主机号也就相应地减少了若干个比特,网络号不变。于是三级的 IP 地址可记为:

IP 地址 ={<网络号>,<子网号>,<主机号>}

凡是从其他网络发送给本单位某个主机的 IP 分组,仍然根据 IP 分组的目的网络号先找到连接在本单位网络上的路由器,然后此路由器在收到 IP 分组后,再按目的网络号和子网号找到目的子网,最后将该 IP 分组直接交付给目的主机。

通过子网的划分,可以获得如下优势。

(1)减少网络流量。子网定义了一个网络最大的广播空间(受限广播),可以减少网络流量。

（2）提高网络性能。如果不划分子网，那么我们的网络将是一个巨大的、扁平的网络空间，这将导致网络性能下降。（寻址变慢了）

（3）便于网络管理。分层次的网络可以更加方便网络管理员对于网络的管理，就类似于学校要分年级，年级要分班。

子网划分与否是看不出来的，如果要告诉主机或者路由器是否对一个 A 类、B 类、C 类网络进行了子网划分，则需要子网掩码。

子网掩码是一个与 IP 地址相对应的 32 位的二进制串，它由一串 1 和 0 组成。其中，1 对应于 IP 地址中的网络号和子网号，0 对应于主机号。因为 1 对 1 进行操作，结果为 1，1 对 0 进行操作，结果为 0，所以根据该操作就可以得到网络号。

虽然划分子网可以在一定程度上缓解因特网在发展中遇到的困难，但是仍然无法避免整个 IPv4 地址空间的耗尽。进而提出了无分类编址（CIDR）方式，CIDR 是为解决 IP 地址耗尽而提出的一种措施。

CIDR 消除了传统的 A 类、B 类和 C 类地址以及划分子网的概念，因而可以更加有效地分配 IPv4 的地址空间。CIDR 使用各种长度的"网络前缀"来代替分类地址中的网络号和子网号。于是，IP 地址又从三级编址回到了二级编址，其地址格式为：

IP 地址 ={< 网络前缀 >，< 主机号 >}

为了区分网络前缀，通常采用"斜线记法"，即 IP 地址 / 网络前缀所占的位数。例如，128.14.32.0/20 表示前 20 位是网络数，主机号是后 12 位。

将网络前缀都相同的连续的 IP 地址组成"CIDR 地址块"。一个 CIDR 地址块可以表示很多地址，这种地址的聚合常称为路由聚合（也称构成超网），它使得路由表中的一个项目可以表示很多个原来传统分类地址的路由，因此可以缩短路由表，减小路由器之间的选择信息的交换，从而提高网络性能。

IPv4 的地址空间为 32 位，理论上可支持 2^{32}，约有 40 亿个 IP 地址，但是随着网络技术的发展，数量更加巨大的家电产品也在不断信息化、智能化，也存在着对 IP 地址的巨大需求，IPv4 在数量上已不能满足需要。

通过划分子网和 CIDR 技术虽然可以优化 IPv4 的使用方法，但是并没有从根本上解决 IP 地址的耗尽问题。

鉴于上述状况，下一代 IP 协议的计划——IPv6 被实施。

IPv6 用 128 个二进制位来描述 IP 地址，理论上有 2^{128} 个 IP 地址。

显然，在可预见的时期内，IPv6 地址耗尽的机会是很小的，其巨大的地址空间足以为所有可以想象出的网络设备提供全球唯一的地址。

从上述叙述可以了解到，网络层的主要作用是在网络空间中根据不同的 IP 地址进行数据的传播，将数据正确地送到对应的网络中的主机中。在这个过程中，最重要的设备就是路由器。因为路由器的主要功能包括路由选择和分组转发，而它们又是网络层的主要功能，所以该层所使用的中继系统就是路由器。路由器转发分组是通过路由表转发的，而路由表是通过各种算法得到的。

路由算法根据能否随网络的拓扑自适应地进行调整变化分为两大类，静态路由选择策略和动态路由选择策略。

静态路由选择的特点是简单和开销小，但不能及时适应网络状态的变化，对于很小的网络，完全可以采用静态路由选择策略，自己手动配置每一条路由。

动态路由选择的特点是能较好地适应网络状态变化，但实现起来比较复杂，开销也较大。现代的计算机网络通常使用动态路由算法，动态路由算法又可分为两种基本类型：距离-向量路由算法和链路状态路由算法。

距离-向量路由算法的实质是通过迭代法来得到到达某目标的最短路径。它要求每个结点在每次更新中都将它的全部路由表发送给它的所有相邻结点。这种路由选择表包含每条路径的目的地（另一结点）和路径的代价（距离）。

最常用的距离-向量路由算法是 RIP 算法，它采用"跳数"作为距离的代价。RIP 使用的原则是按照最少经过的路由器为最好，如果只是时延小但是路由器多也不会选择。所以，RIP 适合比较小的自治系统，比较小的自治系统中包含的路由器数量较少，RIP 一般限制在 15 跳以内，再远它就不关心了。

RIP 的优点是实现简单、开销小，收敛过程较快。RIP 的缺点是限制了网络的规模，它能使用的最大距离为 15，如果超过 15，则判定为不可到达。

当网络出现故障时，RIP 要经过比较长的时间才能将此信息传送到所有的路由器，因为它只与自己相邻的路由器交换信息，更新过程的收敛时间长。

随着网络的增大，一个自治系统包含路由器的数量会变多，如果仅使用 RIP，会使得其收敛速度变慢，因为 RIP 每隔一定的时间就会与相邻路由器交换全部路由信息，并且如果出现网络故障，也会增加收敛时间。

为了适应大型自治系统的需求，提出了 OSPF 协议。首先，OSPF 协议仅仅当网络拓扑发生变化时，才将该信息向本自治系统的所有路由器发送变化信息。而且，这里发送的信息不再是网络的距离和下一个路由器，而是链路状态的信息，比如每一条链路的时延、带宽等，从这个路由器到下一个路由器需要的时延就可以看作该条链路的状态信息。路由器将此信息发送给相邻的路由器，相邻路由器根据此信息进行修改，修改完后再将该信息发送给与它相邻的路由器，以此类推，指导整个自治系统内部的所有路由器都保持同一个链路状态数据库，该链路状态数据库中存储的是整个自治系统的拓扑结构图，称为链路数据库的同步。

2.5.4 传输层

数据通过网络层实现了在不同网络之间的传输，之后就到达了传输层。传输层为两台主机提供了应用进程之间的通信，又被称为端到端通信。网络层协议不可靠，会使得分组丢失、失序和重复等，所以传输层为数据传输提供了可靠的服务。

为了保证该层能够提供可靠的服务，传输层首先需要建立面向连接的服务，通常把连接的定义和建立的过程称为握手。传输层的 TCP 是可以提供可靠服务的协议，该协议连接的管理方式采用"三次握手"机制。"三次握手"机制由 3 个步骤构成。

第 1 步：A 的 TCP 向 B 发出连接请求报文段，其首部中的同步位 SYN = 1，并选择序号 seq = x，表明传送数据时的第一个数据字节的序号是 x。

第 2 步：服务器收到了数据包，并从 SYN = 1 得知这是一个建立请求的连接。如果同意，发回确认。B 在确认报文段中应使 SYN = 1，表示同意建立连接；只有当 ACK = 1 时，确认号字段才有效，其确认号 ack = $x + 1$，如果确认号等于 N，则表明到序号 $N - 1$ 为止的所有数据都已经正确收到。自己选择的序号 seq = y。

第 3 步：A 收到此报文段后向 B 给出确认，其 ACK = 1，确认号 ack = $y + 1$。A 的 TCP 通知上层应用进程，连接已经建立。B 的 TCP 收到主机 A 的确认后，也通知其上层应用进程，此时 TCP 连接已经建立。

采用"三次握手"的方法是为了防止报文段在传输连接建立过程出现差错。通过 3 次报文段的交互后，通信双方的进程间就建立了一条可靠的传输通道。

一旦数据传输结束，参与传输的任何一方都可以请求释放传输连接。在释放过程中，发送端进程与接收端进程要通过 4 次 TCP 报文段来释放整个传输连接，在此分成 4 个步骤进行讲解。

第 1 步：数据传输结束后，通信双方都可释放连接。现在 A 的应用进程先向其 TCP 发出连接释放报文段，并停止发送数据，主动关闭 TCP 连接。A 将连接释放报文段首部的 FIN 设置为 1，当 FIN 设置为 1 时，表明此报文段的发送端的数据已发送完毕，并要求释放传输连接。序号设置为 seq = u，并等待 B 的确认。

第 2 步：B 发出确认，ACK = 1，确认号 ack = $u + 1$，而这个报文段自己的序号 seq = v。TCP 服务器进程通知高层应用进程。这时，从 A 到 B 这个方向的连接就释放了，TCP 连接处于半关闭状态。B 若发送数据，A 仍要接收。

第 3 步：若 B 已经没有要向 A 发送的数据，其应用进程就通知 TCP 释放连接。FIN = 1，ACK = 1，序号 seq = w，ack = $u + 1$。

第 4 步：A 收到连接释放报文段后，必须发出确认。在确认报文段中，ACK = 1，确认号 ack = $w + 1$，自己的序号 seq = $u + 1$。

通过在传输层使用"三次握手"机制，可以构建一个可靠的数据传输链路，但是数据在传输时，就如同汽车在马路上行驶，有时车流量会很大，使马路变得很拥堵，因此需要进行流量的控制，避免发生堵塞。对于网络中数据的传输，也存在同样的问题。这就需要网络中的流量控制机制发生作用。

所谓流量控制就是让发送方的发送速率不要太快，既要让接收方来得及接收，也不要使网络发生拥塞。网络拥塞是指在某段时间，对网络中某资源的需求超过了该资源所能提供的可用部分。若网络中产生拥塞，网络的性能就会明显变坏，整个网络的吞吐量将随输入负荷的增大而下降。

拥塞控制不同于流量控制，它是一个全局性的过程，涉及所有的主机、所有的路由器以及与降低网络传输性能有关的所有因素。而流量控制往往指在给定的发送端和接收端之间的点对点通信量的控制，其要做的是减小发送端发送数据的速率，以便使接收端来得及接收。

为了保证网络不发生拥塞，不能只从流量接收的角度考虑，更应该从全局的角度考虑。所以，在进行发送端数据发送时，需要对以下两个窗口进行维护：接收端窗口 rwnd，该窗口反映了发送端和接收端之间的接收能力；拥塞窗口 cwnd，该窗口是发送端根据自己估计的网络拥塞程度而设置的窗口值，反映了网络当前容量。

最终发送端发送窗口的上限值应当取接收端窗口 rwnd 和拥塞窗口 cwnd 两者中最小的一个。

为了能够更加科学地处理拥塞，需通过几个重要的算法实现拥塞控制。这些算法主要有：慢开始算法和拥塞避免算法。慢开始算法与拥塞避免算法在拥塞控制中的使用方式如下所示。

慢开始算法的原理是在主机刚刚开始发送报文段时先设置拥塞窗口 cwnd=1，在每收到一个新的报文段的确认后，将拥塞窗口加 1。在这里认为接收方的缓存空间足够大，所以发送窗口的大小由网络的拥塞程度决定，也就是发送窗口等同于拥塞窗口。第 1 次收到 1 个报文段确认后，拥塞窗口加 1，而拥塞窗口又等同于发送窗口。所以，第 2 次会收到 2 个确认，第 3 次后收到 4 个确认，以此类推，可以推算出每经过一个传输轮次，拥塞窗口加倍，即 cwnd 的大小呈指数形式增长。但是，cwnd 不会一直增长下去，随着 cwnd 的增长，该数值会到达慢开始门限 ssthresh。当 cwnd 的值到达慢开始门限后，停止使用慢开始算法，改用拥塞避免算法。

所以，拥塞窗口 cwnd 与慢开始门限 ssthresh 之间存在算法的切换，具体切换关系如下。

（1）当 cwnd < ssthresh 时，使用慢开始算法。

（2）当 cwnd > ssthresh 时，停止使用慢开始算法，改用拥塞避免算法。

（3）当 cwnd = ssthresh 时，既可以使用慢开始算法，也可以使用拥塞避免算法。

拥塞避免算法的原理是，发送端的拥塞窗口 cwnd 每经过一个传输轮次就增加 1，而不是像慢开始算法中的成倍增加，拥塞避免算法是线性增加的。

无论在慢开始阶段还是在拥塞避免阶段,只要发送方判断网络出现拥塞,就要把慢开始门限 ssthresh 设置为出现拥塞时的发送窗口值的一半。然后把拥塞窗口 cwnd 重新设置为 1,执行慢开始算法。慢开始门限 ssthresh 设置为出现拥塞时的发送窗口值的一半的操作又称作"乘法减小"。这样做的目的是迅速减少主机发送到网络中的分组数,使得发生拥塞的路由器有足够时间把队列中积压的分组处理完毕。

第 3 章 系统分析

3.1 需求分析
3.2 数据分析
3.3 数据流图
3.4 UML 建模

系统分析阶段的目的是从设计者的角度来对当前要做的软件系统进行全方位的理解。传统的结构化分析主要有4个阶段,即需求分析、数据建模、数据流和处理逻辑。

3.1 需求分析

3.1.1 需求分析要素

需求分析是从用户、管理者、客户以及业务流程中获取和组织相关信息用于理解即将开发的软件系统需要如何运行。可以通过以下方式进行:第一是访谈。通过与用户、企业管理者进行面对面的沟通和对话,了解企业需要信息系统来解决哪些问题,从而归纳出所开发的软件系统所需要的具体功能;第二是问卷调查。由系统开发人员从专业角度拟定一份包含需求问题的调查表,由相关使用者填写,最后统计归纳出软件系统所需要的具体功能;第三是观察。通过观察企业的业务流程,日常的工作内容等环节,进行需求调研分析;第四是文件分析。通过收集分析公司业务文件,确定企业的主要任务点和软件系统所需要的具体功能。

系统开发人员可以从专业角度将获得的需求整理归纳成两大类:功能性需求和非功能性需求。功能性需求是指开发人员必须在产品中实现的系统功能,用户利用这些功能来完成任务,满足业务需求。功能需求有时也被称作行为需求。例如,项目团队开发了一个"支付工资系统",进行需求分析后的业务应该包含如下功能:生成电子资金账单、计算工资税款、维护员工信息等,以上这些需求就称为"功能性需求"。非功能性需求是指一些判断系统运作情形或其特性,而不是针对系统特定行为的需求。包括安全性、可靠性、互操作性、性能、易使用性、可维护性、可移植性、可重用性、可扩充性,这些都是用于判断系统运行状态而非系统所需要的具体功能。下面以"车辆管理与监控系统"为例,就几个关键的非功能性需求进行介绍,该系统的非功能性需求包括性能、可用性、安全性、可修改性。

(1)性能:描述系统运行中与工作负荷相关的特性,如响应时间和吞吐量。举例来说,正常负载情况下,系统必须在0.5s内对用户的车辆查询请求进行响应。

(2)可用性:描述一个系统的可靠程度,如系统服务中断和错误处理的频率是多少,如何检测出这些问题并从这些问题中恢复。举例来说,网络失效后,系统需要在2min内发现并启用备用网络系统。系统主站点断电后,需要在3s内将请求重新定向到备用站点。

(3)安全性:描述如何访问软件应用是可控的以及在存储和传输过程中数据如何被保护。例如,系统抵御99.999%的黑客攻击。对用户信息数据的授权访问必须保证99.999%的安全性。

（4）可修改性：描述系统能够修改的程度。例如，在系统升级时，需要保证在 1 个月内添加一个新的消息处理中间件。

3.1.2 成本效益分析

除了考虑用户的需求，企业还需要考虑成本与效益问题。在进行系统规划与选择时，成本与效益是企业需要着重考虑的一个方面。成本是在构建信息系统时，需要付出的部分；而效益是通过该信息系统，能够获得的利润。如果想要决定开发这个系统，只有当成本与效益的比例达到预期的效果才会进行，否则就会对企业造成损失。在进行成本效益分析时，首先需要确定哪些是成本，哪些是效益。

通常，成本包括有形成本和无形成本。有形成本即看得见、摸得着的部分，又分为非经常性成本和经常性成本，经常性成本就像公司每月给员工支付的工资，需要以月为周期进行支付；而像购买的计算机、办公用品等，因为只需一次购买，以后一直可以使用，所以为非经常性成本。无形成本不会直接以物质的形式体现，如客户的流失等，这虽不会立刻造成金钱的损失，但随着时间的推移，最终所造成的损失也一定会在金钱上体现。

同样，收益也分为有形收益和无形收益。有形收益如预计销售收益等，而无形收益如改善客户服务等。

因为无形成本与无形收益需要根据公司具体的运营措施来确定，所以在进行计算说明时，书中只将有形成本和有形收益计算在内。想要进行成本效益分析计算，有 3 个概念还需要清楚。

第 1 个概念是货币的时间价值。货币的价值并不是始终不变的，例如，20 世纪 90 年代的 100 元人民币和现在的 100 元人民币，其购买力是完全不能同日而语的。所以，货币是具有时间价值的，而成本与效益也存在时间的概念，即成本是现在的，而收益是未来某一时期的，不能将这两者直接进行比较，这样是不科学的。需要将未来的收益转化为现在的价值，再与成本进行比较。

如何能够将货币的未来价值转化为现在价值？这里需要引入一个新的概念——利率。通常用利率的形式表示货币的时间价值。假设年利率为 i，如果现在存入 P 元，则 n 年后可以得到的钱数为：

$$F = P(1+i)^n$$

这就是 P 元在 n 年后的价值，反之，如果 n 年后能收入 F 元，那么这些钱的现在价值是：

$$P = F/(1+i)^n$$

第 2 个概念是投资回收期。每一笔投资、每一次成本的付出，都是为了在未来的某一个时刻能够回本并且实现盈利，使累计的经济效益（折合成现在价值）等于或多于最初投资。投资回收期越短就能越快获得利润，这项工程也就越值得投资。

第 3 个概念是纯收入，即整个生命周期之内系统的累计经济效益（折合成现在价值）

与投资之差，这个差值越大，则表示该系统越值得投资。

举一个例子，某高校目前有一个图书馆管理系统，但是其订书功能存在问题，不能正常使用。修复已有的订书功能来解决图书短缺的问题，估计共需花费5000元。系统功能修复后能够按时订书，因此每年预计能够节省2500元。假设年利率为12%，该系统的使用期限为5年，请判断该系统修复的项目是否值得投资？

在上述例子中，花费的钱为投资成本，节省的钱为收益，但是在进行衡量时，不能将两个数放在一起比较，而应该利用上述公式，将货币的未来价值转化为货币的现在价值。现在价值与未来价值的转换对应关系如表3.1所示。

表3.1 现在价值与未来价值的转换对应关系

年份	将来价值（元）	$(1+i)^n$	现在价值（元）	累积的现在价值（元）
1	2500	1.12	2232.14	2232.14
2	2500	1.25	1992.98	4225.12
3	2500	1.40	1779.45	6004.57
4	2500	1.57	1588.80	7593.37
5	2500	1.76	1418.57	9011.94

根据表3.1得知，该项目的纯收入（累积的现在价值 - 投资成本）为：9011.94-5000=4011.94（元）。

该项目在第2年~第3年能够收回5000元的成本，但具体的时间需要通过以下计算求得。

首先，计算第3年的收入为：6004.57-4225.12=1779.45（元）

然后，计算前两年累计的现在价值距离成本的差额为：5000-4225.12=774.88（元）

最后，通过二者相除，求得收回差额所需的时间为：774.88/1779.45=0.44（年）

因此，投资回收期为：2+0.44=2.44（年）

综上所述，该项目的纯收入为4011.94元，且在第2.44年可以收回投资成本，因此该项目值得投资。

3.2 数据分析

如果把一个信息系统看作一个人，那么数据就相当于流淌在人体中的血液。只有一个信息系统，而其中没有数据流动，则这个系统的价值几乎为零。数据之于信息系统是非常重要的。想让数据在信息系统中流动，首先要给数据在信息系统中安一个家，而数据的家就是现在所要分析的数据库。

所以，在与用户或企业进行完需求分析后，下一步就是要进行数据建模。

数据建模是对设计系统所需要用到的数据的组织、整理以及模型的构建。为后续构建数据库的物理模型做好铺垫。

目前流行的数据库是关系型数据库，关系型数据库，即在该数据库中存储的数据按照一个一个的关系进行组织管理。那么什么是关系？关系可以理解为一张二维表，下面以表3.2为例进行说明。

表3.2　学生基本信息表

学号	姓名	性别	出生日期	入学成绩
0602011001	张莉	女	1992-10-01	540
0602011002	董源	男	1993-01-25	566
0602011003	雷晓亮	男	1990-10-06	601
0602011004	刘萌	女	1992-06-26	556
0602011005	李彬	男	1991-06-14	612

表3.2所示的"学生基本信息表"便是一个关系，其外观特征与平常所见的用Excel所做出的表格没有明显区别，但是普通的二维表与数据库中的关系之间的差距是非常大的。下面通过几个关系表的概念进行说明。

（1）关系（Relationship）：关系就是一张二维表，每个关系都有一个关系名，如上表的关系是学生（Student）关系。

（2）属性（Attribute）：关系表中的列称为属性，也可称作字段。属性主要是描述关系中的特征，如对于学生关系来说，它的特征有学号、姓名、性别、出生日期、入学成绩等5个属性。

（3）域（Field）：属性的取值范围称作一个域。如性别属性的域只能是"男"或者"女"，入学成绩的域只能从0~750中选择等。

（4）元组（Tuple）：在关系表中，水平方向的行称为元组，也可称作记录。元组就是对关系表中的属性赋值后的具体的信息。如学生关系表中共有5条记录，每一条记录都有其各自的属性值。

（5）主键（Primary Key）：主键又称主属性，是一个关系表中最为重要的属性，因为其唯一地标识了一条记录或者元组，使得每一条记录之间是可以区分的。所以，主键在一个关系表中一定不可以重复，如果能重复的属性一定不可能作为主键。

在表3.2中，姓名、性别、出生日期、入学成绩都可能会出现相同的值，所以这4个属性都是非主属性；而对于学号来说，不管这个学生是哪个班、哪个专业、哪一届，永远不会重复，可以唯一地标识这位学生，所以可以作为主键使用。关系型数据库规定：一个正确的关系中，一定要具备主键，如果没有主键，则该关系不成立。

在数据库中存储的表关系其实是对现实世界中的事物的具体反映，如学生表、班级表、专业表、教师表等。但是上述事物在现实世界中是有具体的关联关系，并不是独立存在的。例如，学生不可能脱离班级而单独存在。同样，数据库中的各种表关系也不是独立存在的，也有相互的关联。

在数据库中，常见的表关系主要有3种，即一对一关系、一对多关系、多对多关系。下面通过几个例子来说明。

一对一关系是数据库中最简单的一种关系。如学生和学生证之间、公民和身份证之间都是一对一关系，因为一名学生无论是什么专业、班级、年级，在同一所学校都只有唯一的一个学生证。

一对多关系是数据库中最为常见的一种关系。如父亲与孩子、班级与学生等。因为一个班级有许多的同学，但是一名同学只属于一个班级。所以，班级与学生之间就是典型的一对多。同理，一位父亲可以有多名孩子，反过来，一名孩子却只有一位亲生父亲。

多对多关系是数据库中较为复杂的一种关系。如学生与课程之间、商品和订单之间都是多对多关系。一个学生一学期需要上多门课程，而一门课程也会有许多同学来上，二者是多对多的关系。

数据库的设计阶段可分为概念模型阶段、逻辑模型阶段和物理模型阶段。

为了能够更加直观地表示关系型数据库的表结构和表关系，引入了E-R图的概念。E-R图又称为实体关系图，如图3.1所示，E（Entity）表示实体，R（Relation）表示关系。实体即关系型数据库的关系名称，关系即表之间的关联。

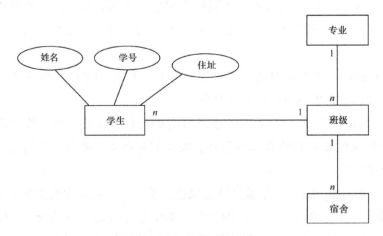

图3.1 实体关系图

在画图时，实体一般用矩形框表示；实体之间的关系一般用直线进行连接，并在实体两侧写上具体的关系类型。而实体的属性用椭圆形表示。

图3.1中共有4个矩形框，即包含4个实体，分别是学生实体、专业实体、班级实体和宿舍实体。椭圆形表示属性，即学生实体共有姓名、学号、住址3个属性。实体之间的关联关系用横线连接，并将具体关系写在实体的旁边。班级与学生之间是一对多的关系；

班级与宿舍之间是一对多的关系;班级与专业之间是多对一的关系。

任何一张二维关系表都可以通过 E-R 图的形式进行直观地表述,让数据库设计人员对其所开发的关系型数据库有一个清晰全面的认识。虽然说 E-R 图对于数据库分析起到了重要作用,但是它只是对信息世界的建模,不够精细化,不足以支撑数据库设计。为了更好地实现数据库开发,还需要继续对其进行细化,也就是逻辑模型的构建。逻辑模型建模将在设计阶段进行展开。分析阶段主要以数据库的概念模型的建模为主。

3.3 数据流图

数据流,顾名思义就是数据的流动。数据建模是将通过需求分析阶段所获得的重要数据信息进行整理。但这是一个静态的过程,数据模型无法描述数据在系统中流动的方向和流经的模块。数据流则可以帮助设计者描述数据是如何在系统中流动的。数据的流动是一个重要的要素,因为只有当数据在系统中正常流动,才说明系统的各个模块发挥了其应有的作用并且相互配合。如果数据是静止状态,或者数据流动到某一个模块就不往下走了,则说明该系统存在缺陷或不足。所以,数据流的分析可以进一步描述系统中数据的流向和经历的功能变换。

假设有以下场景,某一工厂的采购部采购员需要根据仓库库存情况及时订购工厂加工所需的零件,库存情况主要是零件的入库和出库的统计,零件入库或出库称事务,由库存管理员每天通过仓库终端把事务报告给订货系统。若零件库存量少于库存临界值则需要订货。

面对该问题时,首先要从问题描述提取数据流图 4 种成分,其顺序是:先考虑源点和终点,再考虑数据加工处理,最后考虑数据流和数据存储。

按照这个方法,可以从问题描述中提炼出以下信息。

源点:仓库管理员。

终点:采购员。

处理:处理事务、产生报表等。

数据流:事务、订货报表等。

数据存储:订货信息、库存信息。

接下来可以进行数据流图的绘制,在绘制数据流图时,一般不是一步到位地将全部内容绘制出来。因为数据流包含的内容较多,一次性很难把所有环节考虑清楚。为了能够让绘制的数据流图更加周全和准确,采用分层数据流方法进行绘制。

第 1 层先确定出该软件系统的框架,包含源点和终点,以及一个高度概括的数据加工处理单元和必要的数据流。

第 2 层对第 1 层的数据加工处理单元进行细化，根据问题描述，拆分出符合题意的几个具体功能，同时增加其中的数据流。

第 3 层对第 2 层的功能进行深化、提炼，使数据流完全符合题目要求。

该数据流的第 1 层包含一个源点和一个终点。仓库管理员作为源点，发送事务数据流，即入库或出库的数据。该数据流到达订货系统后，经过处理变化，产生报表数据流，最终到达采购员终点。

经过分析后发现，第 1 层数据流中许多细节没有表现出来，比如数据存储环节、订货系统中不同的功能分类，系统内部数据流都没有在图中展现。所以，需要进行进一步绘制。

在第 2 层数据流中，根据对问题描述的分析，处理事务与产生报表应该是该订货系统的两个不同的功能。所以，在该层中将订货系统功能拆分成处理事务和产生报表两个部分，并增加了库存清单和订货信息两个数据存储单元。事务功能主要是进行出库或入库操作，将每次出库或者入库的零件清单导入数据存储单元 D1。当处理事务功能发现库存量少于临界值时，则产生订货信息数据流，该数据流先存储到订货信息数据存储单元 D2，然后再流向产生报表功能模块，生成订货报表数据流给到采购员进行采购。

经过分析后，虽然第 2 层的数据流更加细致和丰富，但是仍然存在不周全的地方。处理事务功能并不是每一次都生成订货信息数据流，只有在库存量少于临界值时，才会生成订货信息数据流。所以第 2 层展现的数据流的输出并不完全准确，需要进一步细化。

在第 3 层数据流中，将第 2 层的处理事务模块进行了拆分，分化成接受事务、更新库存清单、处理订货 3 个功能。这样做的目的是，不是每次接受的事务数据都需要产生订货信息，只有当库存量少于临界值时，才需要产生出订货信息数据流。所以，第 2 层数据流中的处理事务模块需要继续细化，变为接受事务、更新库存清单、处理订货 3 个模块，3 部分功能各司其职，互不冲突。事务流数据传递后，先进入接受事务模块，之后将事务传递到更新库存清单模块，进行库存清单的入库/出库操作，并更新库存清单数据库。如果发现库存量少于临界值，则将库存信息数据传递到处理订货模块，进行订货。至此关于问题描述的完整数据流描述完毕，一共经过 3 层数据流。

3.4 UML 建模

3.4.1 UML

统一建模语言（UML）的作用是帮助信息系统在分析阶段进行系统建模。UML 是面向对象软件的标准化建模语言，不仅具有简单、统一的特点，而且能表达软件设计中的动态和静态信息，目前已成为可视化建模语言的工业标准。

为了能够更深入地理解UML，首先要理解为什么要进行建模，什么是面向对象设计？

首先，建模是捕获系统本质的过程。何为系统本质？软件系统设计的初衷是为了描述商业流程。商业流程即使用该软件系统企业的业务流程。例如，学校构建的教务系统软件，就是将在学校发生的一系列教学、教务事情通过软件系统实现自动化、智慧化的事件处理。

但是从实际的业务流程转化到抽象的软件系统，很难直接实现。首先要将实际的业务先转换为贴近于计算机设计的模型，然后通过模型实现软件系统的开发。而中间的模型获得过程就是捕获系统本质的过程。

UML就是辅助设计者，根据企业实际的业务流程，建立起符合计算机软件系统的相应模型，为接下来的软件系统开发和编码做好准备。而且UML是面向对象的软件系统设计时经常使用的建模语言。

面向对象设计语言是当前软件系统开发的主流编程语言，因为大部分的软件系统是服务于现实世界中的业务流程，而面向对象设计语言编程的出发点是类和对象，所以对现实世界建模编程有很大的优势。因为现实世界就是由一个一个的实体构成，面向对象设计思想更符合这个逻辑。

常用的UML建模图有9种，可分为两大类：静态图和动态图。静态图有5种，分别是用例图、类图、对象图、构件图、部署图；动态图有4种，分别是状态图、序列图、活动图、协作图。

静态图主要描述系统在运行前的一些组成结构和功能。例图主要描述用户所需要的功能；类图描述类、接口以及它们之间的静态结构和关系；对象图与类图类似，侧重于类创建的对象的描述；构件图主要描述各种软件构件之间的依赖关系；部署图显示系统中软件和硬件的物理架构。

动态图主要描述系统运行时所产生的动态变化和交互。状态图主要描述一个对象在其生存期间的动态行为；序列图主要描述系统运行时，随着时间的推移，对象间发生的动作；活动图描述不同用例在运行期间所做的活动；协作图是一种交互图，强调的是发送和接收消息的对象之间的组织结构。

传统方法学分析模型中使用数据流图表示功能模型；使用实体关系图表示数据模型；使用状态图表示行为模型。而在面向对象分析模型中，也有相对应模型。功能模型可以使用用例图表示；对象模型可以使用类图表示；动态模型可以使用状态图表示。

3.4.2 静态图

1. 单体类图设计

类图属于UML中静态图的一种，它描述类的信息以及类之间的关系，是UML中非常重要的图。UML是面向对象设计的建模语言，而面向对象设计思想的中心和出发点就是类和对象。如果能够构建出完整而准确的类图，那么整个面向对象的程序设计就变得更加容易实现。

类图对于面向对象程序设计的优势在哪里？下面通过一个例子来说明。

通过需求分析，系统设计人员得知现在需要设计一个电力工程二期项目。本项目是在一期的基础上增加对电缆、通信工程的管理和施工详细数据的记录和统计，使整个系统可以更好地管理各工程项目，包括中标开始到竣工验收的全部过程、资料和分析施工过程的数据。

本系统将一条或一个标段的架空电力线路工程定为一个单位工程，即系统中的一个工程项目；每个单位工程分为若干个分部工程；每个分部工程分为若干个分项工程；每个分项工程又分为若干个单元工程。

通过对需求分析的描述，设计人员明确了当前所要设计的系统的具体内容。但是，需求分析的结果都是文字性的描述，软件设计人员很难将其直接转化为代码。为了能够让需求分析平稳地过渡到代码实施，需要在这两者之间加入 UML 中的类图，通过类图将具体的文字描述转换为贴近于面向对象编程的 UML。

类图中每一个方框就是将来面向对象设计中的一个类，类中包含属性和方法。类图更加直观地反映了类的结构和类间关系，软件设计人员可以根据类图更加方便、准确地进行后续的代码设计。下面具体来看如何构建一个类图。

类图一共包含了 3 种模型元素，分别是类（Class）、接口（Interface）及类之间的关系，如图 3.2 所示。

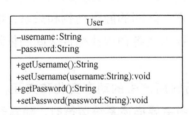

图3.2　类图

首先，单体类的类图结构通过一个矩形框描述。在矩形框中，通过两条水平横线，将矩形框分成 3 个部分，分别是顶部、中部和底部。顶部书写类名，每一个类图都有一个类名。中部是类的属性，书写顺序依次是访问权限、属性名称、数据类型、属性值。

在类图中，访问权限不能直接书写对应的关键词，只能通过不同的符号代替。公有的访问权限 public 用 "+" 代替。私有的访问权限 private 用 "−" 代替，保护的访问权限 protected 用 "#" 代替。所以，类图与代码间存在如下的转换关系。如果代码（Java）中的属性声明为：private String username；则在类图中写作：− username:String。

类图的底部书写成员函数，其格式与属性的书写格式类似，声明属性依次是访问权限、函数名称、参数列表、返回类型。访问权限同样使用对应的符号代替。如果采用类图描述代码中的方法，例如，代码中的函数声明为：public void setUsername(String username)，则在类图中写作：+ setUsername(username:String):void。

综上所述，类图的结构分为 3 层，顶层是类名、中间层是属性成员、底层是方法成员。

2. UML 用例图

用例图是从用户的角度去描述系统的功能，描绘外部执行者与系统的交互，表达系统功能，即系统提供服务。用例图的主要元素有两个：用例和执行者。

执行者是描述与系统交互的人或物，代表外部实体（如用户、硬件设备）；用例则是描述系统的具体功能。

3. UML 对象图

对象图属于 UML 中的 5 种静态图之一，通常跟在类图的后面，描述类所创建的一组对象之间的关系。对象图是类图的实例，所以它的标识与类图基本相同，但是也有区别。类图只能表述系统中类的分布与关系，但是通过类所创建的一组对象间的关系却不能在类图中表示出来。所以，可以通过对象图来进一步说明类所创建的对象间的关系。

4. 构件图

构件图用于描述各种软件构件之间的依赖关系。例如，可执行文件和源文件之间的依赖关系，构件图应用在实现阶段。因为经过了用例图、类图和对象图的层层描述，软件系统的内部各模块之间的组织和结构已经完成。但是，如果软件系统需要实施，不仅仅需要依靠自身模块，还需要其他软件的配合。构件图就用来描述系统在实现阶段，不同软件构件之间的依赖关系。

5. 部署图

部署图用来显示系统中软件和硬件的物理架构。从部署图中可以了解到软件和硬件组件之间的物理关系以及处理结点的组件分布情况。软件系统的运行往往需要硬件结构的支持，比如软件系统的功能是驱动打印机进行打印，那么打印机就是整个系统中的硬件部分。同时，软件系统也需要服务器等硬件资源的支撑才能运行。所以，部署图是实现阶段的重要图形。

3.4.3 静态图间的关系

UML 中静态图的 5 种类型并不是孤立的，而是通过承上启下的作用形成对于软件系统静态结构的完整描述。

首先，用例图是从用户的角度将系统的功能罗列出来，描述了不同的用户使用系统中的不同功能。用例图将软件系统的功能和角色的整体框架做了定义，奠定了接下来细节开发的内容。然后，按照用例图定的系统框架和需求分析的内容，设计具体的软件系统的类图。并且将每一个类的关系按照实际的关联进行匹配。对象图则是对类图的进一步细化，构件图从不同软件之间的依赖关系入手对其进行描述。部署图是从软件与硬件的角度入手，讨论一个完整系统运行所具有的软硬件架构。

3.4.4　类之间的关系描述

在实际编码时，一个系统会包含许多功能不一、用途不同的类，而且这些类在一个系统中构成一个有机的整体，类与类之间会相互通信、调用。同理，在 UML 中，也有对应的方式去描述类之间的不同关系。

在 UML 中，每一个类图之间的关联关系主要有 6 种，分别是泛化、实现、关联、聚合、组合、依赖。

泛化关系可以表示为一种继承关系。继承是面向对象设计中类之间常见的关系，表示一种父与子的关系，是类之间关联关系中最强的一种。继承表示的是一般与特殊的关系，通过继承，父类中的成员会全部进入子类，并且子类可以在此基础上添加属于自己的内容。父类是一般情形，而子类是特殊情形。

泛化关系示意如图 3.3 所示，动物和老虎之间就是泛化关系。动物是一般情况，而老虎是继承了动物的基本特征和行为后，又添加了属于自己的特殊特征，如吃肉等。

图3.3　泛化关系示意

在 UML 图形中，表示两个类之间的继承关系时，通过用带三角箭头的实线对其进行连接，并且箭头指向父类。

与泛化关系类似，实现关系表示的是类与接口之间的关系。接口是特殊化的类，因为接口是抽象的，在接口中定义的方法是抽象方法，无法直接进行实例化，所以接口的使用必须由类实现。实现关系示意如图 3.4 所示。在 UML 图形中，专门用实现关系来表示接口与其实现类。在进行图形绘制时，通过带三角箭头的虚线来描述类与接口的实现关系，箭头指向接口。

图3.4　实现关系示意

关联关系是在特定环境中产生的，表示一种拥有关系。例如，教师与学生之间存在一种关联关系，这种关系是在学校这个环境中产生的，如果学生没有入学则这种师生关系是不存在的。再如，在学生与课程之间也存在关联关系，在某一个学期或者一学年中，学生与某门课程也会产生关联关系。关联关系示意如图 3.5 所示。在 UML 图形中，通过带普通箭头的实心线表示关联关系，箭头指向被拥有者。

图3.5 关联关系示意

聚合关系表示整体与部分的关系。在日常生活中，经常能够看到部分与整体的关系，比如汽车与轮胎或者引擎，轮胎或者引擎是汽车这个整体的一部分。

虽然聚合关系是整体与部分的关系，但是部分是可以脱离整体而单独存在的。例如，车和轮胎的关系，虽然轮胎是车的组成部分，但是如果轮胎离开车也可以单独存在。市面上许多店铺是可以单独售卖轮胎的，它不需要必须和车一起售卖。

聚合关系示意如图3.6所示。在UML图形中，聚合关系的绘制可以通过带空心菱形的实心线来表示，并且菱形指向整体。在汽车、引擎和轮胎这个场景中，汽车是整体，而引擎和轮胎是部分，所以菱形指向的是汽车。聚合关系是关联关系的一种，是强的关联关系。

图3.6 聚合关系示意

组合关系与聚合关系相似，都是表示整体与部分的关系。但是组合关系中的整体与部分是不可分离的，部分不能脱离整体而单独存在。例如，专业和班级之间的关系，软件工程专业下面有22级软件本1~4班，共4个班级，软件工程专业是整体，而专业下面的班级是部分。如果专业没有了，那么其所属的班级也就没有存在的意义了。所以，虽然组合关系与聚合关系都是关于整体与部分的关系。但是组合关系的关联强度要高于聚合关系。

组合关系示意如图3.7所示。在UML图形中，组合关系可以通过带实心菱形的实线表示，菱形指向整体。例如，公司与部门关系中，公司与部门也存在整体与部分的关系，但是部门不能脱离公司而单独存在。人力资源部门是负责公司员工管理的部门，但是如果公司都没有了，那员工的管理也就没有任何意义了。在UML图形中，带实心的菱形指向公司。

图3.7 组合关系示意

依赖关系是一种使用关系，是关联关系中最弱的一种。模块之间仅仅存在使用关系，没有其他额外的关联。例如，张三同学跟李四同学借一支笔签字，张三同学签完字就把笔还给了李四同学。那么，张三同学与这支笔之间就存在依赖关系，张三同学仅仅使用这支笔签了一个字，这支笔既不属于张三同学，也不是张三同学买的。依赖关系示意如

图 3.8 所示。在 UML 图形中，依赖关系通过带箭头的虚线表示，指向被使用者。

图3.8　依赖关系示意

在上述 6 种关联关系中，它们虽然都表示类之间的关联，但是关联的强弱不同。根据每一种关联的定义和特点，关联强度由强到弱排列为：泛化＝实现＞组合＞聚合＞关联＞依赖。

泛化关系与实现关系表示的是父与子的关系，是类之间最强的关联关系。组合关系与聚合关系虽然都在关联关系大类中，但是组合关系与聚合关系表示的是整体与部分的关系，所以，这两者关联程度都强于关联关系。又因为组合关系表示的是整体与部分的关系，且部分不能单独存在，所以组合关系强于聚合关系。最后，关联关系要强于依赖关系，因为关联关系表示一种拥有关系，是在特定环境中产生的；依赖关系只是一种使用关系，用完即止，所以依赖关系是最弱的一种关联关系。

3.4.5　动态图

1. 序列图

序列图将交互关系表示成了二维图，纵向是时间轴，横向代表各个独立对象。箭头以时间顺序在图中从上到下排列。

序列图示意如图 3.9 所示，横向包含 5 个对象，分别是用户、人机界面、机房收费系统、数据库、用户级别。纵向表示对象执行的时间顺序。每一个对象纵向延伸线就是该对象的时间线，在每一个对象的时间线上分布着不同长度的空心柱，该空心柱就是对象执行交互所花费的时间。空心柱越长表示该对象与其他对象执行的交互时间越长。如果某段时间线上没有空心柱，表示这段时间线该对象没有与任何对象进行交互活动。

两个空心柱之间的连线表示对象间的交互方向。例如，一开始是由用户对象跟人机界面对象进行交互，用户对象发送了"click"信息，即单击界面。然后，人机界面对象开始与机房收费系统对象进行交互，发送的交互信息是"输入用户"。依此类推，随着对象间不断地交互，时间线也在不断地向下延伸，直到整个系统中的所有对象交互完毕，序列图才算结束。

2. 协作图

协作图与序列图相似，也是描述对象间交互关系的图形。协作图强调的是发送和接收消息的对象之间的组织结构或者空间关系。

序列图与协作图有许多相同点。首先，这两种图都属于交互图，它们表示对象间的交互关系，描述了由一组对象和它们之间的关系组成的交互，还包括在对象之间传递的

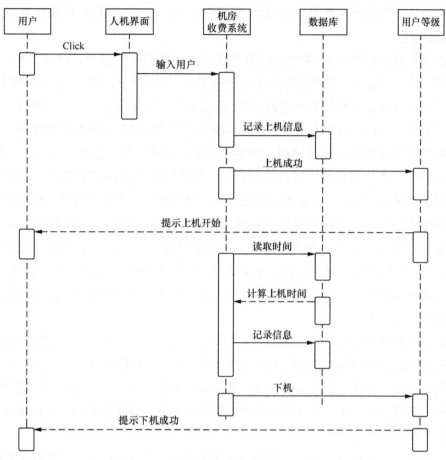

图3.9 序列图示意

消息。其次，序列图与协作图在语义上是等价的，也就是无论是序列图还是协作图，其中包含的对象和交互信息都是完全一样的，两种图所表达的信息是完全一致的，只不过表达的形式各有不同。序列图侧重于时间维度去表达对象间的交互，而协作图侧重于空间维度去表达对象间的交互。最后，因为两者的都来自 UML 元模型的相同信息，因此它们的语义是等价的，它们可以从一种形式的图转换成另一种形式的图，而不丢失任何信息。

3. 活动图

活动图描述的是对象活动的顺序关系，阐明了业务用例实现的工作流程。在活动图中，横坐标是对象名称。在系统登录场景中，一共包含 3 个对象：一般用户、人机界面、数据库。每一个对象下方有一个专属的通道，称作"泳道"，犹如我们在游泳比赛时的一条条赛道一样。泳道主要是描述所属对象的具体活动流程。所以，在泳道内表示的图形就像控制流程图一样，主要表示对象在运行期间的具体工作流程。

4. 状态图

状态图（Statechart Diagram）主要用于描述一个对象在其生存期间的动态行为，表现为一个对象所经历的状态序列、引起状态转移的事件（Event）以及因状态转移而伴随的动作（Action）。

状态序列是指在整个软件生存期间所经历的状态变化的集合，像人的生、老、病、死等状态一样。引起状态发生变化的因子称为事件。比如水有三态，分别是气态、液态、固态。不同的条件让状态发生不同的改变：在固态下，发生吸热，则会升华为气态；在气态下，发生放热，则会凝华为固态。而其中的吸热和放热则是引起状态发生改变的事件。

了解了状态图的作用和目的后，接下来了解一下状态图的描述。首先，一个完整的状态图由一个状态集合构成。就像人一样，一生会经历许多的状态变化。所有的状态都有一个起点和终点，起点称为初态，初态用实心圆表示；终点称为终态，终态用一对同心圆（内圆为实心圆）表示。除了初态和终态之外，中间所有的状态都称为中间态，中间状态用圆角矩形表示，可以用两条水平横线把它分成上、中、下3个部分。上部分是状态名称，每一个状态必须具有名称，是必选项；中间部分是状态变量，描述当前状态的特征量，该部分是可选项；下部分是活动表，描述当前状态下，所做的行为或动作，该部分也是可选项。

例如，人的状态有幼年态、青年态、中年态、老年态，幼年态的体重是60斤，身高100厘米；青年态的体重是120斤，身高170厘米；中年态的体重是120斤，身高169厘米；老年态的体重是110斤，身高165厘米。幼年态主要做的事情是上幼儿园、玩耍；青年态的主要做的事情是考大学、找工作；中年态主要做的事情是养家糊口、照顾家人；老年态主要做的事情是遛弯、晒太阳等。

上述例子中，人的4种状态名字就是状态名称；不同状态的身高、体重等特征值就是状态变量；每一个状态下做的事情则是活动表。

UML中的4种动态图各自扮演了不同的角色，互相补充、各司其职，共同完成对于软件系统的描述。序列图与协作图讨论对象间交互的过程；状态图讨论对象在其生命周期内所经历的状态变化；活动图讨论对象执行的过程流程。所以，4种动态图讨论了对象在生命周期内所发生的不同变化。

第4章 系统设计

- 4.1 概述
- 4.2 模块化设计
- 4.3 面向对象设计思想
- 4.4 数据库设计
- 4.5 设计模式

4.1 概述

系统设计是介于系统分析与系统实施之间的阶段，起到了承上启下的作用。系统设计是对系统分析的成果的进一步深化，将分析的内容变得更加具体化、直观化。系统设计完成后，开发人员可以直接根据设计的成果顺利完成系统的实施。系统设计主要包含3个部分，处理与逻辑、数据库与文件、人机交互界面。

系统设计按照其任务的不同又可以细分为总体设计和详细设计两个阶段。总体设计的主要任务是将软件需求与分析成果转化为软件系统结构；详细设计的主要任务是通过对结构细化，得到软件详细数据结构和算法。总体设计与详细设计有明显的区别。总体设计侧重于软件系统的结构设计，包括系统的分层，每一层的模块类型和数量等；详细设计是对系统结构中的每一个模块的具体功能实现的过程设计，包括程序流程、数据结构、控制过程等，是对模块内部的具体设计。

系统设计整体采用的是结构化的设计手段。按照设计的环节和任务，从下而上分为数据设计、体系结构设计、接口设计、过程设计。每一个部分都是对上一个阶段的分析结果的进一步设计。数据设计是针对分析阶段的实体–关系图、类图、数据字典等环节进行的转化；体系结构设计是针对分析阶段的数据流图、用例图等环节进行的转化；接口设计是针对结构设计的各个模块之间数据传递的入口等进行的转化；过程设计是针对状态图、活动图、时序图等环节进行的转化。

4.2 模块化设计

4.2.1 模块化设计原则

在系统设计阶段，遵循模块化设计思想。模块化设计思想是按照适当的原则把软件划分为一个个较小的、相关而又相对独立的模块。

一个软件系统中的所有功能不可能都在一个模块中定义。如果一个模块中代码过多或者功能过多，一旦某一块代码发生故障，整个系统就会立刻瘫痪，造成的损失和影响非常大。另外，一个模块中代码和功能过于集中也不利于系统的扩展和维护。

所以，在实际进行信息系统设计时，需要采用模块化的设计思想，将一个信息系统按照不同的功能或者任务，划分成不同的模块。每一个模块包含特定的代码块，这些特定的代码块用于实现特定的功能。同时，模块之间可以相互通信、相互支撑，利用其自身的功能，组合形成更强大的功能。

采用模块化设计的原因是其思想符合软件工程基本定理的要求。

在软件工程领域中，有两个不等式组成了软件工程基本定理，这两个公式如下所示。

$$C(P1+P2) > C(P1) + C(P2)$$
$$E(P1+P2) > E(P1) + E(P2)$$

上述不等式中，$C(x)$是复杂度函数；$E(x)$是解决问题x所需要的工作量或者时间函数。

$P1$与$P2$是需要解决的问题，也可以理解为系统中的模块。第一个不等式反映出了系统复杂度问题。公式反映出当两个问题整合在一起解决的复杂度，要大于两个问题分开解决的复杂度。从复杂度的角度考虑系统设计，问题拆解得越细、划分得越小，则系统的复杂度越低。

第二个不等式反映出系统解决问题所需要的工作量或者时间。公式反映出当两个问题整合在一起解决所花费的工作量或者时间，要大于两个问题分开解决所花费的工作量或者时间。从工作量或者时间的角度考虑系统设计，问题拆解得越细、划分得越小，则解决问题所需要的工作量或者时间越少。

从软件工程基本定理的两个不等式中可以看出，将一个大问题进行拆解，分而治之，会有效地降低系统的复杂度以及其解决问题所需要的工作量或者时间。所以，在常规的系统开发中，一般会采用模块化的设计思想，先按照一定的规则，将一个完整的系统划分成不同的模块。每一个模块内的功能尽可能单一，保证相对独立性。同时，各个模块间还需要预留出通信的接口，以便进行相互协作，构成一个有机的整体。

按照软件工程基本定理，一个系统划分的模块数多了，系统的复杂度和解决问题花费的工作量就降低了，那是不是可以将一个系统一直划分下去，不断增加模块数目呢？

答案是否定的。虽然模块化设计思想可以实现复杂度和解决问题花费的工作量的降低，但是随着模块的增多，为了保证模块之间相互关联，必须在模块留出通信的接口，而接口也是需要花费时间去设计开发的，无形中又增加了系统的复杂度和工作量。

假设在一个场景中，模块数目与成本的关系如图4.1所示，纵坐标是花费的成本，横坐标是模块数目。中间有两条曲线，一条是成本/模块曲线；另一条是接口成本曲线。起初，随着模块数目的增多，成本曲线在快速下降，表示模块数目增多，会降低系统的复杂度。随着模块数目持续增多，接口成本曲线却呈上升趋势，而且模块数量越多，接口成本就越大。最终，到达另一个极端。所以，从图4.1可以看出，并不是模块数目越多越好，而是有一个界限。该界限就是保证成本/模块和接口成本组成的软件总成本保持在最小成本区。

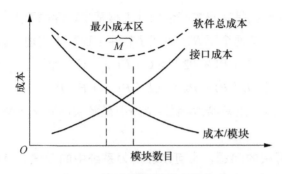

图4.1 模块数目与成本的关系

通过模块化设计，可以有效地实现信息隐藏，每个模块的实现细节对于其他模块来说是隐藏的，即客户只能通过接口来了解该模块，而所有的实现都隐藏起来。在一个模块内部，其算法、数据结构、外部接口细节信息和资源分配策略等内容对外都是秘密，外部无法获取这些内部信息。如果外部成员或者客户想要使用该模块内部的方法功能，只能通过暴露出的对外接口来实现调用，进而去调用模块内部具体实现功能。模块的信息隐藏可以有效地保护内部信息不被外界轻易访问或者修改。

综上所述，模块化设计思想的优点主要有两个：一是容易分工合作。每一个模块内部的处理逻辑和算法功能相对独立，专注于完成系统的某一个部分，对于用户所需要的诸多功能，可以通过划分模块进行工作细分；二是容易测试和维护，修改工作量较小，错误传播范围小，扩充功能容易。因为庞大的系统被划分成许多小的模块，每一个模块的代码量大幅减少，逻辑复杂度相应降低，功能也变得相对单一。在进行测试和维护时，工作就变得非常容易。如果某一个模块在使用时发生故障，因为模块间是相对独立的，模块的错误并不会引起错误大范围传播，错误造成的损失也会大幅度地降低，也能更快速地被修复。

模块化设计思想的优势有很大，如何去度量模块化设计之后的模块间的独立性程度？在软件开发中，有两个专业名词专门用于度量模块的独立性：内聚和耦合。

4.2.2 模块间的耦合度

模块的独立程度可以由内聚和耦合两个定性标准进行度量。耦合是衡量不同模块间相互依赖的紧密程度，内聚是衡量一个模块内部各个元素彼此结合的紧密程度。这两个定性指标分别从不同的角度来衡量模块的独立性。

首先说一下耦合度。耦合程度往往有3种类型：紧密耦合，模块间有许多依赖关系；松散耦合，模块间有少量依赖关系；无耦合，模块间没有依赖关系。

紧密耦合的典型表示就是一个系统的各个模块间的关联关系非常繁杂，每一个模块都与许多模块有关联关系，这就是典型的紧密耦合。

系统模块间的紧密耦合属于高耦合度，在开发中需要极力避免。因为，模块间耦合度增大，会降低系统的扩展性、维护性，使得代码不便于测试，发生错误后传播范围也会扩大，一个模块内小的错误，也会给系统造成极大的损失。

无耦合就是模块间的依赖程度为零。无耦合也并不是系统开发时所追求的。因为，系统的各个模块是一个有机的整体，既相对独立又相互关联。模块间如果没有耦合，相当于该模块是一个完全独立的部分，不符合模块化设计的原则。

所以，系统开发时所追求的是松散的耦合，也就是模块间有关联，但不多。

根据上述 3 种耦合程度类型，又可以细分出几种常见的耦合情况。

1. 非直接耦合

如果两个模块之间没有直接关系或彼此完全独立，即它们分别从属于不同模块的控制和调用，或者它们之间不传递任何信息。则这两个模块之间就属于非直接耦合，非直接耦合模块独立性最强。

如果模块 A 与模块 B 之间既没有直接关联，也不从属于同一个大模块。此时模块 A 和模块 B 的关系就是非直接耦合。

2. 数据耦合

数据耦合是最常见的耦合形式。被调用模块与调用模块之间只通过简单的数据（如若干参数）进行传递。

假设在计算水费和电费系统中有 3 个模块，分别是"计算水费和电费"模块、"计算水费"模块、"计算电费"模块。"计算水费和电费"模块属于"计算水费"模块和"计算电费"模块的高层模块。"计算水费"模块和"计算电费"模块分别向"计算水费和电费"模块传递"水费"和"电费"参数，"计算水费和电费"模块收到水费和电费两个参数，在模块内进行逻辑计算后输出"本月用水量"和"本月用电量"两个参数，传递给"计算水费"模块和"计算电费"模块。这 3 者之间相互传递的只有"用水量""费用"等数据信息，不涉及其他信息。这种模块间传递的仅仅是数据信息，这种耦合称为"数据耦合"。数据耦合表示模块间虽然有耦合度，但是属于松散耦合，是模块间一种良性的耦合关系。

3. 控制耦合

控制耦合表示模块间存在耦合，且传递的是控制信息。具体的表现是一个模块向下属模块传递控制信息，控制了被调用模块的内部逻辑。

假设模块 A 与模块 B 之间存在耦合关系，且模块 A 是模块 B 的上级模块。模块 A 向模块 B 传递了一个参数"Flag"。但是，"Flag"参数并不是单纯的数据，而是一个控制信息。在模块 B 的处理逻辑中，其处理逻辑选择哪一个分支执行，是由"Flag"参数决定的，因此模块 B 处理逻辑的执行顺序由模块 A 决定。所以，模块 A 与模块 B 之间传递的信息是控制信息。模块 A 与模块 B 之间的耦合关系是控制耦合。控制耦合的耦合度要高于数据耦合。

4. 公共环境耦合

一组模块引用同一个公共数据区域，就出现了公共环境耦合。假设模块 C、模块 D 和模块 N 共同引用了同一个公共数据区域，这个公共数据区域可以是全局变量、共享通信区、存储介质上的文件或者物理设备。

因为模块 C、模块 D、模块 N 共享了这个区域，而使得 3 者之间产生了耦合度。这种耦合被称为公共环境耦合。根据传递数据的方式不同，公共环境耦合又可以分为两种类型。

在公共环境耦合中，如果一个模块只送数据，另一个模块只取数据，这种情况等价于数据耦合，属于松散的公共耦合；如果两个模块既向公共环境中送数据又从里面取数据，这种情况介于数据耦合和控制耦合之间，属于紧密的公共耦合。

5. 内容耦合

内容耦合属于耦合度最高的耦合，出现以下 4 种情形都属于内容耦合。

（1）一个模块访问另一模块内部数据。

（2）一个模块不通过正常入口转到另一模块内部。

（3）两个模块有部分程序代码重叠。

（4）一个模块有多个入口。

以上几种属于在模块间耦合度度量时常见的情形，按照耦合度从低到高分别是非直接耦合、数据耦合、控制耦合、公共环境耦合、内容耦合。

在日常进行模块间耦合度设计时，需要遵循的原则是：尽量使用数据耦合，少用控制耦合，限制公共环境耦合，完全不用内容耦合。

4.2.3 模块内的内聚性

内聚性是描述模块内各个元素之间的紧密程度。内聚性是从单个模块的角度来讨论模块独立性，而耦合性是从模块间的角度讨论模块的独立性。所以，内聚性和耦合性的度量标准正好相反，模块间的耦合性越低越好，而模块内的内聚性越高越好。内聚性越高，表示模块内的各个元素更加紧密，这里的紧密指的是模块内的各个元素是不是完成一个专一功能所必需的元素，模块内的元素之间越紧密，表示该模块的专一性越强。

在进行系统设计时，我们也希望一个模块尽可能只完成一个功能，不要将一个模块设计得太庞大、包含功能过多。如果模块内聚性低，会导致该模块的复杂度上升。同时，也会导致模块内代码的可扩展性、可重用性以及可维护性降低。

根据模块的内聚性度量的准则，可以分为以下 7 种内聚类型。

1. 功能内聚

功能内聚是内聚性最高的内聚类型。功能内聚要求一个模块中各部分元素是完成某一功能必不可少的组成部分。在该模块中，所有的元素都是必需的，没有任何多余的代码、步骤等,缺少其中一个元素就会导致该模块不能正常工作。而且,一个模块只完成一个功能,不会实现两个或两个以上的功能。功能内聚将模块内各个元素的冗余度降到最低。

2. 顺序内聚

顺序内聚是指模块内各个元素之间有严格的执行顺序,一个元素的输出作为下一个元素的输入。

例如,在一个求一元二次方程根的模块中有 3 个元素,分别是"输入方程系数""求解""打印方程的解"。这 3 个元素之间存在严格的先后顺序,且上一个元素的输出是下一个元素的输入。执行该功能模块,首先要先输入方程系数,然后才能进行求解,不输入系数是无法得出解的,最后通过得出的解打印方程的解。

3. 通信内聚

通信内聚是指模块内各功能部分都使用相同输入数据,或产生相同输出数据。

假如在一个"获得配件单价和库存量"模块中,输入的数据和输出的数据都是固定的,输入的数据是配件编号,经过模块内的逻辑处理,输出的数据总是单价和库存量。

4. 时间内聚

时间内聚表示模块的各个功能的执行与时间有关,

例如,"紧急故障处理"模块主要有 3 个功能:关闭文件、报警、保留现场。这 3 个功能具有时间内聚性,也就是一旦故障发生,在这个时间内,必须马上关闭文件,然后报警,最后保留现场。

5. 逻辑内聚

逻辑内聚表示把几种相关的功能组合在一起,由传送给模块的判定参数来确定执行哪一种功能。

在一个系统结构中,假设模块 E、模块 F、模块 C 的逻辑功能相似,则可以将这 3 个模块组成一个新模块——模块 EFC,通过给模块传递参数来决定具体执行哪一个功能。

虽然逻辑内聚可以增强模块的内聚性,但是逻辑内聚也同时增强了模块的耦合程度,这种耦合性就是控制耦合。因为,下层模块的执行功能是由上层模块的参数决定的,导致模块间耦合度增加,使系统变得不易修改,效率降低。

6. 过程内聚

过程内聚是指元素之间有顺序关系,调用前面元素之后,紧接着调用后面的。例如,一个模块的整个过程由循环部分、判定部分、计算部分组成,首先执行循环部分,然后执行判定部分,最后执行计算部分。

7. 偶然内聚

偶然内聚是指模块内各部分之间没有联系,或者有联系也很松散,是内聚程度最低的模块。一个模块内各部分、各元素因为偶然而汇聚到一起,没有特定的顺序、功能、时间、通信等原因。

内聚类型主要有以上 7 种。按照从强到弱排列，分别是：功能内聚、顺序内聚、通信内聚、过程内聚、时间内聚、逻辑内聚、偶然内聚。

4.2.4 启发规则

在进行系统结构设计时，除了需要考虑系统各个模块间的耦合情况以及每个模块内部的内聚情况，还有几个启发规则同样需要考虑。注意，按照启发规则进行系统设计会增强系统的健壮性。

第 1 个启发规则是对系统结构进行分解或者合并，降低系统的耦合度，提高系统的内聚性。假设在一个系统结构中，有模块 X、模块 Y、模块 R1 和模块 R2 共 4 个模块，模块 X、Y 分别是模块 R1、R2 的上层模块。模块 R1、R2 有相似部分，为了减少系统代码的冗余，增强模块的内聚性，将模块 R1、R2 中相似的部分进行拆分，组成一个新的模块 R。当模块 R1 和模块 R2 将其相似的部分独立出之后，这两个模块也成为内聚性高的模块，可以与模块 X 和模块 Y 进行合并，形成新的模块 X+R1 和模块 Y+R2，减少了模块的数量，降低了模块间的耦合度。

第 2 个启发规则是深度、宽度、扇出和扇入应适当。在系统设计阶段，遵循的是模块化设计思想。根据软件工程基本定理，模块数量越多，系统的复杂度也会越低。但是，随着模块数量的增多，模块间接口数量也会增多，不可避免地会增加系统的成本。所以，系统的模块数量和层次数量不能随意设置，要在一个合理的区间范围内去构建。为了表示系统大小和复杂程度，一般通过 4 个参数进行衡量：深度、宽度、扇出、扇入。

深度是指软件结构控制层数，表示系统大小和复杂程度；宽度是指软件结构同一层模块数的最大值，值越大系统越复杂；扇出是指一个模块直接控制（调用）的其他模块数，扇出不宜过大或者过小；扇入是指有多少上级模块直接调用它，扇入不宜过大或者过小。

在软件系统结构图中，每一个矩形就是一个模块，该系统的深度是软件系统控制的层数。如果某一个系统结构图共有 5 层，则其深度为 5，即系统能够控制 5 层。

宽度是同一层模块数的最大值。假设系统的第 4 层的模块数最多，达到了 7 个，则系统的宽度为 7。

扇入是指有多少上级模块直接调用它。假设模块 A 有 3 个上级模块调用它，则模块 A 的扇入是 3。

扇出是指某一个模块直接调用的其他模块数，假设模块 A 能够直接调用 3 个其他模块，则模块 A 的扇出是 3。

在进行系统结构设计时，一定要保证系统模块的扇入、扇出、深度和宽度都在一个合理的阈值内，过大或者过小都不合适。也要保证系统的复杂度不要太高，否则影响系统后续的维护和扩展。

假设在某一个系统结构中,模块 A 的扇出是 10,很明显其扇出过大,不符合标准系统结构设计。这种情形就需要对模块 A 进行拆分,即增加一个中间层,该层中设置两个模块 A1 与 A2,用于分担模块 A 的扇出数量。经过调整后,将模块 A 的扇出数调整为 2,模块 A1 扇出数量调整为 5,模块 A2 扇出数量调整为 5,从而达到一个合理的扇出区间。

扇入与扇出的调整相似,假设模块 B 的扇入是 9,很明显该模块扇入过大。这种情形就需要对模块 B 进行拆分,在模块 B 的上方增加一个中间层,该层中设置 3 个模块 B1、B2、B3,用于分担模块 B 的扇入数量。经过调整后,模块 B 的扇入数为 3,模块 B1 扇入数量为 3,模块 B2 扇入数量为 3,模块 B3 扇入数量为 3,从而达到一个合理的扇入区间。

第 3 个启发规则是模块作用域应在控制域内。为了降低模块间的耦合度,提高模块的内聚性,在进行系统设计时,应当遵循模块的作用域在其控制域当中。模块的作用域是指受该模块内判定影响的所有模块集合。控制域是指模块本身及所有直接或间接从属它的模块集合。若模块作用域不在控制域内,会增大模块间控制耦合。控制耦合属于高耦合度关系,不利于系统的健壮。

作用域在控制域外,如图 4.2 所示,假设该系统中受模块 E 中的判定点影响的模块是模块 D、F 和 G,但当前直接或者间接从属模块 E 的集合只有模块 F 和模块 G 两个,不包含模块 D,所以,此时模块作用域不在控制域之内。

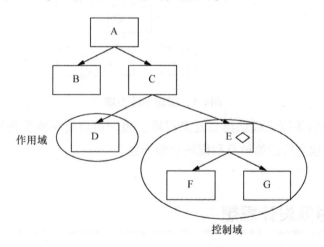

图4.2　作用域在控制域外

可以通过两种方案改善这种情况,第一种是判定点上移方案,如图 4.3 所示,由原来模块 E 移动到高层的模块 C 中,因为模块 D 直接从属于模块 C,判定点上移到模块 C 后,可以满足原来不在判断点控制域的模块 D 也能够受到模块 C 的控制,最终达到模块作用域在控制域内的效果。

信息系统开发与应用

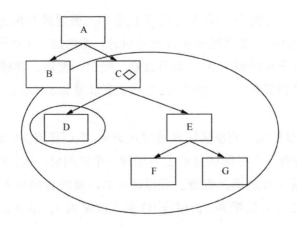

图4.3　判定点上移方案

第二种是模块下移方案，即将作用域不在控制域内的模块下移，如图 4.4 所示。当前系统结构中，作用域不在控制域内的模块是模块 D。所以，将模块 D 进行下移，使得模块 D 直接从属于判定点所在的模块 E。满足模块作用域在控制域内的要求。

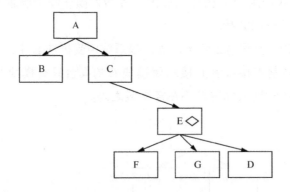

图4.4　模块下移方案

第 4 个启发规则是降低模块接口复杂程度。模块接口复杂程度是软件发生错误的主要原因，应尽量使信息传递简单且和模块功能一致。

4.3　面向对象设计思想

面向对象设计思想是目前主流的设计思想，许多软件系统都是使用面向对象的设计思想及其所属的编程语言设计出来的。常见的面向对象的设计语言有 Java、C#、Python 等。

面向对象设计思想之所以被广泛地应用于软件系统的设计，得益于它对现实生活中业务流程的优秀建模能力。

为了能够更好地理解这种建模能力，先来理解两个概念：类和对象。

对象可以理解为现实生活中的一个个实例。例如，一个班级的学生，每一名学生都是一个对象，因为每一名学生都有自己的名字、体重、身高、血型甚至是基因，是这个世界中独一无二的个体。

再如马路上行驶的汽车，每一辆汽车都有各自的颜色、车牌、发动机、品牌等，都是一个对象。

类是具有相同属性和行为的一组对象的集合，它为属于该类的全部对象提供了统一的抽象描述。也就是说，类是一个抽象的概念，由一组对象的相同属性和行为提炼出来汇聚而成。

例如，虽然一个班级的学生都是独立的对象，但他们有一个共同的属性，那就是"人"。当我们说到"人"时，我们会认为这是一个抽象的概念，因为不知道这个"人"具体叫什么名字、血型是什么。

比起传统的面向过程设计思想，面向对象程序设计思想不关注问题的具体求解步骤，而重点关注构建问题的抽象实体，这些抽象实体能够更好地反映现实世界。

例如，现在需要求解长方形的周长和面积，面向过程的思维方式是首先定义长方形的长和宽两个变量，然后定义两个函数：周长和面积。将长和宽带入函数内求出结果。总的来说，面向过程设计思想关注的是解决问题的过程步骤，就像求解一道数学题，把解题步骤列出来即可。而用面向对象设计思想解决这个问题时，首先并不直接书写解题步骤，面向对象设计思想的出发点和中心点都是对象，所以先从问题中将对象提取出来，并对其进行建模，然后再去解决问题。

在该问题中，对象就是长方形，因为对象是现实中的一个实例。长方形、正方形、圆形等都可以作为对象使用。所以，用面向对象设计思想解决该问题的第一步是构建一个长方形类，因为在实际编程中，对象是从类中获得的。而长和宽这两个变量、周长和面积这两个函数都可以作为类中成员使用。

4.3.1 类和对象的创建

在进行面向对象程序设计时，首先是围绕着问题构建出类，并将该类中的成员补充完整。类中的成员主要有两种：一种是属性成员；一种是成员函数。属性成员可以理解为定义该类的特性的量，而成员函数则是定义该类的一系列行为的量。

例如，以下代码创建了一个小狗类。在这个类中，把小狗所属的相关特性的量定义为属性成员，如小狗名字、小狗年龄、小狗尺寸、小狗颜色、小狗品种等；把小狗的一系列行为定义为函数，如小狗吃、喝、睡觉、跑等。

```
public class Dog {
    private String breed;
```

```
    private int size;
    private String colour;
    private int age;

    public void eat(){}
    public void run(){}
    public void sleep(){}
}
```

如上述代码所示，类的声明通过 class 关键词实现，class 的后面跟的是类名，且类名首字母大写。在类名后面的括号中编写类体，类体一般由属性成员和成员变量组成。属性成员的定义与常规变量定义类似，也是由数据类型和变量名组成。但是，数据类型的前面会多一个关键词，如例子中的 private，该关键词是访问权限。访问权限的作用是对类中成员根据其私密程度进行一定程度的封装。

同理，类的方法成员与常规定义函数的形式类似，方法成员也是由方法名、方法类型、参数列表和方法体构成。只是在函数声明的开头有一个访问权限。

完成类的定义后，就可以通过创建对象来使用类中的成员。因为类是抽象的，只有将其实例化为具体的对象后才能正确使用里面的成员。

创建对象的代码如下。

```
Dog puppy = new Dog();
```

创建对象的代码被等号分成左右两个半边。等号的右半边通过 new 关键词创建一个 Dog 类的对象，new 关键词的作用是给这个对象开辟内存空间。Dog 类的后面还跟着一个括号，该括号的作用是调用构造函数完成对象的创建。

等号的左半边是通过 Dog 类声明了一个引用 puppy。引用的作用相当于指针，用来指向一个内存地址。因为创建对象的语句相同，所以为了能够区分出不同的对象，需要创建不同的引用名称。

4.3.2 Java 的封装

在面向对象设计的类体中，类的属性成员和成员函数最前面都有一个关键词，该关键词被称作访问权限。访问权限的作用是保证类中成员的封装性。

在面向对象设计中，部分成员的定义和具体实现细节不想被外部成员看到，为了保证这部分成员的隐私性和安全性，引入了封装的概念。访问权限就是实现封装的途径之一。

在 Java 的语法结构中，共有 4 种不同的访问权限，可以对类中成员进行不同程度的封装。这 4 种访问权限分别是：public(公有访问权限)、private(私有访问权限)、protected(保护访问权限)以及 package(包访问权限)。

公有的成员用 public 来声明，这类成员既可以被本类中的成员函数引用，也可以被任何外部函数引用。它是类与外界的接口。其私密程度最低。

私有的成员用 private 来声明，这类成员只能被本类中的成员函数所引用，其私密程度最高。

受保护的成员用 protected 来声明，这类成员只能被本类及本类的派生类的成员函数引用。一般在继承关系中使用，私密程度介于 private 和 public 之间。

包访问的成员用 package 来声明，这类成员可以被同一个包下面的所有成员访问到。

除了类本身的定义外，一个项目可能会存在多个类，而不同的类在项目目录中的位置不同，会存在不同的关系。类与类之间的关系可以分为以下 5 种。

（1）自身类：即定义的类本身。

（2）同包子类：在同一个包中的类，并且这两个类之间有继承关系。

（3）不同包子类：分属于不同包中的类，并且这两个类之间有继承关系。

（4）同包类：两个类在同一个包中，但这两个类之间没有继承关系。

（5）其他类：类分别在不同的包中，且没有任何继承关系。

对于这 5 种不同关系的类，类中成员施加不同的访问权限，其访问程度也不一样。下面以 private、package、protected、public 这 4 种访问权限对应的 5 种不同的关系进行说明。

对于 private 私有访问权限来说，施加在自身类上时，该类成员是可以访问的，因为私有权限允许本类内的成员访问。除自身外，其他关系不能访问。

对于 package 包访问权限来说，自身类、同包子类和同包类都可以访问，因为包访问权限规定：只要是同一个包下面的类，不论是否为继承关系，都可以被访问。

对于 protected 保护访问权限来说，除了其他类不能访问，其余关系都可以访问。因为 protected 访问权限允许本类以及本类的派生类访问。所以，子类的情况都包含在内。

对于 public 公有访问权限来说，不论何种关系，都可以被访问。因为 public 访问权限主要用来做类的内部与外部的接口被使用。虽然因为不同访问权限的施加，导致部分类中成员看不到，但是为了能够让外部可以访问到这部分类，外部成员可以用要访问类的公有成员作为桥梁，间接地访问该类的私有成员。

4.3.3 构造函数

构造函数是面向对象设计中的一个重要概念。构造函数本身是一个函数，但又是一个特殊的函数。构造函数有两个重要职责：实例化对象和初始化。

构造函数的第一个职责是实例化对象。Java 语言规定，每个类必须有一个构造函数，没有构造函数就不能创建对象。如果在类中没有显式定义构造函数，则编译系统在编译时为该类提供一个默认的构造函数，而且默认的构造函数是无参函数。所以，即使在类体中并没有直接编写构造函数，也能够创建该类的对象的原因就在于此。

正是因为构造函数功能的特殊性，其函数结构也与普通函数不同。

首先，在一般情况下，构造函数的访问权限是公有的。因为在面向对象程序设计中，创建对象是非常重要的操作。构造函数的作用就是用于创建对象，如果构造函数的访问权限为私有或者其他，就会导致在很多时候不能进行对象的创建，进而使得该对象中的一些功能不能被调用，从而丧失了面向对象的优越性。

公有的构造函数可以保证对象可以被随时随地创建，以便顺利地完成对象间的通信和功能的调用。

其次，构造函数无函数类型。构造函数是在创建对象的时候自动调用的，并不需要显式地执行方法调用。

最后，构造函数的函数名与其所属的类名完全一致。在进行对象创建的时候，new 关键词后面跟着类名以及一个括号。该形式与函数名加参数列表的形式是一样的。相当于在创建对象的时候，直接调用构造函数。以下代码展示了构造函数的基本结构。

```java
public class Hero {
    String name;
    public void show(){
        System.out.println("欢迎使用Java");
    }
    // 构造函数
    public Hero(){
        System.out.println("我是构造函数，创建对象的时候自动调用，用于对象的实例化");
    }
}
```

在该段代码中，Hero() 这个成员就是 Hero 类的构造函数。首先该方法的函数名与所属类的类名完全一致。其次，该方法没有返回类型。其结构上的特点就将构造函数与普通函数区分开。构造函数是一个无参的函数，其职责主要是用于构建 Hero 类的对象。需要注意的是，如果在类中没有显式定义构造函数，则系统会自动提供一个无参的构造函数；如果在类中已经手动创建了一个无参构造函数，则会替代系统默认的构造函数，而使用自定义的无参构造函数。

构造函数的第二个职责是完成初始化工作。下列代码构建了两个 Hero 类的构造函数。但是，这两个构造函数不完全一样。第一个构造函数 Hero() 是无参的构造函数；第二个构造函数 Hero(String heroname) 是带有一个参数的构造函数，该参数的作用是给 Hero 类当中的 name 属性成员赋值。其工作流程是：当在其他类中需要创建 Hero 类的对象时，第一步是调用 Hero 类的构造函数，在调用构造函数创建对象的同时，可以赋予该构造函数一个实参，这个实参会随着对象的创建传入 Hero 类，并给 Hero 类的 name 属性一个初值。

```java
public class Hero {
    String name;
    float hp;
  public Hero(){
    System.out.println("我是构造函数,创建对象的时候自动调用,用于对象的实例化");
  }
  public Hero(String heroname){
    name = heroname;
  }
  public static void main(String[] args) {
    Hero hero = new Hero("superman");
    Hero hero1= new Hero();
  }
}
```

构造函数的第二个职责也是很重要的,因为一个类中的属性成员一般都具有较强的私密性,不能直接被外部成员访问。构造函数的访问权限一般是公有访问权限,可以通过构造函数间接地给属性成员赋值。

在上述代码中,一个类中出现了两个构造函数。这种定义方式是符合 Java 的语法结构的。Java 语言规定,一个类中可以出现多个同名函数,只要符合函数的重载规则即可。函数的重载规则在函数的声明阶段,只要参数列表中参数的个数不同或者参数的数据类型不同,就可以定义多个同名函数。构造函数的定义同样符合该规则。所以,Hero 类中设置了两个构造函数,这两个构造函数虽然名字相同,但是其参数列表不相同,一个是无参构造函数,另一个是带有一个参数的构造函数。在创建对象的时候,根据传入构造函数的实参的个数,系统自动判断调用哪一个构造函数。

在 main() 函数运行时,第一个对象 hero 使用带有一个参数的构造函数创建;第二个对象 hero1 则使用无参的构造函数创建。整个构造函数并不是显式调用,而是随着创建对象自动执行进行隐式调用。

4.3.4 继承

继承是面向对象中一个非常重要的概念,也是 Java 的三大特点之一。"继承"这个词在日常生活中也经常使用。比如以前身无分文,突然从一个远房亲戚那里继承了千万遗产,瞬间变成一个千万富翁。这段话看似比较诙谐,其实说明了继承机制的本质,那就是复用。"复用"就是重复使用,即将一段已有的代码直接拿过来使用,不需要重新编写。通过复用可以省去许多重复的劳动,提高工作的效率。

例如,现在需要构造一台新型电视机,它有两种工作方式:第 1 种是从头开始,一步一步把一台电视机从无到有地构造出来;第 2 种是在一台已有的电视机的基础上进行改造升级。这两种方式都可以完成构造一台新型电视机的任务,但是工作效率却相差甚远,第 2 种工作方式的效率远高于第一种。继承机制的优势就是提高了软件的复用性，进而提高了软件系统开发的效率。

所谓 Java 中的继承，就是在一个已有类的基础上建立一个新类，已有的类称为"基类"或"父类"，新建立的类称为"派生类"或"子类"。继承一定是在两个类之间完成的。通过继承，一个子类从父类那里获得父类的特性。子类继承了父类的所有数据成员和成员函数，并可以对成员作必要的调整。所以，继承机制是子类对父类内容的传承与发展，是面向对象最重要的特征，也是软件复用的重要手段之一。

下面通过一个例子来解释父类与子类之间的关系。在自然界中，生活着狮子、豹子、兔子、绵羊等动物，这些动物可以分为食草动物和食肉动物。在这个场景中，动物就是父类，而食草动物和食肉动物则是子类。不论是食草动物或者食肉动物，都需要具有动物的特征，然后根据其饮食、习性的不同，又细分为不同的类别。

在 Java 语言中通过 extends 关键词完成继承，extends 关键词的语法结构是：子类 extends 父类。在继承的语法结构中，子类在前，父类在后，extends 关键词后面的父类一定是已经存在的类，否则代码会出现语法错误。以下代码实现了继承。

```java
public class Food {
    private String name;
    public Food(String name) {
        this.name = name;
    }
    public String getName() {
        return name;
    }
    public void setName(String name) {
        this.name = name;
    }
}
```

```java
public class Noodles extends Food{
    public Noodles(String name){
        super(name);
    }
}
```

上述例子定义了两个类：Food 和 Noodles。Noodles 类使用 extends 关键词实现了继承机制。其中，Food 类是父类，Noodles 类是子类。通过继承机制，Food 类中的成员（包括数据成员和成员函数）会进入 Noodles 类。但是，需要注意的是，上述成员中不包括构造函数，因为构造函数比较特殊，它是用于对象的实例化和属性的初始化的函数，其函数名与类名完全一致，构造函数不会随着继承成为子类的一部分，子类对于构造函数只有使用权而没有所属权。如果在子类中，那些从父类中继承的成员需要初始化，也是由子类去调用父类的构造函数完成这些成员的初始化工作。下列代码展示了关于子类与父类的构造函数的调用顺序。

```java
public class Base {
        protected int a;
        public Base(){
            a=20;
            System.out.println("In Base Contructor!");
        }
        public static void main(String[] args) {
            // TODO Auto-generated method stub
            Son obj = new Son();
            obj.print();
        }
}
class Son extends Base{
        int b;
        public Son(){
            b=100;
            System.out.println("In Son Contructor!");
        }
        public void print(){
            System.out.println("a:"+a+",b:"+b);
        }
}
```

在上述代码中，Son 类通过 extends 关键词与 Base 类建立继承关系，子类是 Son 类，父类是 Base 类。两个类中都有各自的构造函数，分别是 Son() 和 Base()。通过继承，Base 中的属性成员 a 也会进入 Son。Base 类中有一个 main() 函数，主要代码是构建了 Son 类的对象，并调用通过其对象调用 print() 方法。当运行该 main() 函数时，得到的结果如下。

```
In Base Contructor!
In Son Contructor!
a:20,b:100
```

其中，代码的执行顺序是首先执行父类的构造函数，然后执行子类的构造函数，最后执行 print() 方法，输出 a 和 b 两个变量的值。

Java 语言只能实现单继承，不能实现多继承。所谓单继承是一个子类一次只能有一个父类，不能有两个或两个以上的父类，而像 C++ 等编程语言则允许多继承的实现。

4.3.5　this 和 super 关键词

在面向对象程序设计中，使用类的对象和继承的时候，常常能看到 this 和 super 这两个关键词。this 关键词表示当前创建的类的对象，因为在类的实例化过程中，一个类可以创建许多同类对象，为了能够更加简便地表示当前使用的对象，Java 中通过 this 关键词进行表示。"this"这个单词在英文中表示"这个"的意思，在 Java 中就是表示这个当前使用的对象，是一种指代关系。在类的函数体中常常能见到它的身影，下列代码展示了 this 关键词的使用方法。

```java
public class Food {
    private String name;
    public Food(String name) {
        this.name = name;
    }
}

public class Noodles extends Food{
    public Noodles(String name){
        super(name);
    }
}
```

在上述代码中，Food 类的构造函数的函数体中有一个 this 关键词，其作用是将由构造函数的参数列表传进的参数值赋值给当前所创建对象的 name 属性成员。这里的 this 指的就是当前 Food 类所创建的对象。

super 关键词实现对父类成员的访问，用来引用当前对象的父类，主要出现在继承关系中。在上述代码中，Noodles 类继承了 Food 类，在 Noodles 类的构造函数中，出现了 super(name) 代码。其含义是从 Noodles 的构造函数中传进参数 name 的值，调用父类的构造函数进行初始化赋值。这里的 super 关键词就是代指 Food 类的构造函数。

4.3.6　Java 的多态

多态是面向对象编程中的重要概念，是指同一个行为可以有多个不同表现形式的能力。也就是说，在父类中定义的属性和方法，在子类继承后，可以有不同的数据类型或表现出不同的行为。这可以让同一个属性或方法，在父类及其各个子类中有不同的表现或含义。

Java 中使用多态的主要目的是提高代码的可重用性和扩展性，使得代码更加灵活和易于维护。通过多态可以将不同的对象看作是同一种类型，从而使得我们可以使用同一种接口来操作这些对象，而不必关心具体的实现细节。使用多态时，需要具备以下 3 个条件。

（1）必须在继承体系下，子类继承父类。

（2）子类必须对父类中的方法进行重写。

（3）向上转型就是要将父类引用指向子类对象，只有这样，该引用才既能调用父类的方法，又能调用子类的方法。

只有在使用多态时严格遵循这 3 个条件，才能使得多态的运用正确无误，发挥多态的重要作用。在使用 Java 的多态机制时，分为编译时多态和运行时多态。

编译时多态主要通过方法的重载（overload）来实现，Java 语言会根据方法参数列表的不同来区分不同的方法，在编译时就能确定该执行重载方法中的哪一个。

运行时多态主要通过方法的重写（override）来实现，让子类继承父类并重写父类中已有的或抽象的方法。这是动态的多态，也是通常所说的多态性。

如果用一句话来总结编译时多态和运行时多态的区别，那就是，如果在编译时就能确定要执行方法属于哪个对象、执行哪个方法，就是编译时多态，否则就是运行时多态。

下面通过以下代码来了解运行时多态的使用过程。首先定义一个父类 Person 接口，其内部有两个抽象方法，eat() 与 drink()。

```java
public interface Person {
    void eat();
    void drink();
}
```

下列代码用来实现 Person 接口，分别构建了两个类：Chinese 类和 American 类，让这两个类分别继承父类 Person 接口，并重写父类中的两个方法。从下面的代码中可以发现，虽然 Chinese 类和 American 类都重写了 Person 接口里面的 eat() 和 drink() 方法。但是，这方法体的内容是不同的，被赋予了各自的个性化语句。如中国人的饮食习惯是吃中餐和喝茶，美国人的饮食习惯是吃西餐和喝咖啡。

```java
public class Chinese implements Person{
    @Override
    public void eat() {
        // TODO Auto-generated method stub
        System.out.println(" 中国人喜欢吃中餐！");
    }
    @Override
    public void drink() {
        // TODO Auto-generated method stub
        System.out.println(" 中国人喜欢喝茶！");
    }
```

```
}
public class American implements Person{
    @Override
    public void eat() {
            // TODO Auto-generated method stub
            System.out.println("美国人喜欢吃西餐！");
    }
    @Override
    public void drink() {
            // TODO Auto-generated method stub
            System.out.println("美国人喜欢喝咖啡！");
    }
}
```

当使用运行时多态时，通过向上转型的方式将父类引用指向子类对象，即将 Person 这个父类接口指向其子类 Chinese 和 American 创建的对象。在进行调用时，虽然对外表现都是继承父类的 person 接口，调用同样的 eat() 和 drink() 方法，但是输出的结果却是根据不同人的饮食习惯所得到的。从而实现了同一个行为有多个不同表现形式的运行时多态。下列代码展示了多态的使用方式。

```
public class Test {
public static void main(String[] args) {
            // TODO Auto-generated method stub
        Person person=null;
        person =new Chinese();
        person.eat();
        person.drink();
        person =new American();
        person.eat();
        person.drink();
    }
}
```

接下来看一下编译时多态的使用实例。说到编译时多态，需要了解 Java 中函数重载的定义。所谓函数重载是指同一个函数名可以对应着多个不同的函数实现。每一类实现对应着一个函数体，这些函数的名字相同，功能相同，只是参数的类型或参数的个数不同。函数重载的代码如下。

```
int sum(int x,int y)
{ return x+y; }
float sum(float x,float y)
{ return x+y; }
```

```
int sum(int x,int y,int z)
{ return x+y+z; }
```

在该例子中，一个类中构建了 3 个函数，这 3 个函数的函数名相同，都是 sum 函数，且函数功能相同，都是进行参数的加法运算。那么，在进行函数调用时，如何区分 3 个不同的函数？

这就涉及函数重载的问题，我们通过参数列表的不同对同名函数进行区分，参数列表主要包括参数的类型或者参数的个数。如上述代码所示，虽然都是 sum 函数，但是第 1 个 sum 函数和第 3 个 sum 函数的参数个数不一样，第 1 个参数列表包含 2 个参数，第 3 个参数列表包含 3 个参数。所以，在进行函数调用时，可以通过调用函数时所赋的实参的个数对其进行区分。同理，第 1 个 sum 函数与第 2 个 sum 函数虽然参数个数相同，但是这两个函数的形参的数据类型不同。第 1 个是 int 类型，第 2 个是 float 类型，在进行函数调用时，系统也可以进行区分。综上所述，虽然该类中的 3 个函数名字功能相同，但是仍符合语法结构，可以通过编译。这也是编译时多态的体现。此外，在进行重载函数时需要注意两个问题。

（1）编译器只根据函数参数表（参数类型或个数）进行重载版本的调用匹配，函数返回值的内容不起作用，具体代码如下。

```
int f(int x,int y) {…}
float f(int x,int y) {…}
double f(int x,int y) {…}
```

在上述代码中，3 个函数的函数名以及参数列表的个数与数据类型完全一致，只有函数的返回类型不同，但是只依靠返回类型是无法区分不同函数的。因为系统调用时，是先调用函数名及其参数列表，经过函数体处理完数据形成结果，再通过返回类型返回到调用点处。所以，返回类型标志的是函数调用结束点，而不是开始点，如果只是用返回类型进行区分是无法完成的。

（2）要注意重载函数中使用默认参数时可能产生的二义性问题，具体代码如下。

```
            int max(int,int)
            int max(int,int,int = 0)
```

在上述两个 max 函数中，虽然参数列表的个数不同，但是第二个 max 函数已经被赋值，有默认参数。所以，在进行调用时，会产生二义性。

4.3.7　Java 语言的编译

在使用 Java 语言时，主要通过在相关的编译器中按照 Java 语言的语法结构和问题场景进行代码的编写。但是，如果要真正让自己编写的代码发挥作用，仅仅在编译器中编写代码是远远不够的。

在编译器中编写完 Java 代码保存后，文件会变为 .java 格式。.java 文件并不是计算机可以直接读懂的文件，它是程序员通过高级编程语言编写的。计算机无法理解和直接执行高级语言，只能理解机器语言（也就是 0 和 1），所以使用任何高级语言编写的代码若想被计算机运行，都必须将其转换成计算机语言，也就是机器码。而这种转换的方式有两种：编译（compile）和解释（interprete）。

编译型语言使用专门的编译器，针对特定的平台，将高级语言源代码一次性地编译成可被该平台硬件执行的机器码，并包装成该平台所能识别的可执行性程序的格式。通常编译与特定平台相关，一般无法移植到其他平台。

解释型语言使用专门的解释器对源代码逐行解释成特定平台的机器码并立即执行，源代码在运行时才被解释器一行行动态翻译和执行，而不是在运行之前就完成翻译。

传统的高级编程语言——C 语言，就是编译型语言，其编译器直接将代码编译成操作系统能够读懂的可执行程序，可执行程序中包含了二进制指令。但是，不同的操作系统使用的机器指令语言不同，也就是在 Windows 操作系统编译出来的可执行文件只有 Windows 操作系统能够读懂，而 Linux 操作系统编译出来的可执行文件只有 Linux 操作系统能够读懂。所以，C 语言不具备跨平台的特性。

1. Java 虚拟机

Java 语言之所以具有跨平台的特点，主要是因为 Java 虚拟机（JVM）。Java 虚拟机并不是一个新的机器，它的本质是一个可执行程序，这个可执行程序的任务就是解释并执行 Java 程序。

Java 语言与传统的编程语言不同，它具有一次编译、处处运行的特点，是一种与平台无关的编程语言，这种编程语言的特点决定了其既有编译阶段，又有解释阶段。Java 虚拟机程序本身的实现不是跨操作系统平台的，对于不同的操作系统，需要开发专门的 Java 虚拟机程序。不过，不管是哪个操作系统中的 Java 虚拟机，它们解析并执行 Java 程序的步骤是一样的，如下。

（1）解析 .java 文件中的字节码。
（2）把 Java 字节码翻译成底层操作系统能够理解的机器指令。
（3）由底层操作系统执行机器指令。

首先，需要通过 JDK 中的 javac 进行编译，JDK 是 Java 语言的软件开发工具包，是整个 Java 开发的核心，它包含了 Java 的运行环境（JVM+Java 系统类库）和 Java 工具。

javac 是 Java 语言编译器。javac 是 Java 编译器的命令行前端，它将 Java 源代码作为输入，并将其转换为可由 JVM 执行的字节码文件。

经过 javac 编译后，原先的 .java 文件就变成了 .class 文件，即字节码文件。这个过程就是 Java 编译的过程。该过程主要做了词法分析、语法分析、语义分析工作。

词法分析是编译过程的第一个阶段，这个阶段的任务可以看成是从左到右一个字符一个字符地读入源程序，从中识别出一个个"单词"符号，即对构成源代码的字符流进行扫描然后根据构词规则识别单词。

语法分析是编译过程的一个逻辑阶段，此阶段的任务是在词法分析的基础上将单词序列组合成各类语法短语。

语义分析也是编译过程的一个逻辑阶段，语义解释控制信息每个部分的意义，它规定了需要发出何种控制信息，以及完成的动作与做出何种响应，此阶段的任务是对结构上正确的源程序进行上下文有关性质的审查。

经过 javac 编译获得字节码文件后，Java 字节码会被翻译成底层操作系统能够理解的机器指令。字节码文件通过 Java 虚拟机逐行解释成机器可执行的二进制机器码，这个过程 Java 虚拟机使用了解释这一转换方式。

在整个过程中，Java 虚拟机扮演了重要的角色。JVM 是运行 Java 字节码的虚拟机。JVM 有针对不同系统的特定实现（Windows、Linux、mac OS），目的是在不同的操作系统使用相同的字节码，也会得到相同的结果。字节码和 JVM 是实现 Java"一次编译、处处运行"的关键。

2. JVM 类加载系统

JVM 的整体结构主要包括类加载系统、运行时数据区和执行引擎。

（1）类加载系统：Java 虚拟机把描述类的数据从 Class 文件加载到内存，并对数据进行校验、转换解析和初始化，最终形成可以被虚拟机直接使用的 Java 类型。

类从被加载到虚拟机内存中开始，再到卸载出内存为止，它的整个生命周期包括加载、验证、准备、解析、初始化、使用和卸载 7 个阶段，其中验证、准备和解析统称为连接。类加载过程是类的生命周期的前 5 个阶段，分别是加载、验证、准备、解析、初始化。

加载阶段是类加载过程的第 1 个阶段，在这个阶段 JVM 的目的是将字节码从各个位置转化为二进制字节流并加载到内存中，接着会为这个类在 JVM 的方法区创建一个对应的 Class 对象，这个 Class 对象就是这个类各种数据的访问入口。

在验证阶段，JVM 会对这些字节码流进行校验，只有符合 JVM 规范的文件才能被正确执行。

在准备阶段，JVM 将为类变量分配内存并初始化。Java 语言中的变量有类变量和类成员变量两种类型，JVM 只会为类变量分配内存，不会为类成员变量分配内存，类成员变量的内存分配需要等到初始化阶段才能开始。

在解析阶段，虚拟机会把这个 Class 文件中常量池内的符号引用转换为直接引用。主要解析的是类、接口、字段、类方法、接口方法、方法类型、方法句柄等符号引用。可以把这个过程理解为当前加载的类和它所引用的类正式进行对接的过程。

初始化是类加载的最后一个步骤，初始化的过程就是执行类构造器方法的过程。

整个类加载的过程使用了双亲委派机制，该机制是一种任务委派模式，是 Java 虚拟机中通过加载工具（classloader）加载类文件的具体方式。具体表现为：如果一个类加载器收到类加载请求，它并不会自己先加载，而是把这个请求委托给父类的加载器去执行。如果父类加载器还存在其父类加载器，则会进一步向上委托，依次递归，请求最终将到达顶层的父类加载器。如果父类加载器可以完成类加载任务，就成功返回；倘若父类加载器无法完成加载任务，子类加载器才会尝试去加载。父类加载器一层一层往下分配任务，如果子类加载器能加载，则加载此类；如果将加载任务分配至系统类加载器也无法加载此类，则抛出异常。

（2）运行时数据区：它包括方法区、堆、程序计数器、本地方法栈、虚拟机栈。

方法区主要用来存放已被虚拟机加载的类的相关信息，包括类信息、静态变量、常量、运行时常量池、字符串常量池。

堆是 JVM 上最大的内存区域，几乎所有的对象都在这里存储，随着对象的频繁创建，堆空间占用得越来越多，就需要不定期地对不再使用的对象进行回收。

程序计数器是当前线程执行的字节码的行号指示器，各线程之间独立存储，互不影响。程序计数器是一块很小的内存空间，主要用来记录各个线程执行的字节码的地址，例如，分支、循环、跳转、异常、线程恢复等。

本地方法栈与 Java 虚拟机栈的功能类似，区别在于本地方法栈用于管理本地方法的调用，而 Java 虚拟机栈用于管理 Java 函数的调用。

虚拟机栈在 JVM 运行过程中存储当前线程运行方法所需要的数据、指令、返回地址。栈是一种数据结构，其运行逻辑是先进后出。Java 虚拟机栈是基于线程的。哪怕只有一个 main() 方法，也是以线程的方式运行。在线程的生命周期中，参与计算的数据会频繁地入栈和出栈。栈里的每条数据就是栈帧，在每个 Java 方法被调用的时候，都会创建一个栈帧并入栈，一旦完成相应的调用，则出栈。所有的栈帧都出栈后，线程也就结束了。

（3）执行引擎：它包括解释器和即时编译器。解释器和即时编译器就是 JVM 中将字节码转化为机器码的工具。解释器将字节码解析成机器能识别的机器码。解释方式是一行一行地读取，解释到哪就执行到哪；即时编译器是以方法为单位，将"热点代码"的字节码一次性转为机器码，并在本地缓存起来的工具，避免了部分代码被解释器逐行解释执行的效率问题。

对于热点代码的判断，一般采用采样式的热点探测方法。虚拟机会周期性对各个线程的栈顶进行检查，如果某个方法经常出现在栈顶，这个方法就是"热点代码"。

在执行引擎工作时，解释器与即时编译器往往相互配合使用。程序执行时，解释器首先发挥作用，省去了编译器编译时间，加快程序的执行效率。随着时间的推移，编译器开始慢慢发挥作用，把热点代码编译成本地代码后，如果执行相同的代码，即可直接获取，实现更高的执行效率。

4.3.8 静态变量

面向对象的类结构主要由属性成员和方法成员构成，成员的定义又可以分成静态成员和非静态成员。非静态成员又称为实例成员或对象成员，其定义形式与之前所讲没有任何区别，它的特点是从属于每一个类的对象；静态成员又称为类成员，在类中定义静态成员需要用到关键词 static，在成员声明部分的访问权限之后，数据类型之前将其加入进去。它的特点是从属于类，而不是对象，所以称为类成员。通过 static 关键词定义的属性，称为静态属性或者类属性，定义的方法称为静态方法或类方法。

static 关键词的作用是优化内存。因为被 static 定义的成员的生存周期与类息息相关，随着类的消亡而消亡，在内存中是唯一的。在使用时可以降低内存空间的消耗。

例如，学校中有 5 个计算机专业的班级需要使用机房上课，如果采用对象属性去定义机房，那么一个班级拥有一个机房，且只属于这个班级，别的班级不可以使用。但是，如果该班级一天只上一次机房的课，下课后该机房一直闲置，就会导致资源的浪费。所以，可以把机房定义为静态属性，表示可以被班级类的所有对象所共享。即 5 个班级都可以使用该机房上课，每个班级占一天中的一次课，这样机房的利用率可以达到最高，且每个班级也可以在机房上课。静态变量的具体代码如下。

```java
public class Hero {
    public String name;// 非静态属性, 实例属性, 对象属性
    protected float hp;
    static String copyright;// 静态属性

    public static void main(String[] args) {
            // TODO Auto-generated method stub
        Hero superman = new Hero();
        superman.name=" 超人 ";
        // 可以被所有的同类对象所共享
        Hero.copyright=" 某某公司的版权 ";
        System.out.println(superman.name);
        System.out.println(superman.copyright);

        Hero batman = new Hero();
        batman.name=" 蝙蝠侠 ";
        System.out.println(batman.name);
        System.out.println(batman.copyright);
```

```
        }
}
```

静态变量属于类属性，所以在调用时既可以通过类名调用，也可以使用对象名调用，其特点是不管哪一个对象调用该静态属性，只要是同类的对象，所取到的值都一样。在上述代码中，name 属性属于对象属性，其值随着对象的不同而发生变化，copyright 属性属于静态属性。所以，无论哪一个对象调用该属性，只要是属于该类的对象，输出的 copyright 的值都是一样的。

静态方法与静态属性类似。需要注意的是，静态方法中只能访问静态属性或者方法，不能访问非静态属性或方法。

4.3.9　抽象类与接口

在 Java 编程中，并不是每一个类的成员都能够被完整定义。因为在实际开发中，总会存在许多不确定的内容，需要等到后面才能对其进行补充。这就需要我们在类的定义时，给出这些不确定内容的声明，但这又无法定义其具体的逻辑。像这种只有声明而没有具体逻辑的方法，称之为抽象方法。

之前构建的普通类是无法定义抽象方法的，因为普通类里面的成员必须完整，即一定要有完整的方法实现。难道在 Java 的类中不能定义抽象方法吗？答案是否定的，在 Java 的类中是可以定义抽象方法的，如果不能定义抽象方法，那么 Java 语言也无法很好地对现实世界进行建模，因为现实世界中包含了许多不确定的东西，这是一种常见的情况。

如果要定义抽象的内容，需要一个特殊的类，那就是抽象类。抽象类是由 abstract 关键词修饰的类，在抽象类中既允许有非抽象的方法，又允许有抽象的方法。如果想要定义抽象方法，那就可以使用抽象类来承接。正是因为抽象类有这个特点，所以，抽象类是不能够进行实例化的，即抽象类无法创建对象。因为只要是对象，就一定是具体的事物。抽象类除了不能实例化对象之外，类的其他功能依然存在，成员变量、成员方法和构造方法的访问方式和普通类一样。

既然抽象类无法创建对象，那该如何使用抽象类？一般情况下，可以通过继承来实现抽象类。定义一个子类，该子类是一个普通类，让该子类继承抽象类，并实现抽象类中的抽象方法。从上述描述可以得知，抽象类的子类必须给出抽象类中的抽象方法的具体实现。否则，该子类也必须被定义为抽象类。

除了抽象类之外，在 Java 语法体系中，还有一个抽象结构，该抽象结构比抽象类更加抽象，那就是接口。

接口通过 interface 关键词定义。接口中所有的方法必须是抽象方法，不允许存在非抽象方法。接口与抽象类一样，也不能被实例化。使用时需要通过子类实现该接口，并重写接口中的抽象方法。接口一般作为一个具体方法的入口来使用。通过接口，将需要调用的方法都声明出来。

4.4 数据库设计

在系统分析阶段，数据分析的主要工具是 E-R 图，通过确定需求分析中的实体、实体属性和实体间的关联关系，可以绘制出一张实体关系图，通过该图初步分析系统所需的数据内容。E-R 图是进行数据库设计的第一步，也称作数据库的概念模型。但是，如果想要获得完整可用的数据库，仅仅依靠 E-R 图是远远不够的。数据库设计过程主要由 3 个阶段构成：概念模型阶段、逻辑模型阶段和物理模型阶段。概念模型已经在系统分析中详细论述了，接下来看一下数据库设计的逻辑模型阶段。

4.4.1 逻辑模型设计

逻辑模型就是要将概念模型具体化。实现概念模型所描述的内容，需要哪些具体的功能、处理哪些具体的信息，是对概念模型的进一步细化。

逻辑模型的实现要依靠数据库的三范式来完成。三范式是对关系型数据库表结构设计的一种规范制约束，每一个范式定义了数据库逻辑模型的一种标准，3 个范式依次递进，范式数字越大，标准越严格，数据库的表也更加符合规范。

第一范式要求数据库表中的每一个属性都是不可分割的，是最基础的标准，只要能够存在于数据库中的表都符合第一范式。下面通过表 4.1 来说明。

表4.1 货品

编号	品名	进货	销售	备注

在该表中共有 5 个属性，按照数据库第一范式的要求，每一个属性都不可分割。可是，对于"进货"和"销售"这两个属性来说并不能作为该表的属性，因为其下还有细分字段属性。货品细分如表 4.2 所示。

表4.2 货品细分

编号	品名	进货		销售		备注
		数量	单价	数量	单价	

表 4.2 中的进货属性和销售属性能够细分，进货属性可以细分为数量属性和单价属性，而销售属性也可以细分为数量属性和单价属性。到此为止，货品表中的每一个属性才算

真正确定下来,每一个属性也不能够再继续细分了。

满足了第一范式后,数据库就向着规范迈进了一步,但是问题又随之而来,以表4.3为例。

表4.3 学生信息表

学号	姓名	系名	系主任	课程	分数
0001	李敏	计算机系	刘主任	线性代数	97
0001	李敏	计算机系	刘主任	高等数学	95
0003	宋莉	计算机系	刘主任	大学英语	96
0004	张博	计算机系	刘主任	编程基础	98

该表是符合第一范式的,每一个属性都不可再分,但是分析后发现该表还存在许多问题。

第1个问题就是数据冗余。从表中可以发现,4位同学的系名和系主任名是完全一样的,即同样的数据重复出现,造成了数据冗余,以及空间的浪费。

第2个问题是插入异常。如果学校新建了一个系,但是因为系的信息与学生的信息绑定在一起,且处于同一个表中,如果该系没有招生,则不能插入系的信息。这显然是不符合实际应用的。

第3个问题是删除异常。如果此时计划将一批学生的信息删除,那么与之关联的系名和系主任的信息都会消失,这显然也不符合实际应用。

第4个问题就是修改信息。如果张博需要转系了,那么与他相关的所有信息都需要修改。

以上情况表明,满足第一范式的表关系与实际应用还是有一定的差距。所以,需要引入第二范式。

第二范式在第一范式的基础上,清除了非主属性对于码的部分函数依赖。想要理解第二范式,首先需要理解函数依赖。一个表中有两个属性A与B,如果两个属性满足属性A的值确定要求,那么属性B的值也随之满足确定的要求,则称作属性B依赖于属性A。根据依赖程度的不同,可分为3种:完全函数依赖、传递函数依赖和部分函数依赖。下面通过例子具体说明。

上述的学生信息表中学生的分数依赖于(学号、课程)两个属性,因为只知道课程名,不知道学生学号,就会找不到对应的成绩,反之亦然。所以,该依赖关系则是完全函数依赖关系。

姓名属性则是部分依赖于(学号、课程)这两个属性,因为只需要知道学号的信息,就可以推出对应的姓名,不需要课程属性的参与。

传递函数依赖可以解释为属性A、属性B和属性C满足如下条件:属性A依赖于属性 B，属性 B 依赖于属性 C，在属性 B 不依赖于属性 A 的前提下，属性 A 依赖于属性 C。

上述例子中的（学号、课程）就可以看成是码，而姓名等属性则可以看成是非主属性。

综上所述，可以从该表中判断出部分依赖的关系，即姓名只依赖于学号，有部分依赖；系名只依赖于学号，有部分依赖；系主任只依赖于学号，有部分依赖；分数依赖于学号、课程，没有部分依赖。故将学生信息表拆分成两个不同的表：分数表和学生表，如表 4.4 和 4.5 所示。

表4.4　分数表

学号	课程	分数

表4.5　学生表

学号	姓名	系名	系主任

经过拆分后，分数表已经没有任何问题了，属于完全函数依赖；但学生表却存在传递函数依赖，因为通过学号可知道系名，知道系名后又可知道系主任。即系主任依赖系名，系名依赖学号。存在非主属性对于码的传递函数依赖。所以，学生表需要继续拆分，那么应如何拆分？这就要引出第三范式。

第三范式在第二范式的基础上，消除了非主属性对于码的传递函数依赖。

根据该范式规则，将学生表进一步拆分，拆分成学生表和系表，如表 4.6 和 4.7 所示。

表4.6　学生表

学号	姓名	系名

表4.7　系表

系名	系主任

从一开始的学生信息表，经过第一、二、三范式的引入，拆分成 3 个表，即成绩表、学生表、系表，使得当前的表结构不会造成插入、删除、修改等异常的出现，更加符合实际应用。

4.4.2　物理模型

完成了逻辑模型的设计，接下来就可以进行物理模型的设计了。数据库的物理模型是以逻辑模型设计阶段所产出的表结构为基础，通过合适的数据库编程语言在系统中构建出真实存在的物理结构。物理模型不再是一个设计形式，而是可以真正使用的真实实体。

在构建物理模型之前，需要了解两个概念，一个是数据库（Database），另一个是数据库管理系统（DBMS）。

数据库是长期存储在计算机内按照一定结构组织的相互关联的数据集合，可以将其直观地理解为存放数据的"仓库"，而刚刚构建的逻辑模型，就是以表关系的结构进行的数据组织设计。而数据库管理系统是操纵和管理数据库的软件，用于建立、使用和维护数据库。它对数据库进行统一的管理和控制，以保证数据库的安全性和完整性。所以，为了能够创建关系型数据库的物理模型，并对其进行操纵和管理，完成不同的业务需求，需要通过数据库管理系统来进行操作。

目前主流的关系型数据库的管理系统很多，有 SQL Server、MySQL、Oracle 等。下面将使用 MySQL 数据库软件来进行数据库的构建和管理，完成物理模型的构建。

在使用数据库管理系统对关系型数据库操作之前，需要了解一个语言语法规范，即结构化查询语言。结构化查询语言（SQL）是一种数据库查询和程序设计语言，用于存取数据以及查询、更新和管理关系数据库系统。通过在数据库管理系统中使用不同的 SQL 进行编程，可以实现对关系型数据库的不同操作。

首先要清楚 SQL 语句编程时常用的几个关键词，每一个关键词都是一套对数据库操作的复杂逻辑。

SQL 语句主要包含 9 个不同的关键词，每一个关键词都起到了不同的作用。SELECT 关键词主要用于查询操作，功能是从一个或多个表中提取数据，一般配合着 FROM 关键词使用，FROM 关键词的后面跟着要查询的表名称。如果使用 SELECT 和 FROM 关键词进行查询，就可以对表中的所有数据进行查询。但是，在实际使用时，往往只需要查询某一个符合条件的结果，为了实现这种目的，需要使用 WHERE 关键词配合，WHERE 关键词的后面跟着具体的查询条件，比如具体的性别、年龄、价格等信息。GROUP BY 关键词主要对结果进行分组，但是一般对聚合函数作用后的结果进行分组，如果需要对分组结果进行筛选，可以使用 HAVING 关键词完成。如果想要对查询结果进行排序，比如成绩、时间等，则可以使用 ORDER BY 关键词完成。

关系型数据库通过表来进行数据的组织和管理，数据库中的表往往有多个，每个表既表示不同的数据，又与其他表相互关联。所以，在进行数据查询时，往往会执行多表查询，这就需要用 JOIN 关键词来完成多个表的连接、合并。根据连接方式的不同，可分为自然连接、内连接、左外连接、右外连接。

以上论述的 SQL 语句的关键词主要是用于查询操作，数据库中除了查询操作外，还会有插入、删除、更新 3 个操作，通常与查询操作合称为增、删、改、查 4 个操作。与查询类似，对于增、删、改 3 个操作，在 SQL 语句中也有对应的关键词。插入操作的关键词是 INSERT，用于向指定表中插入行；删除操作的关键词是 DELETE，用于删除指定表格中的行；更改操作的关键词是 UPDATE，用于更新指定表格中的行。

了解了 SQL 语句中的主要关键词后,接下来通过具体的实例来了解这些关键词的用法,以及如何通过 SQL 来构建数据库中的物理模型。

构建物理模型的第一步是建立数据库,数据库相当于信息系统中数据的家,关系型数据库所有的表以及表里的数据都要以数据库为存储载体。创建数据库的代码如下。

```
CREATE database test;
```

在上述代码中,CREATE 是创建的意思,database 是数据库的意思,test 是所要创建的数据库名称。

数据库创建完之后,接下来需要创建的就是数据库中的关系表。因为数据最终存储在表中。根据逻辑模型中获得的符合范式规范的关系表进行创建,category_ 表的数据字典如表 4.8 所示。

表4.8 category_表的数据字典

字段名	字段描述	数据类型	长度	可空	是否主键	约束	缺省值	备注
id	编号	int		False	True			Auto_increment
name	分类名	varchar	20	True				

通过表 4.8 中的信息,将上述表关系转换为物理模型的代码如下。

```
CREATE TABLE category_ (
  id int(11) NOT NULL AUTO_INCREMENT,
  name varchar(20) DEFAULT NULL,
  PRIMARY KEY (id)
) ENGINE=MyISAM AUTO_INCREMENT=1 DEFAULT CHARSET=utf8;
```

上述代码定义了一个名为 category_ 的关系表,TABLE 为关系表的关键词。其中主键 id 通过 PRIMARY KEY 进行约定,而且字段非空(NOT NULL),且自增长(AUTO_INCREMENT),name 属性为非主属性,所以可以为空(DEFAULT NULL)。运行上述代码即可在关系型数据库中创建一个符合需求的数据库物理模型,该模型可以进行数据的存储和管理。

上述的例子只是一个表的管理,在一个中小型软件系统的关系型数据库中,关系表不止一个,而且多个关系表中可能会具有多对多、多对一等关联关系,那么在物理模型中,如何构建表关联关系?下面通过一个例子进行说明,继之前构建的 category_ 表之后,继续构建 product_ 表。product_ 表的数据字典如表 4.9 所示。

表4.9　product_表的数据字典

字段名	字段描述	数据类型	长度	可空	是否主键	约束	缺省值	备注
id	编号	int		False	True			Auto_increment
name	产品名	varchar	20	True				
price	价格	float		True			0	
cid	外键	int	11	True				

构建上述表关系的代码如下。

```
create table product_(
id int NOT NULL AUTO_INCREMENT,
name varchar(30) DEFAULT NULL,
price float DEFAULT 0,
cid int ,
PRIMARY KEY (id)
)AUTO_INCREMENT=1 DEFAULT CHARSET=utf8;
```

category_ 表为分类表，product_ 表为产品表。根据实际情况分析，分类与产品之间是一对多的关系。比如大米是一个分类，而该分类下可以有多个品牌的产品。那么如何在表中配置一对多的关系？

从创建 product_ 表的代码中，可以发现有一个名称为 cid 的字段，该字段就是产品表中的外键。外键可以理解为是一个表的外交官。外交官是一个国家行使外事活动的官员，一个国家与另一个国家国事交流，离不开外交官的工作。而对于关系表来说，建立两表之间关系的外交官就是外键，本例中是 cid 字段。用一句话概括外键的作用：一个表的外键就是另一个表的主键。

假设我们给 category_ 表中的 id 属性赋值 1 和 2，name 属性有两个分类名称：category1 和 category2，即表示只有两个分类：分类 1 和分类 2。product_ 表中不管有多少个商品记录，其字段 cid 也只会有两个值：1 与 2，这个数的来源并不是用户自己赋的值，而是来自 category_ 表中的主键。cid 在这里是外键，表示每个商品属于哪个分类。如果值为 1，则表示该商品属于 category1，如果值为 2，则表示该商品属于 category2，正好与 category_ 表中的主键 id 对应。

在构建表时，一对一、一对多两种关系都可以直接建立关联，而多对多关系则需要进行一些改变。举个例子，客户与商品两个表是典型的多对多关系，一名客户可以买多个商品，一种商品也可以被多个客户购买。但是如果直接建立两个表的关系会产生相互依赖的问题。例如，删除了一位用户，那么与他关联的多个商品都要被删除，但是这位客户不买了，不代表其他客户不去购买这些商品，所以商品不能因为客户的删除而消失。

故此，构建多对多关联时，需要在构建这两个表的基础上，构建第 3 张表，用于维护这两个表的关系。

首先在数据库中构建 user_ 表和 product_ 表，这两个表分别表示客户和商品。在建立多对多关联时，不能直接建立这两个表的关联。要先构建第 3 张 user_product 表，该表内有两个字段：uid 与 pid。uid 用于关联 user_ 表的主键，pid 表用于关联 product_ 表的主键。此时 uid 与 pid 构成第 3 张表的联合主键。通过引入第 3 张表，将原先 user_ 表和 product_ 表之间多对多的关联，转化为分别与 user_ 表和 product_ 表建立起的一对多的关联，而 user_ 表和 product_ 表的维护，都可以在第 3 张表中执行，从而避免了表间相互依赖的问题。

4.4.3　数据库中的 SQL 语句

数据库中表结构创建完毕，接下来就可以对数据库中的数据进行操作了。数据库主要的操作有 4 个，分别是增、删、改、查。

增加操作是向数据库中的某个表中插入相关数据，主要由 INSERT 关键词实现。其 SQL 语句如下。

```
INSERT INTO table_name VALUES (value1, value2,....)
```

INSERT INTO 表示要向某一个表中插入数据，table_name 表示具体的表名称，VALUES 后面跟着具体要插入的值，这里需要注意，所要插入的值的顺序一定要与表中列的顺序对应起来。

例如，如果要在 person 表中插入一行数据，具体 SQL 语句如下。

```
INSERT INTO person VALUES (1, '张三', 1, 'manager', 3500, 5);
```

修改操作是修改指定记录中某列的值，更新表中原有数据，主要由 UPDATE 关键词实现，具体 SQL 语句如下。

```
UPDATE table_name SET column_name = new_value WHERE column_name = some_value
```

UPDATE 后面跟的 table_name 为需要修改的表名，SET 关键词表示要对表中哪一列设置新值，WHERE 关键词后面表示的是对哪一个记录进行修改。

例如，将 person 表中 id 号为 1 的人员的工资修改为 3700 元，具体 SQL 语句如下。

```
UPDATE person
```

```
SET salary = 3700       // 指定对哪列进行修改、如何修改
WHERE id = 1 ;          // 选择要修改的行
```

上述 SQL 语句就是对 person 表中的 id 为 1 这条记录的 salary 字段的值进行修改，将该字段的值修改为 3700。

删除操作是删除表中的指定的数据，主要由 DELETE 关键词实现。其具体 SQL 语句如下。

```
DELETE FROM  table_name WHERE column_name = some_value
```

DELETE FROM 后面跟的是要删除数据的表，WHERE 后面是条件。例如，删除部门号为 4 的员工记录，具体 SQL 语句如下。

```
DELETE FROM person  WHERE department = 4
```

查询操作是查询表中的指定的数据，主要由 SELECT 关键词实现。其具体 SQL 语句如下。

```
SELECT select_list
[ INTO new_table ]
FROM table_source
[ WHERE search_condition ]
[ GROUP BY group_by_expression ]
[ HAVING search_condition ]
[ ORDER BY order_expression [ ASC | DESC ] ]
```

上面是一个比较复杂的查询结构，括号部分如非需要，都是可以省略的，我们先来看一个最简单的查询语句。

查询员工表所有的信息，具体 SQL 语句如下。

```
SELECT  *   FROM person
```

SELECT 关键词后面的 "*" 表示全部数据，FROM 后面跟着的是查询数据的表名称。这种方式书写简单，但是会将该表中全部的数据取出。如果想要精确查询，则可以配合 WHERE 关键词使用，具体 SQL 语句如下。

```
SELECT  *   FROM person WHERE salary>2000;
```

上述 SQL 语句表示现在查询的记录只限于 salary 字段的值大于 2000 的记录。

除了查询数据结果，还可以对查询后的结果进行分组。GROUP BY 用于对结果进行分组，但是一般是对聚合函数作用后的结果进行分组。

聚合函数是对一组数据进行汇总的函数，输入的是一组数据的集合，输出的是单个值。常见的聚合函数有 count()、min()、max()、sum()、avg()。

count() 函数用于统计记录条数，min() 函数用于求最小值，max() 函数用于求最大值，sum() 函数用于求和，avg() 函数用于求平均值。聚合函数可以配合 SELECT 等关键词灵活使用。聚合函数的具体 SQL 语句如下。

```
SELECT AVG(salary), MAX(salary), MIN(salary) ,SUM(salary) FROM person
```

上述 SQL 语句是将 person 表中的 salary 字段所有记录集合的平均值、最大值、最小值、总和全部求取出来。

通过 COUNT() 函数将 person 表中的所有记录的数量输出，具体 SQL 语句如下。

```
SELECT COUNT(*) FROM person
```

如果想要对聚合函数计算后的数据进行分组，则可以在对应语句的后面加上 GROUP BY。

例如，要查询每个部门工资大于 1500 的人数，具体 SQL 语句如下。

```
SELECT deptno,COUNT(*) FROM person WHERE salary >1500 GROUP BY deptno;
```

在上述 SQL 语句中，人数我们通过聚合函数 COUNT（*）计算得出，而部门属于分类问题，即通过 GROUP BY 按照部门号 deptno 将每个部门区分开，通过 WHERE 关键词设置条件工资大于 1500 的人数，再通过 GROUP BY 将属于同一类的人数做了一个合并，从而得到最后的答案。

如果需要对分组后的数据按照条件进行筛选，则需要用到 HAVING 关键词，HAVING 是在分好组后找出特定的分组，通常是筛选聚合函数的结果，且 HAVING 必须在 GROUP BY 后面。需要注意的是，使用 HAVING 必须使用 GROUP BY，但是使用 GROUP BY 不一定使用 HAVING。HAVING 的具体 SQL 语句如下。

```
SELECT deptno,COUNT(*) FROM person GROUP BY deptno HAVING salary >1500
```

最后，当我们想对结果进行排序时，可以通过 ORDER BY 完成。排序分为升序和降序，升序是从低到高进行排列，降序是从高到低进行排列。系统默认是升序排列，如果希望按照降序对记录进行排序，可以使用 DESC 关键词。下列 SQL 语句是将 person 表中数据按照薪资降序进行排列显示。

```
SELECT * FROM person ORDER BY salary DESC
```

上述 6 种搭配在使用时，具有严格的先后顺序，其顺序为：SELECT、FROM、WHERE、GROUP BY、HAVING、ORDER BY，这 6 种搭配可以部分省略不写，但不能随意改变使用顺序，若将 HAVING 放到 GROUP BY 的前面是坚决不被允许的。

4.4.4 多表关联查询

在进行数据查询时，数据库中的表不止一个，且表之间往往具有关联关系。为了满足用户的多样性查询需求，经常会执行多表查询，即按照用户的需求将多个相关表连接到一起进行查询。根据连接方式的不同，可分为自然连接、内连接、左外连接、右外连接。例如，现在有两个表，分别是多表连接 1 和多表连接 2，如表 4.10 和表 4.11 所示。通过对这两个表的不同操作，描述以上连接方式的特点。

表4.10　多表连接1

A	B	C
1	2	3
5	6	7

表4.11　多表连接2

C	D	E
3	4	5
8	9	1

首先，自然连接是一种特殊的等值连接，它要求两个关系表中进行比较的必须是相同的属性列，无须添加连接条件，并且在结果中消除重复的属性列。

如果将两个表进行自然连接，可以获得如表 4.12 所示的结果。

表4.12　自然连接

A	B	C	D	E
1	2	3	4	5

自然连接的 SQL 语句如下。

```
SELECT …… FROM 表1 NATURAL JOIN 表2
```

表 4.10 与表 4.11 的相同属性列是 C 列，C 列中等值的数值是 3，所以按照 C 列的等值数值 3 进行自然连接，并将重复的 C 列删掉。

内连接基本与自然连接相同，不同之处在于自然连接要求同名属性列进行比较，而内连接则不要求两属性列同名。内连接的操作结果如表 4.13 所示。

表4.13　内连接

A	B	1.C	2.C	D	E
1	2	3	3	4	5

内连接的 SQL 语句如下。

```
SELECT …… FROM 表1 INNER JOIN 表 2 ON 表1.A=表2.E
```

当进行自然连接时某些属性值不同则会导致这些元组被舍弃，而外连接解决了相应的问题。外连接分为左外连接和右外连接。左外连接是两表进行自然连接，只把左表要舍弃的内容保留在结果集中，右表对应的列上填 null。左外连接的操作结果如表 4.14 所示。

表4.14　左外连接

A	B	C	D	E
1	2	3	4	5
5	6	7	null	null

左外连接的 SQL 语句表示如下。

```
SELECT …… FROM 表1 LEFT OUTER JOIN 表 2 ON 表1.C=表2.C
```

右外连接是两表进行自然连接，只把右表要舍弃的内容保留在结果集中，左表对应的列上填 null。右外连接的操作结果如表 4.15 所示。

表4.15　右外连接

A	B	C	D	E
1	2	3	4	5
null	null	8	9	1

右外连接的 SQL 语句如下。

```
SELECT …… FROM 表1 RIGHT OUTER JOIN 表 2 ON 表1.C=表2.C
```

4.4.5 关系运算

目前使用的数据库都是关系型数据库，一个表就是一个关系。关系之间也有代数运算，关系代数是一种抽象的查询语言，它用对关系的运算来表达查询。关系代数的运算按运算符的不同可分为传统的集合运算和专门关系运算两类。

传统的集合运算是二目运算符，包括并、交、差、笛卡儿积 4 种运算。下面通过关系 R 表和关系 S 表来说明这 4 种运算的区别，如表 4.16 和表 4.17 所示。

表4.16 关系R表

A	B	C
1	2	3
4	5	6
7	8	9

表4.17 关系S表

A	B	C
2	4	6
4	5	6

对于给定的关系 R 和关系 S 的并集是指含有这些关系的所有元组。该集合由所有属于关系 S 或属于关系 R 的元组组成，记作 R∪S，读作"R 并 S"，结果如表 4.18 所示。

表4.18 关系R∪S表

A	B	C
1	2	3
4	5	6
7	8	9
2	4	6

对于给定的关系 R 和关系 S 的交集是指含有所有既属于 S 又属于 R 的元组，而没有其他元组的关系。该集合由属于关系 S 且属于关系 R 的相同元组组成，记作 R∩S，读作"R 交 S"。结果如表 4.19 所示。

表4.19 关系R∩S表

A	B	C
2	4	6

对于给定的关系 R 和关系 S 的差集是指一个关系中不允许出现与另一个关系相同的元组。记作 S–R（或 R–S），读作"R 差 S"。结果如表 4.20 所示。

表4.20 关系R-S表

A	B	C
1	2	3
7	8	9

对于给定的关系 R 和关系 S 的笛卡儿积是指第一个对象是关系 R 的元组而第二个对象是关系 S 的一个元组的所有可能的有序对。记作 R×S，读作"R 与 S 的笛卡儿积"。结果如表 4.21 所示。

表4.21 笛卡儿积表

R.A	R.B	R.C	S.A	S.B	S.C
1	2	3	2	4	6
1	2	3	4	5	6
4	5	6	2	4	6
4	5	6	4	5	6
7	8	9	2	4	6
7	8	9	4	5	6

除了以上 4 种传统的集合运算外，数据库还有 4 种专门的关系运算：选择、投影、连接和除法运算。

选择运算是对关系按照规则进行水平分割，对一张关系表选择符合条件的元组，其运算符是 σ。例如，计算 $\sigma_{B>4}(R)$，该式子是对关系 R 中，筛选出 B 字段值大于 4 的元组。选择运算结果如表 4.22 所示。

表4.22 选择运算结果

$\sigma_{B>4}(R)$		
A	B	C
4	5	6
7	8	9

投影运算是对关系进行垂直分割，按照条件筛选出关系中的一部分列，其运算符是 π。例如，$\pi_{C,A}(R)$ 是把关系 R 中 C 列与 A 列筛选出来。投影运算结果如表 4.23 所示。

表4.23 投影运算结果

$\pi_{C,A}(R)$	
C	A
3	1
6	4
9	7

关系除法运算可以假设关系 R 除以关系 S 的结果为关系 T，则关系 T 包含所有在关系 R 中但不在关系 S 中的属性及其值，且关系 T 的元组与关系 S 的元组的所有组合都在关系 R 中，其运算符是 R÷S。假设有关系表 R 和关系表 S，如表 4.24 和表 4.25 所示。除法运算结果如表 4.26 所示。

表4.24 关系表R

A	B
1	4
1	5
1	6
2	4
2	5
3	4

表4.25 关系表S

关系 S	
B	C
4	7
5	8

表4.26 除法运算结果

R÷S
A
1
2

因为关系 R 中不包含关系 S 中的 C 列，所以不需要考虑 C 列属性。在 R 与 S 两个关系中，只有 B 列是共有的，所以，在该除法运算中，需要找寻在关系 R 中既满足关系 S 中 B 列的 4，又满足 B 列中的 5 的值，即关系 R 中只有 1 和 2 这两个值在关系 S 中既包含 4 又包含 5。

4.4.6 数据库三级模式映射

为了让数据库更加稳定，数据库构建了三级模式：模式层、内模式层、外模式层，以保障数据库能够可靠运行。

首先，在数据库设计中，模式层是根据逻辑模型进行设计关联的层次。模式层是数据库中最高层次的抽象，用于描述整个数据库的逻辑结构和各个数据表之间的关系。模式层定义了数据库的数据模型和数据结构，包括表的名称、表的属性、属性的数据类型和各个表之间的联系等。在实现阶段，可通过 MySQL 进行物理模型创建形成模式层。

内模式层是数据库的物理存储层次，用于描述数据在磁盘上的存储方式、索引方式以及数据存储的物理结构等。内模式层通常由数据库管理系统自动管理，用户无法直接访问和控制。在 MySQL 中，内模式层对应的是数据表的存储引擎。

外模式层是用户使用数据库的视图层次，用于描述用户对数据库的使用方式和所需的数据格式。外模式层定义了用户能够看到和访问的数据，也就是用户的数据视图。那么什么是数据库中的视图？

视图是关系型数据库提供的一个非常强大的功能，它提供了一种基于基本表（相对视图的虚拟表而言）的数据提取重组和分割技术。视图通过对一个或者多个基本表进行数据提取和重新组织，将数据以用户希望的方式重新呈现。

视图的主要作用就是重新组织多个基础表的数据并将其以新的方式展现，重点是数据展示和数据隔离。

总而言之，模式层描述了数据库的逻辑结构，内模式层描述了数据库的物理存储结构，外模式层描述了用户的数据视图。

数据库的三级模式保证了其严谨的体系结构，实现了有效地组织、管理数据。为了提高数据库的逻辑独立性和物理独立性，在三级模式的基础上，又形成了二级映射。二级映射即外模式 / 模式映射、模式 / 内模式映射。

模式 / 内模式映射定义了数据的逻辑结构和存储结构的对应关系。这个映射说明逻辑记录和字段在内部如何表示，当存储结构改变时，模式 / 内模式的映射也必须做出相应的修改以使模式不变，该映射保证了数据具有物理独立性。

外模式 / 模式映射定义了外模式和模式之间的对应关系。这个映射定义通常包含在外模式中，当模式改变时，外模式 / 模式的映射要做相应的改变，以保证外模式不变，该映射保证了数据具有逻辑独立性。

4.4.7　JDBC 技术

数据存储在数据库中，可以通过数据库管理系统对数据进行各种访问操作。但是，请求的发送和响应需要通过程序端完成，这就需要开发人员同时在数据库与程序两端操作，开发效率低下。有没有一种方式可以只在程序端操作就可以控制数据库端数据的变化？这种方式就是 JDBC 技术。

JDBC（Java DataBase Connectivity，Java 数据库连接）是用于执行 SQL 语句的 Java 应用程序接口，由一组用 Java 语言编写的类与接口组成，是一种底层 API。使用 JDBC 技术可以使开发人员用纯 Java 语言编写完整的数据库应用程序，用 JDBC 写的程序能够自动地将 SQL 语句传送给几乎任何一种数据库管理系统。JDBC 的 SQL 语句如下。

```
try {
            Class.forName("com.mysql.jdbc.Driver");
    } catch (ClassNotFoundException e) {
            e.printStackTrace();
    }
```

使用 JDBC 的第一步是获取驱动类，驱动类是程序连接到数据库的重要类，驱动类代码如下。

```
Connection c = DriverManager.getConnection(
"jdbc:mysql://127.0.0.1:3306/test?characterEncoding= UTF-8", "root", "admin");
```

第二步就是进行数据库管理系统的连接，需要用到 JDBC API 中的 DriverManager 和 Connection。DriverManager 用于处理驱动的调入并且对产生新的数据库连接提供支持；Connection 代表对特定数据库的连接。通过调用 DriverManager 的 getConnection() 方法实现连接信息的加载，并创建一个 Connection 的对象 c。连接信息的内容是：通过 JDBC 技术连接 MySQL 数据库。数据库管理系统的地址是 127.0.0.1；端口号是 3306；数据库名称为"test"；字符编码为 UTF-8；数据库管理系统的用户名是"root"；密码是"admin"。

到此为止，就已经顺利将 Java 程序连接上了 MySQL 数据库管理系统，下一步就可以通过程序来执行 SQL 语句。首先需要通过 Connection 的对象 c 的 createStatement() 方法创建一个 Statement 类的对象，具体代码如下。

```
Statement s = c.createStatement();
```

Statement 代表一个特定的容器，容纳并执行一条 SQL 语句。接下来便可以通过 execute() 方法执行 SQL 语句。将在 hero 表中插入一条包含两个字段的 SQL 语句，通过 Statement 的 execute 方法执行。具体代码如下。

```
String SQL = "insert into hero values(null,+'蝙蝠侠')";
s.execute(SQL);
```

4.5 设计模式

在进行系统开发时，除了实现系统功能之外，系统的性能也至关重要，系统性能的提高自然也离不开模块间的耦合度与内聚度等方面的设计。如何通过面向对象的角度去考虑代码的设计？这就需要用到设计模式。

设计模式是一套被反复使用、多数人知晓、经过分类编目的优秀代码设计经验的总结。它并不是一个新的编程语言，本身也没有专属的语法结构。利用设计模式，可以提高代码的可扩展性和可重用性，使得代码编制真正工程化。所以，设计模式的两大主题就是增强软件系统的可扩展性和可重用性。系统的可扩展性是指能够随着业务的发展和实际的需要，在原有系统的基础上不断地扩充新模块，不需要重新编写全部系统；系统的可重用性是指已有的模块或者代码可以不断地被重复使用，减少重复性的劳动。

可扩展性也是硬件系统和软件系统最大的差别，硬件生产出来后不会再进行改变，而是一直使用直到其损坏。如果需要增加硬件的功能，只能重新制作一个新的硬件来替换原有的硬件。相反，如果软件系统开发完成后，始终没有任何更新和调整，反而说明该软件系统没有任何发展和生命力，真正有价值的软件系统都是在不断迭代和发展的。软件系统的可扩展性的特征也正是其区别于硬件的最大价值所在，正因如此，该项工作的难点就是如何以最小的代价去扩展系统。因为很多时候改动的地方越多，风险就会越大，出错的可能性就会增加。因此，如何避免扩展时改动范围太大，是软件可扩展要解决的关键问题。可以通过不同的设计原则及根据这些设计原则所衍生出的具体的设计模式来解决扩展性和重用性问题。

4.5.1 设计原则

设计模式具有六大设计原则，分别是单一职责原则、里氏替换原则、依赖倒置原则、接口隔离原则、迪米特法则、开闭原则。

1. 单一职责原则

单一职责原则是指一个类应当只有一个引起它变化的原因，也就是一个类应该只有一个职责。唯有专注，才能保证对象的高内聚；唯有单一，才能保证对象的细粒度。对象的高内聚与细粒度有利于对象被重用。类的职责越少，则对象之间的依赖关系就越少，耦合度就减弱。每一个职责都是变化的轴线，如果一个类有一个以上的职责，这些职责就耦合在一起，会使设计变得脆弱。当一个职责发生变化时，可能会影响其他的职责。另外，多个职责耦合在一起，也会影响其复用性。

例如，在 Java EE 框架设计中，该框架一般会分为 5 层，由底向上分别为数据持久层、数据访问层、业务逻辑层、控制层和表示层。每一层负责一个主要任务，各司其职。数据持久层负责数据的持久化保存；数据访问层负责数据的增、删、改、查等访问功能；业务逻辑层负责具体的业务功能实施；控制层负责请求的调度和转发；表示层负责数据显示。

使用单一职责原则的优点是可以降低类的复杂度，提高代码的可维护性和复用性，降低因变更引起的风险，这也是高内聚模块所带来的优势。

2. 里氏替换原则

里氏替换原则的引入是为了将继承机制的优势发挥到最大，尽量去弥补继承的劣势。

继承机制的优势如下。

（1）代码共享，减少创建类的工作量，每个类都拥有父类的方法和属性。

（2）提高代码的可重用性。

（3）提高代码的可扩展性。

继承的劣势如下。

（1）继承是入侵式的，只要继承，就必须拥有父类的所有属性和方法。

（2）降低代码的灵活性。

（3）增强了模块间的耦合性。

继承的优势和劣势都是实际存在的，不可能增加或者消除。从整体上看，继承的"利"大于"弊"，引入"里氏替换原则"，让继承中"利"的因素发挥最大作用，同时减少"弊"所带来的麻烦。

只要父类能出现的地方子类就可以出现，而且替换为子类也不会产生任何错误或异常，使用者可能不需要知道父类还是子类；但是反过来则不可以，有子类的地方，父类未必就能适应。

里氏替换要求凡是使用基类的地方，子类一定适用，因此子类必须具备基类的全部接口，而且还有可能更宽。

图 4.5 所示为违反里氏替换原则实例，父类中的 method() 方法是公有的；子类中的 method() 方法是私有的，公有的访问程度要远大于私有的访问程度。按照里氏替换原则，只要父类能出现的地方子类就可以出现，而且替换为子类也不会产生任何错误或异常。但是在上述例子上，如果用子类去替换父类，则在父类中可以使用的 method() 方法，到了子类中就不可以使用。

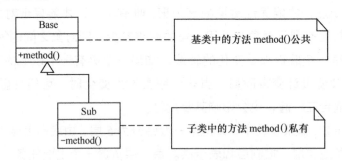

图4.5 违反里氏替换原则实例

3. 依赖倒置原则

依赖倒置原则是指高层模块不应该依赖低层模块，两者都依赖其抽象。抽象不依赖细节，细节应该依赖于抽象。

在软件系统开发和 Java 语言中，高层模块与低层模块是相对于模块化分层设计来看的，高层模块位于低层模块的上部，可以对低层模块进行调用和通信。抽象就是指 Java

语言中的接口或抽象类，这两者的特点是都不能直接被实例化，因为无论是接口还是抽象类，其中都包含未完成的部分，只要有未完成的部分，都不能被实例化。实例化一定是获得一个完整而具体的对象实例，内部不能有未定义的内容。一般情况下，接口和抽象类的使用需要借助于其实现类完成。细节就是具体的实现类，实现类实现了接口或继承了抽象类，其特点是可以直接被实例化。

在模块间依赖问题上，传统的系统设计办法倾向于高层次的模块依赖于低层次的模块；抽象层次依赖于具体层次。但是，这种形式的依赖关系在进行大型项目时会存在弊端。所以，可以通过将上述依赖关系倒置以缓解这些弊端。

例如，在大型项目中，功能需求变化的概率非常大，而且因为变化所引起的工作量也会剧增。通过依赖倒置，即模块间的依赖通过抽象发生，实现类之间不发生直接的依赖关系，其依赖关系是通过接口或抽象类产生，实现类依赖于接口或抽象类，接口或抽象类不依赖于实现类。可以实现减少类间耦合性，提高系统稳定性，使接口或抽象类对实现类进行约束，从而减少需求变化引起的工作量剧增的情况发生。

依赖倒置原则的本质就是通过抽象，使各个类或模块的实现彼此独立，互不影响，实现模块间的松耦合。依赖倒置原则一般实施路径是：接口负责定义抽象方法，并且声明与其他对象的依赖，抽象类负责公共构造部分的实现，实现类准确地实现业务逻辑，同时在适当的时候对父类进行细化。

4. 接口隔离原则

接口隔离原则指无论是系统中的高层模块还是低层模块，都应该依赖其抽象。这里的抽象就是指接口或者抽象类。但是，依赖接口时，应该对所依赖的接口的粒度进行约束。模块不应该依赖它不需要的接口，而应该将类之间的依赖关系建立在最小接口上。

一个接口代表一个角色客户，这个角色负责某一项职责或是完成一些专门的功能。在使用接口时，不应当将不同的角色都交给一个接口，如果将没有关系的接口合并在一起，形成一个臃肿的大接口，这是对角色和接口的污染。因此使用多个专门的接口比使用单一的总接口要好。

接口属于角色或者调用者，不属于它所在的类层次接口，接口隔离的含义就是将不同的客户或者调用者所使用的功能通过多个专门的接口隔离开，不让客户使用它们不用的方法，避免对角色造成污染。

接口隔离实例如图 4.6 所示，用户门户、外部系统和管理平台是 3 个不同的角色，它们都需要跟 Order 这个类进行依赖，并使用其中的方法，但并不是每个角色都要用到 Order 类中的所有方法。为了能够给每一个角色只提供它所需要的方法，可以通过设置不同的接口，在接口中声明每一个角色所需要的方法，通过接口去隔离每一个角色，避免角色造成污染。

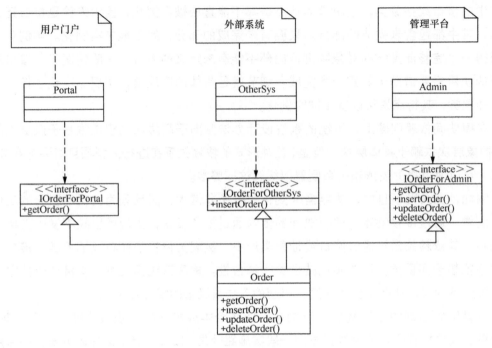

图4.6 接口隔离实例

在设计接口隔离的粒度时，应根据经验和常识决定接口的粒度大小。如果接口粒度太小，就会导致接口数量剧增，给开发带来难度；如果接口粒度太大，灵活性降低，就会无法提供定制服务，给项目带来无法预计的风险。

5. 迪米特法则

迪米特法则又称为最少知识原则，其含义是一个对象应当尽可能少了解其他对象。该法则的核心观念就是类之间的解耦。通过让一个对象只跟自己熟悉的对象通信，减少该对象与其他对象的依赖关系，从而降低模块间耦合度。如果该对象需要跟它不熟悉的对象通信，则只能通过与它熟悉的类作为中间者进行通信。所以，迪米特法则有一个别称是"不要和陌生人说话"。通过这种方式，实现模块间的弱耦合关系，只有弱耦合了以后，类的复用率才可以提高。

违反迪米特法则实例如图 4.7 所示，"朋友"类与"陌生人"类是具有聚合关联的类，但是"某人"类却分别与"朋友"类和"陌生人"类都建立了依赖关联。这种关联方式就不符合迪米特法则，因为"某人"类只需要与"朋友"类建立关系，如果"某人"类需要跟"陌生人"类去通信，可以通过"朋友"类转接。

将对象间的关系改为图 4.8 所示的样式就符合了迪米特法则。切断"某人"类与"陌生人"类的依赖关系，"某人"类与"陌生人"类的通信，可以由"朋友"类转接。

通过迪米特法则的实施，使类之间的依赖关系尽可能减少，使其只与自己最熟悉的类建立依赖关系。迪米特法则是实现类间解耦、提高类的复用率的重要法则。

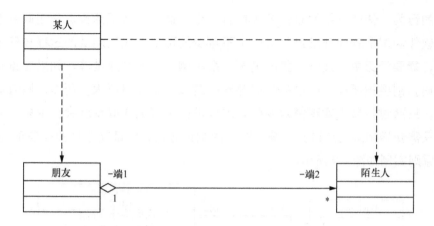

图4.7 违反迪米特法则实例

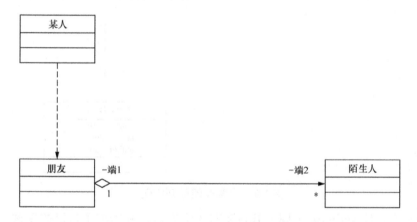

图4.8 符合迪米特法则实例

6. 开闭原则

一个软件实体应当对扩展开放，对修改关闭。这个原则是说，在设计一个模块的时候，应当使这个模块可以在不被修改的前提下进行扩展。如果一段功能代码需要被重新更改，不应该直接在原有的模块中更改代码，即修改是被关闭的。应该通过扩展的方式，在扩展后的模块中进行代码的重新编写。

开闭原则的优势很多。开闭原则可以提高系统的复用性，修改关闭表示对原有的代码模块不进行调整，所有的改变是通过代码的复用扩展出来的。这就要求所有的逻辑不能在一个类或几个类中独立实现，代码的粒度越小越好。代码粒度越小，被复用的可能性就越大，开闭原则提高了系统的可维护性。软件投产后，需要不断对软件系统进行维护，开闭原则保证对已有的软件模块，尤其是抽象层模块不能进行修改，而是通过扩展对其进行维护，这使得变化中的软件系统有一定的稳定性和延续性，便于系统的维护。开闭原则提高了系统的灵活性。按照软件开发生命周期来看，所有的软件系统都会随着使用时间的推移，系统需求随时间发生变化。开闭原则要求系统需求的改变可以通过扩展快速提供新的行为,使变化中的软件系统具有一定的适应性和灵活性。开闭原则使系统易于测试。软件测试是软件开发过程必一个不可少的环节,代码测试的过程和环节是烦琐和复杂的,需要经历单元测试、集成测试、系统测试、验收测试等。如果在维护阶段直接修改代码,则要把所有修改过的代码都进行测试,工作量巨大。所以,原有健壮的代码不要动,只通过扩展来实现需求变化。这样进行测试的代码量就会少很多。对于新增加的类,只需新增相应的测试类,编写对应的测试方法,保证新增加的类是正确的即可。违背开闭原则实例如图 4.9 所示。

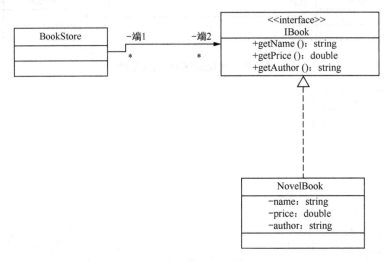

图4.9　违背开闭原则实例

在图 4.9 中,NovelBook 实现了 IBook 的 3 个方法,并增加了自己的属性。若此时想要新增一个需求,做一个打折优惠,改变当前售卖的价格。如果不采用开闭原则,就需要在原有的 getPrice() 方法中修改代码,改变价格计算方法。但是,如果采用开闭原则,则使用图 4.10 所示的方式调整,即不直接修改 getprice() 的值,而是直接扩展出一个新的 OffNovelBook 类,在该类中重写 getPrice() 方法。

设计模式的六大设计原则虽然有着各自的定义以及使用范围,但是 6 个原则之间是相互关联、相互依托的。

单一职责原则描述一个模块内部功能的专一性;里氏替换原则描述模块之间的父类与子类的继承性问题;依赖倒置原则描述依赖应该基于抽象;接口隔离原则描述对接口细分;迪米特法则约束接口的依赖,只跟熟悉的类依赖;开闭原则起到总的指导作用,其他原则都是开闭原则的具体形态。

根据六大设计原则,又衍生出三大类 23 种设计模式,这三大类分别是创建型模式、结构型模式和行为型模式。

创建型模式关注于类的实例化创建,结构型模式关注于类的结构的增强,行为型模式关注于不同对象之间职责的划分和算法的细化。所以,设计模式中的三大类虽然各司其职，各自有各自的特点，但是三者相辅相成、互为依靠。将对象的创建、对象结构的增强、对象间职责的划分这一条工作链上的事情全部规划在内，全方位完成软件开发的工程化设计。

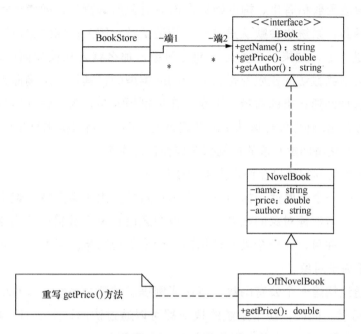

图4.10　符合开闭原则实例

下面分别介绍创建型模式的单例模式、工厂方法模式、结构型模式的代理模式，以及行为型模式的模板方法模式。

4.5.2　单例模式

单例模式的英文原意是：Ensure a class has only one instance, and provide a global point of access to it。中文意思是：确保一个类只有一个实例，而且自行实例化并向整个系统提供这个实例。

单例模式中的单例是一个实例的意思。在面向对象设计中，一个类可以有许许多多的实例，而单例模式要求该类中只能有一个实例。在许多场景中，不允许创建多个实例，只能有一个实例存在，单例模式的具体代码如下。

```
public class HungrySingleton {
    private HungrySingleton(){
    }
    private static HungrySingleton instance = new HungrySingleton();
    public static HungrySingleton getInstance(){
        return instance;
    }
}
```

}
```

从上述代码可知，单例模式的实现主要有 3 个步骤。

第 1 步，构造函数私有化。构造函数是创建对象所必需的，即使在类中没有显示地定义一个构造函数，系统也会默认提供一个构造函数，因为面向对象设计思想的关键就是对象，对象是中心，如果一个类无法创建对象，那么就无从谈起面向对象了。而且，一般情况下，构造函数访问权限都是公有 public 类型的，其目的是确保整个系统里面的模块可以随时随地创建该类的对象。但是，在单例模式中，为了保证对象只有一个，必须将构造函数私有化，确保外部模块不能创建该类实例，只有该类本身才可以创建其对象，通过构造函数私有化将创建对象的控制权掌握在自己类中。

Private 类型的访问权限只允许本类中的成员访问。

第 2 步，准备一个类属性，指向一个实例化对象。因为该类将构造函数私有化，所以只有在本类中才有创建对象的权力。在本类中通过 new 运算符创建出唯一的实例，保证项目的单例性。并且，让一个类属性指向一个实例化对象。因为，类属性具有全局性且从属于类而不属于对象。

第 3 步，通过构建一个公有函数，将该实例提供给整个系统。公有函数的访问权限是对所有类都可见。因此，整个系统的模块都可以通过访问这个公有函数获得该实例。但是，所获得的实例都是由该类自己构建的唯一个实例。

根据单例模式的实现形式将其分为两种：一种是饿汉式，另一种是懒汉式。饿汉式指不管目前使不使用该实例，只要有类加载就会实例化该类。懒汉式指只有真正使用该实例的时候才会创建该实例，否则不去创建。懒汉式的实现代码如下。

```
public class LazySingleton {
    private LazySingleton(){
    }
  private static LazySingleton instance;
    public static LazySingleton getInstance(){
        if(null==instance){
            instance = new LazySingleton();
        }
        return instance;
    }
}
```

懒汉式的代码实现也分为 2 个步骤。第 1 步是构造函数私有化，这一步与饿汉式一致。第 2 步创建实例阶段，这一步与饿汉式不同，饿汉式是在类中直接创建，这保证了类加载时能马上获得实例。而懒汉式则是将实例的创建放到了方法当中，只有当外部调用该公有方法开始真正使用实例时，才会创建实例。在该方法中创建实例之前，需要先进行
```

判断。判断当前类有没有实例，如果已经存在，则不需要继续创建新的实例。单例模式要保证实例的唯一性。

4.5.3 工厂方法模式

工厂方法模式是创建型模式之一，该设计模式也关注于如何创建对象。工厂方法模式的核心是工厂，该模式提供一个特别的工厂类用于创建对象，实现了责任的划分。工厂方法模式的优点在于用户不需要给出他们所要创建的类的具体信息，只需要告诉工厂其需求。这种模式让客户避免了直接创建对象，只需要消费工厂给他们提供的对象即可。

工厂方法模式是软件工程中高内聚、低耦合原则的体现。传统软件模式的构建是类与类之间的相互依赖。如果某个类需要用到其他类的对象完成其模块功能，则可以自行创建该类的对象。但是这种方式增加了类与类之间的耦合度，不利于系统的维护和扩展。工厂方法模式改变了传统的创建对象的主动权在某一个类的手里面的局面，它在类之间加了一个工厂。所有的类都跟工厂产生关联，类与类之间没有任何关联。工厂方法模式也是"迪米特法则"思想的体现，迪米特法则要求只跟最熟悉的模块通信，如果要与陌生类通信，则由该熟悉的类作为中间桥梁实现间接通信。在工厂方法模式中，工厂就是中间环节，所有的类只跟工厂最熟悉，而互相陌生的类之间的通信，则由工厂去实现转接。举一个工厂方法模式的例子，首先构建一个 Person 接口，该接口定义了一个人的基本行为：吃（eat）与喝（drink），其代码如下。

```
public interface Person {
   void eat();
   void drink();
}
```

然后，创建 American 和 Chinese 两个类，分别实现 Person 接口，Chinese 类中定义了中国人在吃与喝上的具体行为；American 类中定义了美国人在吃与喝上的具体行为，其具体代码如下。

```
public class Chinese implements Person{
     @Override
     public void eat() {
           // TODO Auto-generated method stub
           System.out.println(" 中国人喜欢吃中餐!");
     }
     @Override
     public void drink() {
           // TODO Auto-generated method stub
           System.out.println(" 中国人喜欢喝茶!");
```

```
        }
}

public class American implements Person{
    @Override
    public void eat() {
        // TODO Auto-generated method stub
        System.out.println("美国人喜欢吃西餐！");
    }
    @Override
    public void drink() {
        // TODO Auto-generated method stub
        System.out.println("美国人喜欢喝咖啡！");
    }
}
```

构建了 Factory 类，该类是一个工厂类，也是整个工厂方法模式的核心类。该类的主要作用是根据传进 getPerson() 方法中的参数，分别在方法中创建不同类的对象，从而将创建对象的主动权都交给工厂类执行，避免增加其他类间耦合度，具体代码如下。

```
public class Factory {
  public Person getPerson(String name)
  {
        if(name.equals("中国人"))
            return new Chinese();
        else if(name.equals("美国人"))
            return new American();
        else
            throw new IllegalArgumentException("参数不正确");
    }
}
```

最后，创建测试类，完成工厂方法模式的执行，其代码如下。

```
public class Test {
public static void main(String[] args) {
        // TODO Auto-generated method stub
    Person person=null;
    person =new Factory().getPerson("中国人");
    person.eat();
    person.drink();
    person =new Factory().getPerson("美国人");
    person.eat();
    person.drink();
    }
}
```

在上述代码中,核心就是 Factory 类。Factory 类避免了类之间直接创建对象的问题。在没构建工厂类 Factory 之前,如果 Test 类需要用到 American 类或者 Chinese 类的对象,需要自行去 new 该类的实例。现在有了工厂类之后,如果 Test 类需要用到其他类的对象,只需要将自己的需求告诉工厂类,工厂类就会根据需求名称调用 getPerson() 方法进行创建。American 类和 Chinese 类的实例化过程都由工厂类执行。

4.5.4 代理模式

结构型模式描述如何将类或者对象结合在一起形成更大的结构。结构型模式的目的是通过组合类或者对象产生更大结构以适应更高层次的逻辑需求。代理模式属于结构型模式之一,它是在原来的类的基础上,给这个类提供一个代理类,以控制对类的访问。为什么要对类施加一个代理对象?例如,我们出国游玩前需要办理签证,如果之前没有办理经验,不知道需要准备什么材料,这时就可以委托一个代理公司,帮助我们去准备材料,然后跑腿办理,不需要自己去办理。代理模式也是这个意思,它通过在原有类的基础上施加一个代理类,该代理类包含了这个类的功能的同时,还可以提供额外的原有类所不具备的功能,从而达到增强原有类的效果。同时,当使用该类的功能时,不需要该类出场,只需要将代理权交给该代理类,就可以完成原有类功能的调用。下面通过一个例子进行说明。

在代理模式中,一般具有两个角色:真实类和代理类。首先构建一个接口 Subject,该接口是真实类和代理类的共同接口,以便在任何可以使用真实类的地方都可以使用代理类。接口代码如下。

```
public interface Subject {
    public void request();
}
```

接下来创建一个真实类,该角色也称作被委托角色、被代理角色,是业务逻辑的具体执行者。其创建代码如下。

```
public class RealSubject implements Subject{
    public void request(){
        //业务处理器
    }
}
```

然后构建一个代理主题(Proxy Subject)角色,该角色也称为委托类、代理类,该角色负责控制对真实主题的引用，负责在需要的时候创建或删除真实主题对象，并且在真实主题角色处理完毕前后做预处理和善后处理工作。代理类的创建代码如下。

```java
public class ProxySubject {
    private Subject subject;
    public ProxySubject(Subject subject){
        this.subject=subject;
    }
    // 实现请求方法
    public void request(){
        this.beforeRequest();
        subject.request();
        this.afterRequest();
    }
    // 请求前的操作
    private void beforeRequest(){
        // 预处理
    }
    // 请求后的操作
    private void afterRequest(){
        // 善后处理
    }
}
```

从代理类可以看出，代理类的核心仍然是真实类的内容。其作用主要是将真实类封装到代理类中，并在此基础上扩充真实类的功能，使代理类可以帮助真实类更好地完成任务。

4.5.5 模板方法模式

行为型模式关注于不同对象之间职责的划分和算法的细化。通过对不同对象的职责划分和细化，实现模块间耦合度的降低和模块内内聚度的增强，进而提高系统的可扩展性，模板方法模式属于行为型模式之一。

模板方法模式的定义是：在操作中定义算法的框架，将一些步骤推迟到子类中。模板方法让子类在不改变算法结构的情况下重新定义算法的某些步骤。模板方法中的算法不局限于算法，也可以理解为广义上的业务逻辑。定义中所说的算法的框架就是模板，包含算法框架的方法就是模板方法，其具体代码如下。

```java
public abstract class Account {
    // 账号
    private String accountNumber;
    // 构造函数
```

```java
    public Account(){
            accountNumber = null;
    }
    // 基本方法，确定账户类型，留给子类实现
    protected abstract String getAccountType();
    // 基本方法，确定利息，留给子类实现
    protected abstract double getInterestRate();
    public double calculateAmount(String accountType,String accountNumber){
            // 访问数据库........（此处仅示意性地返回一个数值）
            return 4567.00D;
    }
    // 模板方法，计算账户利息
    public double calculateInterest(){
            String accountType =getAccountType();
            double interestRate= getInterestRate();
            double amount = calculateAmount(accountType, accountNumber);
            return amount*interestRate;
    }
}
```

上述定义的 Account 类是一个抽象类，该类是用于表示账户相关信息的类。在类中声明了两个抽象方法：getAccountType() 和 getInterestRate()，这两个方法就是两个模板方法，只是给出了一个框架，而框架中具体的内容并不在当前类中实现，而是到子类中实现，从而提高程序的复用性和扩展性。子类的实现代码如下。

```java
public class DemandAccount extends Account{
    protected String getAccountType(){
        return "活期";
    }
    protected double getInterestRate(){
        return 0.005D;
    }
}

public class FixedAccount extends Account{
    protected String getAccountType(){
        return "一年定期";
    }
    protected double getInterestRate(){
        return 0.0325D;
    }
}
```

DemandAccount 和 FixedAccount 这两个子类分别继承了 Account 类，并在其类中实现了两个模板方法的具体内容。

设计模式虽然不是一套新的编程思想和语法，但是它是一套对于编程设计的优秀经验的总结。设计模式的引入使得编码时不仅要考虑结果，还要考虑代码之间、模块之间的组成、结构、通信是否稳定。设计模式提高了代码的可扩展性和可重用性，使得代码编制真正工程化。

第5章 系统实施与运行

5.1 概述
5.2 Spring 框架技术
5.3 Spring MVC 框架
5.4 MyBatis 框架
5.5 软件质量保证技术

5.1 概述

信息系统中负责应用层面实施的主要是软件系统，与硬件系统相比，软件系统的开发更加灵活、多样。因为硬件系统受限于摩尔定律，更多的是为业务流程的运行提供底层支撑。软件系统面向于具体的业务流程应用，我们可以通过问题定义、客户的需求分析、系统的设计与分析等环节，为每一位客户量身定做一套面向具体业务的软件系统应用。

基于 Java 的框架技术是目前使用较广泛的软件系统开发技术。在之前的系统分析与设计阶段中，大部分的分析与设计思想和手段基于面向对象展开。面向对象设计思想之所以被广泛地应用于软件系统的设计，得益于其优良的、对现实生活的业务流程建模的能力。面向对象的核心就是对象，对象可以理解为现实生活中的一个个实例，这种思想和理念完全符合我们世界的组成模式和运行规律。因此，面向对象设计思想也成为目前主流的软件系统设计思想。而 Java 语言就是一款优良的面向对象设计语言。

目前，使用广泛的软件系统是基于 Web 的软件系统。随着互联网的快速发展，经过互联网的数据通信已经是每个用户的必然要求。现在流行的"淘宝""京东""微信"等软件，都需要用户与用户间、用户与服务器间进行不断地交互和数据通信。如果只是应用 Java 语言是无法满足 Web 项目开发的，现在主流的基于 Java 的 Web 开发技术就是 Java EE 框架技术。

既然 Java 语言是优良的面向对象编程语言，那为什么还需要使用框架技术完成软件系统开发？因为当软件系统中的应用运行时，往往需要通过互联网进行用户间的请求通信和数据处理。如果只使用原生的 Java 语言去编程实现，那么这个过程是非常复杂的，而且费时费力。框架是基于 Java 语言实现，并封装了许多用于网络请求处理、模块管理、数据交互管理等一系列重要功能的技术。使用框架技术进行系统应用开发可以达到事半功倍的效果。

基于 Web 的软件系统主要由前端和后端构成。前端主要面向用户界面的搭建，而后端主要解决面向服务器端的数据处理和请求响应等问题。软件系统的前端开发有专门的技术和框架，而 Java 语言主要用于数据逻辑处理，所以 Java EE 框架主要用于后端开发。

根据职责的不同，框架技术也形成了许多不同的种类。常见的框架技术有 Struts 框架、Spring MVC 框架、Hibernate 框架、MyBatis 框架、Spring 框架。

Struts 框架与 Spring MVC 框架功能类似，主要用于用户的请求响应；Hibernate 框架和 MyBatis 框架功能类似，主要用于数据交互处理；Spring 框架主要用于系统模块管理。

框架的性能和优势远远超过以往开发时使用的单个类，它是一个功能连贯的类集合，通过相互协作为应用系统提供服务和预制行为。框架中既可以定义接口、对象的交互和其他不变量等不变部分，又可以根据应用中的个性来填充框架中的变化部分。所以，对于没有使用框架的项目而言,开发所需工作量会随着项目复杂性的提高以几何级数递增,而对于使用框架的项目而言,开发所需工作量会随着项目复杂性的提高以代数级数递增。

5.1.1 MVC 设计思想

MVC 设计思想是进行动态 Web 开发时的核心思想。MVC 是 Model、View 和 Controller 这 3 个单词的缩写,这 3 个单词构成 Web 开发的 3 个部分,也划分了 3 个不同的层次,分别是模型层、视图层和控制层。MVC 结构如图 5.1 所示。

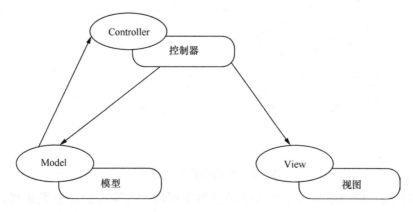

图5.1　MVC结构

模型层主要是数据操作。数据如同人体的血液,即使软件系统的处理逻辑和算法再完善,没有数据也是英雄无用武之地。如果要使用数据,就需要对数据进行存放,以便软件系统可以随时进行数据处理,存放数据的地方就是我们常说的数据库。但是,软件系统中的数据是按照 Java 语言的语法格式编写的,与数据库存储数据的格式不相同,这就造成了 Java 程序与数据库的数据类型不一致。为了解决这个问题,引入了模型层,模型层主要由 JavaBean 实现,通过在模型层中构建实体类,实体类与数据库中的表关系一一对应,从而实现数据的映射,解决软件系统与数据库的数据交互问题。

视图层主要用于显示。视图页面就是用户查看数据的窗口,视图页面主要包含两个部分,一个是页面的外观和布局,另一个就是显示在页面上的数据。前者属于纯前端的内容,不在本书讨论的范围中;后者则是对模型层获取的数据的渲染过程,即将页面作为数据显示的载体提供给用户。

控制层的主要作用是控制与调度。页面是显示数据的载体,整个 Web 项目的工作就是将用户所需要的数据取出,渲染到对应的页面上,即将数据显示在页面上。模型层与视图层的任务明确,一个负责数据操作,另一个负责显示数据,但是这两个层次都不考虑页面与数据是否对应正确,两者的正确对应则是由控制层决定。这里可以把处理数据交互的模型层比喻为公交车,显示数据的视图层比喻为公交运行路线,每一辆公交车必须运行在固定的路线上,不能随意更改行车路线,否则乘客只能站在站台上苦苦地等待而不见公交车过来,而公共交通的调度室就是专门负责调度、规划哪一辆公交车行驶在哪一条路线上。在上述例子中,公共交通的调度室就相当于 MVC 思想中的控制器。

Web 项目工作流程如图 5.2 所示,当用户请求从前端进入后端时,先经过控制层,控制层对用户请求进行分析,确定用户需要做哪些操作,如果涉及数据操作,则需要进行数据访问,控制器会发送指令给模型层,完成数据库的连接与访问,完成数据的增、删、改、查等操作。操作完成后,系统将数据处理的结果返回给用户,此时,控制层会完成数据与页面的匹配,将数据显示在页面上,并将携带数据的页面返回给用户端。

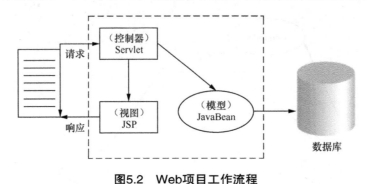

图5.2　Web项目工作流程

关于控制层、模型层与显示层 3 者的关系可以类比数学中的函数表达式。函数表达式如下所示。

$$y = f(x)$$

在上述公式中,x 是自变量,y 是因变量,f 是对应关系。什么样的自变量对应到什么样的因变量是由对应关系 f 决定。

此时,如果将控制器 C、模型层 M、视图层 V 进行替换,则可以得到如下表达式。

$$V = C(M)$$

在这里,模型层 M 相当于自变量,视图层 V 相当于因变量。而且视图与模型之间存在对应关系,不同的模型显示在哪个视图上由控制器决定,所以,在公式中,控制器就相当于对应法则,控制模型和视图的对应匹配。在 MVC 思想中,这 3 个部分的关系如下。

(1)数据的获取与显示分离。

(2)控制器将不同的模型和视图组合在一起。

(3)应用分为 3 部分:模型、视图和控制器,3 部分之间松耦合并协同工作,提高了应用的可扩展性和可维护性。

(4)各层负责应用的不同功能,各司其职,便于通过工程化和工具化产生程序代码。

5.1.2　Java EE 分层设计架构

在使用框架技术进行 Web 开发时,会根据每一个框架的特点进行组合使用,一般不会只用一个框架单打独斗。虽然组合使用框架增加了搭建框架的步骤,但是提高了项目开发的效率。目前最流行的组合框架就是 SSM 框架，SSM 框架是 3 个框架的简称，即 Spring MVC 框架、Spring 框架和 MyBatis 框架。通过框架组合，最大程度上发挥了这 3 个框架各自的优势。

在这里，需要搞清楚一个问题，我们在进行 Web 项目开发时，一般分为前端和后端。前端与后端相对于用户而言，用户面前的是前端，前端主要是用于实现页面的布局、美化、数据展示、页面交互等功能。例如，用户打开购物 App 或者购物网页去买东西，呈现在用户面前可以操纵的页面就是前端。

后端是用户看不见的一端，后端可以对前端用户在页面上操作所形成的请求信息进行处理和响应。后端还有一个特点就是需要与数据库进行交互，前端对于数据库中数据的请求操作都要经过后端处理后才能到达。所以，一个完整的 Web 项目 = 前端 + 后端 + 数据库。

首先，Web 项目开发时遵循的是 MVC 思想，它将 Web 的开发分成了 3 个层次，分别是模型层、视图层和控制层。MyBatis 框架是一个优秀的基于 Java 的持久层框架，它内部封装了 JDBC，采用 ORM（对象关系映射）思想解决了实体和数据库映射的问题。所以，使用 MyBatis 框架专门处理模型层的问题；Spring MVC 框架是在 Spring 框架的基础上采用了 Web MVC 设计模式的一个轻量级 Web 框架，使用 Spring MVC 框架专门处理控制层的问题。现在 MVC 的 2 个分层都找到了对应的框架表示，还缺一个视图层没有对应的框架，但是 SSM 框架体系中的 Spring 框架可不是给视图层准备的，视图层主要为了显示数据，不涉及太多后端技术问题，视图层本身的开发更多地偏向于前端技术方面。SSM 框架主要服务于后端，所以，并没有单独给视图层分配一个框架。那么，最后一个 Spring 框架是服务于 MVC 的哪一个层次？

Spring 框架主要作用是模块的管理，并不是服务于某个具体的功能。在一个 Web 项目中会有许多的模块，且模块间会相互地调用和通信。在软件开发中有一个追求的目标：低耦合、高内聚。软件系统各模块间的依赖程度越低越好，模块内各元素之间越紧密越好。如果模块间耦合度过高，就不利于系统的可扩展和可维护性，且会造成错误的传播范围变大。所以，虽然说 Spring 框架没有具体负责某一个功能，但它的重要性是不言而喻的。

在使用 Java EE 框架技术进行开发时，一般将整个 Web 项目分成 5 个层次。Java EE 分层架构如图 5.3 所示。

由下往上依次是数据持久层、数据访问层、业务逻辑层、控制层、表示层。

数据持久层由一系列负责操纵 POJO 的类组成，这些类负责把数据进行持久化保存，一般是把数据保存到数据库中。数据访问层由一系列的 DAO 组件组成，实现对数据库的增、删、改、查等细粒度的操作。业务逻辑层由一系列的业务逻辑对象组成，实现系统所需要的业务逻辑方法。控制层由一系列控制器组成，用于拦截用户请求并调用业务逻辑对象的业务逻辑方法来处理请求，根据处理结果转发到不同的表示层。表示层由一系列的视图组件组成,负责收集用户请求并显示处理结果。

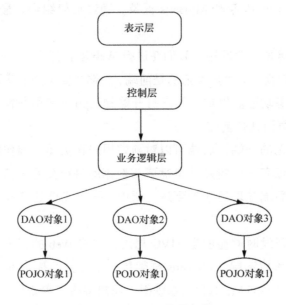

图5.3 Java EE分层架构

　　Java EE 技术的 3 个框架也作用于分层架构中,MyBatis 框架主要作用于数据持久层和数据访问层;Spring MVC 框架主要作用于控制层;Spring 框架因为其良好的模块管理能力,从而作用于整个分层架构中,贯穿数据层、业务逻辑层、控制层和表示层。表示层和业务逻辑层没有单独分配框架,表示层专注于页面的显示,主要是为了完成数据的渲染和搭载问题,具体的页面开发属于前端技术范围,而 Java EE 技术主要是后端框架技术,所以如果要给显示层分配框架,也应该分配前端框架,而不是后端框架;业务逻辑层是整个 Web 项目的核心,因为用户使用软件系统的业务都是通过该层展开。例如,学生使用教务系统查成绩、查课表、选课等都属于该软件系统的业务逻辑层。那为什么如此重要的层次却没有单独分配一个框架?因为不管是数据层、控制层还是表示层都是为了服务于业务逻辑的开展,使用 3 个框架也是为了能够更好、更快地实现业务逻辑。所以,如果必须给业务逻辑层一个框架的话,那就是将这 3 个框架整合在一起所形成的 SSM 框架,该框架共同服务于业务逻辑层。

5.2 Spring 框架技术

5.2.1 Spring 框架 IOC 技术

　　Spring 框架是 Java Web 的经典框架之一,不论是在 SSH 框架体系(Struts、Spring、

Hibernate），还是在 SSM 框架体系（Spring MVC、MyBatis、Spring）中，都能看到 Spring 框架的身影。为何 Spring 框架会经久不衰，且没有被技术的迭代所淘汰？

主要是因为 Spring 框架是用于降低模块之间耦合度的框架。耦合度是软件工程领域的一个专有术语，指的是模块之间的依赖程度。软件工程开发中有一个标准，就是追求低耦合、高内聚，即模块间的依赖程度尽可能低，而模块内的内聚性尽可能高。如果耦合度过高，会导致模块的扩展性、维护性等性能的降低，不利于软件系统的开发和维护。

可扩展性是软件系统非常重要的特点。如果想在硬件系统扩展一个新的功能是非常麻烦的一件事情，不仅需要制造相关的芯片，还需要构建电路板并将其集成到系统中。相比来说，软件系统的扩展就非常容易，只需要将新的代码模块编写完成即可。所以，在构建软件系统时，一定要保证该软件系统具有良好的可扩展性，这也是在进行 Web 项目开发时，会有一个专门的框架来负责类的管理和模块间的解耦的原因。

如何判断两个模块之间有依赖关系？比如有两个类：类 A 和类 B。如果类 A 和类 B 可以通过独立运行各自的代码而得到最后的结果，则说明两个类间没有依赖关系。当类 A 在运行其代码到某一个点时，需要用到类 B 的帮助才可以继续运行后面的代码，此时，类 A 必须在其类中创建类 B 的对象才可以完成。类 A 主动创建类 B 对象的这个过程，就使得两者之间产生了耦合。Spring 框架的出现就是为了解决这个问题，它不允许两个类之间直接建立联系。所有的类只能跟 Spring 框架建立关联，如果某一个类需要用到另一个类的对象，则由 Spring 框架去创建，并将其提供给需要方。

这个过程类似设计模式中的工厂方法模式。工厂方法模式中将类的管理全部交给工厂类。通过这种方式，原先类之间所形成的多对多的关系，变成了所有类与工厂类之间的多对一的关系。如果某一个类想要获取另一个类的对象来完成工作，不允许类自己去创建该类的对象，而是把需求告诉第三方工厂类，由第三方工厂类去创建对象。工厂方法模式的核心代码如下。

```
public class Factory {
  public Person getPerson(String name)
  {
        if(name.equals("中国人"))
              return new Chinese();
        else if(name.equals("美国人"))
              return new American();
        else
              throw new IllegalArgumentException("参数不正确");
  }
}
```

在这段代码中，Chinese 和 American 两个类的对象创建都是由 Factory 类负责，即两者都跟 Factory 类建立耦合，而 Chinese 和 American 两个类之间是没有耦合度的，通过这种方式实现了类间的解耦。其实，Spring 框架的核心技术就是基于工厂方法模式演化而来。

Spring 框架通过两大关键技术来实现耦合度降低的问题，一个是控制反转（IoC），另一个是面向切面（AOP）。

Spring 框架通过控制反转技术降低了耦合度。当应用了 IoC 技术，一个对象依赖的其他对象会通过被动的方式传递进来，而不是这个对象自己创建或者查找依赖对象。

AOP 技术是指 Spring 框架提供了对面向切面编程的丰富支持，允许通过分离应用的业务逻辑与系统级服务（如事务管理）进行内聚性的开发。应用对象只实现它们应该做的，即完成业务逻辑。它们并不负责其他的系统级关注点，如日志或事务支持。

AOP 与 IoC 技术都是 Spring 框架中用于解耦的关键技术，这两个技术既相互关联又互有不同。IoC 技术是 AOP 技术实现的基础，AOP 技术是 IoC 技术在宏观业务层面的反映。想要理解 AOP 技术，先理解 IoC 技术是重中之重。

IoC 技术的应用简单来说，就是把复杂系统分解成相互合作的对象。IoC 技术理论的主要观点是：借助于"第三方"实现具有依赖关系的对象之间的解耦。想要理解 IoC 技术，首先要理解为什么要解耦。

现实生活中的齿轮我们都很熟悉，是一种常见的传动零件，假设有 4 个齿轮，它们互相地啮合在一起进行传动。虽然 4 个齿轮之间互相合作共同完成传动工作，但是其互相啮合的状态导致该传动系统非常脆弱。因为如果其中有一个齿轮发生故障，则其余 3 个齿轮即使完好无损也不能正常完成传动工作，其主要原因就是这 4 个齿轮之间的依赖程度太高。

如果把这 4 个齿轮比喻为 4 个对象，把传动系统比作软件系统，所体现出的问题也是一样的。A、B、C、D 这 4 个对象之间构成一种"你中有我、我中有你"的高依赖状态。任何一个对象完成工作都需要其他 3 个对象进行协助，如果有一个对象出现故障，则故障会迅速在整个软件系统中传播，造成系统的崩溃，即使其他对象没有问题，也会因为与故障对象的高度依赖而被波及。

所以，模块间耦合度过高对于整个软件系统的鲁棒性、扩展性、维护性都会产生影响。Spring 框架 IoC 技术的引入正是为了解决这一问题。

控制反转技术中的控制指的是创建对象的主动权，何为创建对象的主动权？比如软件系统中有两个对象 A 和 B。对象 A 在执行到自身代码的某个点时，需要用到对象 B 进行协助才能继续后面代码的执行。这时，A 对象就会自己去创建 B 对象，以帮助自己代码的运行。这种由某一个对象本身去创建其他对象的行为，说明创建对象的主动权在某一个对象手中。这种行为的弊端是增加两个对象之间的耦合度，这与低耦合的思想相悖。

所以，为了解决对象之间耦合度高的问题，通过控制反转，也就是把创建对象的主动权交到一个第三方来解决。这个第三方就是由 Spring 框架 IoC 提供。控制反转后，如果对象 A 再需要用到其他的对象，那创建对象的权力就是由 IoC 执行，其他的对象再无主动创建对象的权力。IoC 会创建所需对象，并注入该对象到所需要的点处，继续完成该对象的执行。

IoC 的引入，使得系统中所有对象都跟 IoC 产生依赖关联，而对象与对象之间再无依赖，从而降低了模块间的耦合度。下面进一步了解一下有无 IoC 容器给系统开发带来的区别。

软件系统在没有引入 IoC 容器之前，如果对象 A 依赖于对象 B，那么对象 A 在初始化或者运行到某一点的时候，自己必须主动去创建对象 B 或者使用已经创建的对象 B，控制权都在自己手上。

软件系统在引入 IoC 容器之后，这种情形就完全改变了。由于 IoC 容器的加入，对象 A 与对象 B 之间失去了直接联系，所以当对象 A 运行到需要对象 B 的时候，IoC 容器会主动创建一个对象 B 注入对象 A 需要的地方。

通过引入 IoC 的前后对比，不难看出，对象 A 获得依赖对象 B 的过程，由主动行为变为了被动行为，控制权颠倒过来了，这就是"控制反转"这个名称的由来。

IoC 技术还有一个别名，称作依赖注入（DI），就是在 IoC 容器在运行期间，动态地将某种依赖关系注入对象。依赖注入（DI）和控制反转（IoC）是从不同的角度描述的同一件事情，就是指通过引入 IoC 容器，利用依赖关系注入的方式，实现对象之间的解耦。

理解了 Spring 框架的 IoC 容器的理论基础，那如何真正将其用于系统开发中？

5.2.2　Spring 框架搭建基础

在实际使用 Spring 框架的 IoC 技术时，需要用到 4 个组件，分别是 Beans、配置文件（applicationContext.xml）、BeanFactory 接口及其相关类、ApplicationContext 接口及其相关类。

Beans 是指项目中提供业务功能的 Bean。Spring 框架在整个 Java EE 框架体系中扮演的是一个大管家的角色，大部分的业务逻辑类都是由 Spring 框架的 IoC 管理，而每一个业务逻辑类在 IoC 里就是通过一个一个的 Bean 来体现。

配置文件（applicationContext.xml）是 Spring 框架的核心配置文件，在 Spring 框架中对 Bean 的管理是在配置文件中进行的。在 Spring 框架容器内编辑配置文件管理 Bean 又称为 Bean 的装配。实际上，装配就是告诉容器需要哪些 Bean，以及容器是如何使用 IoC 将它们配合起来。

ApplicationContext 接口及其相关类可以提供 Bean 容器管理的功能，还可以使用该接口提供的高级功能。ApplicationContext 接口是一个抽象的类型，如果要使用接口中的功能，需要使用该接口的实现类来完成。ApplicationContext 接口的常用实现类有 3 个。

（1）FileSystemXmlApplicationContext：从文件系统中的 XML 文件加载上下文中定义

的信息。

（2）ClassPathXmlApplicationContext：从类路径中的 XML 文件加载上下文中定义的信息，把上下文定义的文件当成类路径资源。

（3）XmlWebApplicationContext：从 Web 系统中的 XML 文件加载上下文中定义的信息。

在使用 ApplicationContext 接口时，可以根据这 3 种实现类的定义选择合适的实现类对该接口进行实例化，以使该接口的对象完成 SpringIOC 容器的运行。接下来，看一下如何将这几个组件组合到一起进行使用。

首先，在编译器中构建一个 com.spring.bean 包，该包主要用来存放需要 Spring 框架管理的类。在这里，构建一个 HelloWorld 类，该类的结构非常简单，只有一个用于输出的方法。所以，被 Spring IoC 技术管理的类没有任何特别之处，就是普通的类的结构，其代码如下。

```
public class HelloWorld {
    public void show(){
        System.out.println("欢迎使用Spring框架");
    }
}
```

只有程序员知道编译器中创建的哪些类是需要 Spring 框架管理，但是 Spring 框架自己却并不知道，我们需要通过一种方式让 Spring 框架自己知道哪些类是需要由 IoC 管理，这种方式就是通过配置文件的方式。Spring 框架有属于自己的核心配置文件，在该配置文件中，将需要 IoC 管理的类的信息都写在里面，Spring 框架通过加载该配置文件，获取需要管理的类的信息。

配置文件有自己专属的名字，在使用时不要随意更改配置文件的名字，否则系统会找不到该配置文件。Spring 框架配置文件的名字是 applicationContext.xml，该配置文件是 XML 类型的文件。在这里，我们只展示配置文件中的核心内容。Spring 核心配置文件的根元素标签是 <beans>，<beans> 内有 <bean> 标签，IoC 所需要管理的类的信息就通过 <bean> 标签进行配置。<bean> 标签通过两个属性完成类信息的配置，第一个是"name"属性，第二个是"class"属性。配置文件的代码如下。

```
<beans ……>
<bean name="hw" class="com.spring.bean.HelloWorld"></bean>
</beans>
```

name 属性是给 <bean> 标签取一个名字，因为每一个需要 IoC 管理的类都需要装配到

一个 <bean> 标签上，众多的 <bean> 标签就是通过 name 属性进行区分的。class 属性给出需要管理的类的路径，即去哪里能找到这个类。class 属性值的格式是"包名.类名"。通过这两个属性，就可以在 Spring 框架的配置文件中完成 Bean 对象的装配，IoC 就能真正管理到这些类，进而完成类的创建与管理等工作。

完成配置文件后，需要启动项目，将配置文件的信息加载到程序中。为了完成这一操作，需要使用 ApplicationContext 接口及其实现类，Spring 框架的启动代码如下。

```java
public class Test {
    public static void main(String[] args) {
ApplicationContext context = new ClassPathXmlApplicationContext("applicationContext.xml");
        HelloWorld hw = (HelloWorld)context.getBean("hw");
        hw.show();
    }
}
```

上述代码通过 ApplicationContext 接口的实现类 ClassPathXmlApplicationContext 进行 Spring IoC 对象的创建，同时通过参数列表将配置文件传入对象。此时，如果 Test 类需要用到 HelloWorld 类的帮助，可以使用 context 对象的 getBean() 方法获取。该方法的参数输入要获取 Bean 的名称，根据 Bean 的名称将其所管理的类进行对象的创建。这种方式创建的对象就实现了控制反转。

控制权，也就是创建对象的主动权，由原来的 Test 类自己创建，反转到了 IoC 手里。当 Test 类需要用到其他类时，不需要知道这个类，只需要将需求告诉 IoC 即可，IoC 会根据配置文件中类的信息进行相关类的创建。

上述例子中，Spring IoC 对 HelloWorld 类进行了管理，当某个类需要用到 HelloWorld 对象时，可以由 Spring IoC 进行实例化，从而实现类间解耦。

那么，如果一个类中有需要赋值的属性，能否通过 IoC 实现给类中属性赋初值的操作？如果不使用 IoC 技术，对象属性的赋值操作一般通过创建对象的同时调用构造函数，通过构造函数的参数列表进行初值的传递。当使用了 IoC 技术后，可以通过"值注入"的方式实现。

例如，当前有一个 Book 类，该类中有 id 和 name 两个属性。现在想要 IoC 在创建 Book 类对象的同时，对其中的 name 属性赋初值。该类的结构代码如下。

```java
public class Book {
    int id;
    String name;
public int getId() {
        return id;
```

```
}
public void setId(int id) {
    this.id = id;
}
public String getName() {
    return name;
}
public void setName(String name) {
    this.name = name;
}
}
```

先需要将该类交给 IoC 进行管理,即将该类在 Spring 框架的配置文件中装配成一个 <bean> 标签。<bean> 标签的装配代码如下。

```
<bean name="b" class="com.spring.bean.Book"></bean>
```

为了能够在 IoC 创建 Book 类对象的同时,给该对象的 name 属性赋值,需要在该 <bean> 标签的内部加一个 <property> 标签,具体代码如下。

```
<bean name="b" class="com.spring.bean.Book">
    <property name="name" value="JavaEE"></property>
</bean>
```

<property> 标签中有两个重要属性,第一个是 name 属性,用于标识需要给 Book 类中的哪一个属性赋值;第二个是 value 属性,用于标识赋给属性的具体的值。在上述代码中,就是给 Java EE 这个值赋给 name 属性。

通过在 <bean> 标签的内部配置 <property> 标签的 name 和 value 属性,IoC 可以实现在创建 Book 类对象的同时,自动完成将值 "Java EE" 注入 name 属性。测试代码如下。

```
public class Test {
    public static void main(String[] args) {
        ApplicationContext context = new ClassPathXmlApplicationContext
            ("applicationContext.xml");
        Book b = (Book)context.getBean("b");
        System.out.println(b.getName());
    }
}
```

在上述代码中,通过 getBean() 方法获取 Book 类的 Bean,从而创建该类的对象。与之前 HelloWorld 类不同之处在于,IoC 在创建 Book 类的同时,会将值注入属性,所以最后语句输出的结果是"Java EE"。

除了值注入以外，Spring 框架使用最多的还有引用的注入。引用的注入是为了完成对象与对象间的调用。例如，一个类中出现了另一个类的引用，此时想要完成该类的工作，就必须关联另一个类。IoC 引用的注入就可以解决这个问题。在实现引用注入之前，先构建一个实体类——Publisher 类，具体代码如下。

```java
public class Publisher {
    int id;
    String name;
    Book book;
      public int getId() {
            return id;
      }
      public void setId(int id) {
            this.id = id;
      }
      public String getName() {
            return name;
      }
      public void setName(String name) {
            this.name = name;
      }
      public Book getBook() {
            return book;
      }
      public void setBook(Book book) {
            this.book = book;
      }
}
```

在上述代码中，Publisher 类除了自己的两个属性 name 和 id 之外，还有 Book 类的引用属性。这说明 Publisher 类想要完成自己的功能还需要借助于 Book 类的对象的帮助。所以，通过 IoC 管理 Publisher 类时，既要完成普通属性的值注入，又要完成 Book 类的引用的注入。引用注入的代码如下。

```xml
<bean name="p" class="com.spring.bean.Publisher">
    <property name="name" value="publisher123"></property>
    <property name="book" ref="b"></property>
</bean>
```

在 Publisher 类的 Bean 对象的装配中，分别对值注入和引用注入进行配置，两种注入方式各使用一个 <property> 完成。引用的注入同样需要在 <property> 标签中配置两个属性：

name 和 ref。name 属性是指当前引用的属性名称，ref 是标识该引用来自哪里。这里类的来源应该使用该类被 IoC 管理的类的 <bean> 的名称，而 <bean> 的名称是"b"。

引用注入配置完成后，当 IoC 创建 Publisher 对象时，会自动完成值的注入和引用的注入，即自动完成 Book 类的创建并注入 Publisher 的引用。所以，IoC 引用的注入可以实现多个类间创建的连锁反应。其创建原理与递归类似，根据该类的 Bean 的配置情况，不断向上寻找依赖的 Bean，直到抵达根 Bean，然后将结果不断地返回，完成当前 Bean 的创建。测试代码如下。

```
public class Test {
    public static void main(String[] args) {
        ApplicationContext context = new ClassPathXmlApplicationContext
        ("applicationContext.xml");
        Publisher p = (Publisher)context.getBean("p");
        System.out.println(p.getName());
        System.out.println(p.getBook().getName());
    }
}
```

在 Test 类中，虽然只是创建了 Publisher 类的 Bean 对象，但是在输出时也可以输出 Book 类的属性的值。

5.2.3 Spring 框架注解搭建

上述 Spring 框架的配置主要是通过 XML 文件的形式完成，还可以通过注解的形式完成框架的搭建和使用。

注解是搭建 Spring 框架的另一种手段。它与 XML 形式具有互换性，也就是在搭建框架时，既可以使用注解，也可以使用 XML 形式。两者各有优缺点，适用场景也不同。

XML 形式主要依托于 XML 文件来实现，XML 文件是一种半结构化的文件，在组织配置信息时，具有一定的组织结构，可读性较好，且对信息实现集中管理，与代码无绑定。适用于大型项目的开发。但是，XML 文件也存在缺点：集中式的管理导致其灵活度不高。之前所进行的 Spring 框架的搭建都是使用 XML 形式。

注解形式依托于注解来搭建，注解的特点是配置灵活，是一种分散的元数据，可以与代码绑定。注解和 XML 形式具有互换性，但是并不是说一个可以取代另一个，它们各自都有优缺点。

注解的优点如下。

（1）注解可以简化 XML 配置，有时候会更灵活，所以在一些中小项目中使用注解可以提高开发效率。

（2）XML 文件只能在运行期才能发现问题，注解可以在运行前就发现问题。

注解的缺点如下。

（1）XML 形式在可扩展性和复杂性维护上相较于注解形式更好。

（2）在实现复杂的逻辑上，XML 形式要优于注解形式，所以 XML 形式适用于大型项目开发。

下面来看一下如何通过注解对 Spring 框架进行搭建。首先对配置文件进行修改，在配置文件中添加 <context：annotation-config/>，同时删除配置文件中的引用注入语句 <property name="book" ref="b"></property>。注解形式配置文件代码如下。

```xml
<context:annotation-config/>
<bean name="b" class="com.spring.bean.Book">
  <property name="name" value="JavaEE"></property>
</bean>
<bean name="p" class="com.spring.bean.Publisher">
  <property name="name" value="publisher123"></property>
</bean>
```

经过上述操作后，修改后的配置文件中的核心配置信息如上方代码所示。虽然删除原先 Book 类的引用注入，但是完成项目功能仍然需要用到该信息，因此需要通过注解的形式在别的地方实现。在这里，需要用到 @Autowired 注解。将 @Autowired 注解放到 Book 属性的上方。@Autowired 注解用来进行 bean 对象的自动注入，@Autowired 可以通过 bean 的参数类型来查找目标 bean，其代码如下。

```java
public class Publisher {
    int id;
    String name;
    @Autowired
    Book book;
    ……
}
```

除了 @Autowired 注解之外，@Resource 也是常用的注解，具体代码如下。

```java
public class Publisher {
    int id;
    String name;
    @Resource(name="b")
    Book book;
    ……
}
```

在使用 @Resource 注解时，需要在 @Resource 注解的后面加一个参数列表，里面是跟着该类在配置文件中的 bean 的名称。

通过以上方式，实现了对注入对象行为的注解改造，但是 bean 对象本身仍然在配置文件中。接下来，通过注解将 bean 对象移除配置文件。

首先，修改 applicationContext.xml，去掉配置文件中的 bean 信息都，只新增 <context：component-scan base-package="com.spring.bean"/>。

然后，为 Book 类加上 @Component("b") 注解，表明此类是 bean；为 Publisher 类加上 @Component("p") 注解，表明此类是 bean。此外，因为将 bean 的配置信息从 applicationContext.xml 中移出来了，所以原本 bean 中对属性的值注入内容放在属性声明上进行。注解重构后的两个类的代码如下。

```
@Component("p")
public class Publisher {
    int id;
    String name="publisher123";
    @Autowired
    Book book;
……
}
```

```
@Component("b")
public class Book {
    int id;
    String name="JavaEE";
……
}
```

5.2.4　Spring 框架 AOP 技术

AOP 技术是目前软件开发中的一个热点，也是 Spring 3 框架中的一个重要内容。利用 AOP 技术可以对业务逻辑的各个部分进行隔离，从而降低业务逻辑各部分之间的耦合度，提高程序的可重用性，同时提高开发的效率。

AOP 的全称是 Aspect Oriented Programming，即面向切面编程，该技术的主要作用也是用于解耦，但是它主要针对软件开发中的业务逻辑。软件开发中的业务逻辑可以分为两大类：核心业务逻辑和辅助业务逻辑。核心业务逻辑主要面向用户的核心功能模块，如系统中的登录、注册、查询等。可以理解为用例图中，用户用例所直接指向的功能。而辅助业务逻辑是指日志记录、性能统计、安全控制、事务处理、异常处理等。辅助业务逻辑不直接面向用户使用，但又是模块功能实现所必不可少的业务逻辑。

面向切面编程中的切面就是指辅助业务逻辑，AOP 技术的主要意图是将日志记录、性能统计、安全控制、事务处理、异常处理等辅助业务代码从业务逻辑代码中划分出来，通过对这些行为的分离，将它们独立到非核心业务逻辑的方法中，当改变这些行为的时候不影响业务逻辑的代码。从而提高代码的可重用性、可维护性和可扩展性。

其实，AOP 技术也是 IoC 技术的体现，只不过从不同的角度进行了实现。通过 AOP 技术，实现了核心业务与辅助业务的分离与解耦，使得原本聚合在一起编码的业务逻辑实现了分离。迄今为止，以"面向"开头的设计思想有很多，如面向对象、面向服务、面向过程等，使用最多的就是面向对象。下面来对比面向对象和面向切面这两种设计思想的异同。

如果说面向对象编程关注将功能需求划分为不同的并且相对独立、封装良好的类，并让它们有着属于自己的行为，依靠继承和多态等来定义彼此关系的话，那么面向切面编程则是希望能够将通用功能需求从不相关的类当中分离出来，能够使得很多类共享一个行为，一旦发生变化，不必修改很多类，只需修改这个行为即可。

古人云："天下大事，合久必分，分久必合"。其实，这句话也同样适用于面向对象和面向切面。面向对象相当于"分久必合"。原来使用 C 语言编程时，其注重的是过程，也就是只需要根据问题定义，编写出解题过程即可，不需要对问题相关的实体进行建模。所以，C 语言又被称为面向过程设计语言。但是，当使用面向对象思想编程时，同样的问题，该思想却并不急于编写解题过程，而是对问题中的实体进行建模。

例如，求解一个长方形的周长和面积。虽然题目问的是周长和面积，但是解题的出发点是对题目中长方形这个实体进行建模，即构建一个长方形类，然后将属于该类的属性和方法聚合到类体中。这就是面向对象中"分久必合"的意思。

面向切面相当于"合久必分"。它是按照功能对一个完整类当中的成员进行重新划分，并将一些通用功能从类中分离出来。虽然面向对象实现了对现实世界中的实体的建模，并聚合了其共同的属性方法，但也会增加成员代码间的耦合度，势必会严重影响模块的可维护性和可扩展性。所以，为了降低模块间的耦合度，增强模块内的内聚性，需要通过面向切面的设计思想将通用功能需求从不相关的类当中分离出来，达到解耦的效果。

这里需要强调的是，AOP 是一个概念，是一个规范，本身并没有设定具体语言的实现。所以，使用 AOP 并不需要像使用面向对象一样，必须用特定的编程语言在特定的编译器中执行，只要设计的代码规范符合 AOP 的思想，不管使用何种语言编码，都是 AOP 的体现。所以，看似缺少专属的编程语言，实际上却是为 AOP 技术提供了非常广阔的发展的空间。

AOP 技术是目前软件开发中的一个热点，如果想充分理解该设计思想的应用，必须理解一些重要的术语。AOP 的主要术语有 8 个，分别是横切关注点、切面、连接点、通知、切入点、目标、代理和织入。

横切关注点（Crosscutting concern）：日志、事务、安全验证等这些"通用的"、散布在系统各处的需要在实现业务逻辑时关注的事情。

切面（Aspect）：横切关注点（日志、事务、安全验证）的实现，如日志切面、事务切面等。

连接点（Joinpoint）：切面在应用程序执行时加入目标对象的业务流程中的特定点。连接点是 AOP 的核心概念之一。它用来定义在目标程序的什么位置通过 AOP 加入新的逻辑。

通知（Advice）：切面在某个具体连接点采取的行为或动作，它是切面的具体实现，是在某一特定的连接点处织入目标业务程序中的服务对象。通知分为在连接点之前执行的前置通知（Before Advice）和在连接点之后执行的后置通知（After Advice）。

切入点（Pointcut）：指定某个通知在哪些连接点被织入应用程序。切入点是通知要被织入应用程序中的所有连接点的集合。可以在一个文件中（如 XML 文件）中，定义一个通知的切入点，即它的所有连接点。

目标（Target）：目标对象指将要织入切面的对象，即被通知的对象。这些对象只包含核心业务逻辑代码。

代理（Proxy）：代理对象是将通知应用到目标对象之后，被动态创建的对象，代理对象的功能相当于目标对象中实现的核心业务逻辑功能加上横切关注点（日志、事务）代码实现的功能。

织入（Weaving）：将切面应用到目标对象，从而创建一个新的代理对象的过程。

从上面的定义可以看出，这几个概念之间具有很紧密的联系，共同组成了 AOP 技术。首先，通过横切关注点确定要对哪一个辅助业务进行 AOP 设计。然后，通过编码实现这个关注点，成为切面。切面形成后，要确定在哪些位置与核心业务进行整合，这每一个位置就是连接点，将所有的连接点集合到一起，就形成了切入点。确认好连接点后，需要确定每一个切面在连接点处采取的动作，即通知。通知构建完毕，切面的实现就真正完成了。最后，将切面与目标对象进行整合形成代理，就可以实现软件系统的功能了。

通过了解 AOP 的运行机制，可知道经过面向切面编程后，也是需要将核心业务与辅助业务合二为一后才能使用该系统功能。但是，我们使用 AOP 就是为了将两个业务相分离，从而降低耦合度，提高模块的内聚性。如果将分离后的两者合并使用是不是白忙活一场？其实并不是这样，经过 AOP 之后的核心业务与辅助业务只是表面上的整合，而不是真正意义上的整合在一起。这个过程通过代理对象进行实现，代理对象背后的底层逻辑就是设计模式中的代理模式。代理对象将核心业务与辅助业务在形式上整合到一起，表面上形成一个整体功能模块，对外提供服务。但是本质上这两个业务的代码仍然是独立的，并没有融合到一起。

代理对象相当于在被 AOP 分离的核心业务和通用业务上面罩上了一层面纱，使得两者看起来已经形成了一个整体，统一对外提供服务。但是，如果掀开代理这层面纱，这两种业务类型仍然是独立的模块。所以，代理对象的生成并不会导致 AOP 取得的增益消失，而是继续保持。下面来看一下如何在实际操作中运用这几个术语。

5.2.5　Spring 框架 AOP 技术应用

首先确定横切关注点，在该例子中，将横切关注点定义为日志。然后根据该关注点构建切面，对该关注点进行实现，切面类实现代码如下。

```java
public class LogAdvice implements MethodBeforeAdvice{
private Logger logger=Logger.getLogger(LogAdvice.class);
   @Override
   public void before(Method method, Object[] args, Object target) throws Throwable {
        // 获取被调用的类名
        String targetClassName=target.getClass().getName();
        // 获取被调用的方法名
        String targetMethodName =method.getName();
        // 日志格式字符串
        String logInfoText=" 前置通知 :"+targetClassName+" 类的 "+targetMethodName+" 方法开始执行 ";
        // 将日志信息写入配置的文件中
        logger.info(logInfoText);
   }
}
```

在上述代码中，构建了 LogAdvice 类，该类是对日志这个横切关注点进行实现的切面。在构建切面类时，实现了 MethodBeforeAdvice 接口，该接口是前置通知的实现接口，通过实现该接口，定义了在连接点前自动执行的通知，其中的 before() 方法体是具体的行为。从上述代码可以看出，AOP 的横切关注点、切面与通知是环环相扣的。

通知的类型主要有 4 种，分别是前置通知、后置通知、环绕通知和异常通知。前置通知是在方法执行前自动执行的通知；后置通知是在方法执行之后自动执行的通知；环绕通知是在方法调用前执行通知代码，可以决定是否还调用目标方法；异常通知是在方法抛出异常时自动执行代码。

通知构建完毕，相当于辅助业务逻辑构建完成了，接下来就需要构建核心业务，目标对象在 AOP 中指的就是核心业务逻辑。

先在 com.springtest.biz 包下面构建一个接口 UserBiz 及其实现类 UserBizImpl。UserBizImpl 类就是本项目的核心业务逻辑类，其主要业务是实现增加用户和删除用户。在实现这两个功能时，需要用到 UserDAO 类进行辅助。接口与实现类的代码如下。

```java
public interface UserBiz {
    public void addUser(String username,String password);
```

```
        public void delUser(int id);
}

public class UserBizImpl implements UserBiz{
    UserDAO userDAO;
        public UserDAO getUserDAO() {
            return userDAO;
        }
        public void setUserDAO(UserDAO userDAO) {
            this.userDAO = userDAO;
        }
        @Override
        public void addUser(String username, String password) {
            // TODO Auto-generated method stub
            userDAO.addUser(username, password);
        }
        @Override
        public void delUser(int id) {
            // TODO Auto-generated method stub
            userDAO.delUser(id);
        }
}
```

下面来看一下 UserDAO 接口。在 Java EE 分层架构中 UserDAO 接口属于数据访问层，该层的作用是对其上层业务逻辑层提供支持。在本项目中，主要是为了完成 UserBizImpl 类中的业务对数据库数据的访问，如增加用户和删除用户。接口与实现类的代码如下。

```
public interface UserDAO {
    public void addUser(String username,String password);
    public void delUser(int id);
}

public class UserDAOImpl implements UserDAO{
        @Override
        public void addUser(String username, String password) {
            // TODO Auto-generated method stub
            System.out.println(username+" 用户添加成功 ");
        }
        @Override
        public void delUser(int id) {
            // TODO Auto-generated method stub
            System.out.println(" 编号为 "+id+" 的用户被删除 ");
        }
}
```

上述代码只是模拟了访问数据库的过程，并没有真正连接数据库。接下来就是最重要的配置文件的书写。AOP 的配置文件也是依托 IoC 容器来完成，所以，也是在 "applicationContext.xml" 中编写，核心配置文件的代码如下。

```xml
<bean id="userDAO" class="com.springtest.dao.UserDAOImpl"></bean>
 <bean id="userBiz" class="com.springtest.biz.UserBizImpl">
        <property name="userDAO" ref="userDAO"></property>
 </bean>
 <bean id="logAdvice" class="com.springtest.aop.LogAdvice"></bean>
 <bean id="afterlogAdvice" class="com.springtest.aop.AfterLogAdvice"></bean>
 <bean id="throwslogAdvice" class="com.springtest.aop.ThrowsLogAdvice"></bean>
 <bean id="logaroundAdvice" class="com.springtest.aop.LogAroundAdvice"></bean>
 <bean id="ub" class="org.springframework.aop.framework.ProxyFactoryBean">
      <property name="proxyInterfaces">
          <value>com.springtest.biz.UserBiz</value>
      </property>
      <property name="interceptorNames">
        <list>
        <value>logAdvice</value>
        <value>afterlogAdvice</value>
        <value>throwslogAdvice</value>
        <value>logaroundAdvice</value>
        </list>
      </property>
      <property name="target" ref="userBiz"></property>
 </bean>
```

因为该项目中的类较多，所以配置文件中的 <bean> 标签的数目也比较多。首先，名字为 userDAO 的 bean 主要是管理 UserDAOImpl 类；而名字为 userBiz 的 bean 主要管理 UserBizImpl 类。因为 UserBizImpl 类在实现其业务逻辑时需要用到 UserDAOImpl 类的支持，所以在 UserBizImpl 类的 bean 中有一个 userDAO 的引用注入。同时，将前置通知、后置通知、环绕通知和异常通知分别通过 4 个 bean 进行管理。

在项目中，核心业务与辅助业务都已经有具体的类，但是代理类却没有在项目中通过某一个类明确定义。因为在 AOP 中代理类的生成是通过 spring 框架 jar 包中的 org.springframework.aop.framework 包下的 ProxyFactoryBean 类完成的，该类的 bean 的装备需要有 3 个 <property> 标签完成。

第 1 个名字为 "target" 的 <property> 标签用于创建名字为 "userBiz" 的 bean 的对象；第 2 个名字为 "interceptorNames" 的 <property> 标签用于创建 4 种不同的通知对象；第 3 个名字为 "proxyInterfaces" 的 <property> 标签用于创建最后生成的代理对象。

通过对 IoC 和 AOP 技术的深入理解，可以明确 Spring 框架在整个 SSM 框架中扮演的角色的作用就是类的管理以及通过类的管理降低类间耦合度。

5.3 Spring MVC 框架

Spring MVC 框架是在 Spring 框架的基础上采用了 Web MVC 设计模式的一个轻量级 Web 框架，是目前最为流行的一个 Web 框架。所以，Spring MVC 框架的核心是使用 MVC 思想来处理 Web 业务。当使用 Spring MVC 框架时，需要借助 Tomcat 启动服务器进行运行，而不是仅仅运行一个 Java 应用。

5.3.1 Spring MVC 框架搭建基础

Spring MVC 框架主要由前端控制器（DispatcherServlet）、映射器（Mapping）、适配器（Adapter）、视图解析器（ViewResolver）、后端控制器（Controller）等部件构成。其中，前 4 个组件属于 Spring MVC 框架内置的组件，在使用时只需要在框架中正确地配置即可。后端控制器是针对不同的请求所采取的不同的处理逻辑，具有个性化和差异化的特点，需要根据具体的情况单独编码构建。

在 Spring MVC 框架中，最核心的部分就是控制器。控制器又分为前端控制器和后端控制器，这两种控制器各司其职。无论是前端控制器还是后端控制器，都是属于后端的组件，不能因为其称为前端控制器，就把它归结到前端部分。前端控制器主要负责请求的拦截、分析、调度；后端控制器的作用是接受前端控制器所发送来的处理内容，并对其进行具体的处理。所以，后端控制器中都是具体的处理逻辑。通过适配器将不同的处理请求适配到不同的后端控制器中，完成从用户请求的拦截、分析到处理、返回结果的全过程。

前端控制器是 Spring MVC 框架的入口，当请求从前端进入后端时，首先是被 DispatcherServlet 拦截。在编译器中，通过 web.xml 文件进行配置，其代码如下。

```
    <servlet>
        <servlet-name>springmvc</servlet-name>
        <servlet-class>
            org.springframework.web.servlet.DispatcherServlet
        </servlet-class>
    </servlet>
    <servlet-mapping>
        <servlet-name>springmvc</servlet-name>
        <url-pattern>/</url-pattern>
    </servlet-mapping>
</web-app>
```

在 web.xml 配置文件中，分为 <servlet> 标签和 <servlet-mapping> 标签。<servlet> 标签中包含两个子标签：<servlet-name> 和 <servlet-class>。

通过 <servlet-name> 定义前端控制器 DispatcherServlet 的名字，即"springmvc"。然后通过 <servlet-class> 标签配置该前端控制器的具体处理类，该类是一个内置类，其位于 org.springframework.web.servlet.DispatcherServlet 路径下。

<servlet> 标签只是在项目中定义了一个前端控制器，而前端控制器的使用就需要用到 <servlet-mapping> 标签。<servlet-mapping> 标签内包含了 <servlet-name> 标签与 <url-pattern> 标签，<servlet-name> 标签确定要对哪一个前端控制器进行映射，<url-pattern> 标签决定该前端控制器要对哪一些地址模式进行拦截处理。

完成 web.xml 文件后，就完成了前端控制器的定义与映射。接下来需要构建 Spring MVC 框架中的第二个配置文件。该文件的作用是完成前端控制器与后端控制器的适配工作。因为前端控制器拦截请求之后，只能对请求进行分析、调度，不具备处理请求的能力，需要将请求调度给相对应的后端控制器才能处理请求、返回结果。这涉及两个控制器之间的连接适配问题，该问题的解决通过第二个配置文件完成。

第二个配置文件需要在与 web.xml 同一个目录下创建，该文件的名字格式是"xxx-servlet.xml"，文件名中缺省的内容需要填充其所适配的前端控制器的名字。在该项目中就是"springmvc-servlet.xml"。所以，第二个配置文件主要是为了服务于 web.xml 中使用的前端控制器。springmvc-servlet.xml 文件的具体信息如下所示。

```xml
<beans>
    <bean id="simpleUrlHandlerMapping"
    class="org.springframework.web.servlet.handler.SimpleUrlHandlerMapping">
        <property name="mappings">
            <props>
                <prop key="/index">indexController</prop>
            </props>
        </property>
    </bean>
    <bean id="indexController" class="controller.IndexController"></bean>
</beans>
```

该文件基于 Spring 框架基础，通过 <bean> 标签实现 SimpleUrlHandlerMapping 以及 IndexController 两个类的装配，装配后的 bean 的名称是 simpleUrlHandlerMapping 和 indexController。SimpleUrlHandlerMapping 类的名字是简单地址处理映射类，属于 Spring MVC 框架 jar 包中的一个类，该包的名称是"org.springframework.web.servlet.handler"。该类的作用是将请求与处理该请求的类进行映射匹配。

在进行适配时，通过子标签 <prop> 完成。<prop> 标签中有一个属性 key，该属性的作用是写上调度给后端控制器的请求名称。中间的"indexController"则是管理后端控制器类的 bean 的 id。在下方也定义了后端控制器类的 bean。需要注意的是，前端控制器的类是系统自带的，无须自己创建。但是，后端控制器的类需要根据实际自行创建。为何两种控制器会有这种差别？因为前端控制器的工作主要是对用户请求进行拦截、分析、调度，这些动作都是统一的；而后端控制器负责具体的请求处理，用户的请求是具有个性化和差异化的，具体请求需要对应具体的处理算法。所以，后端控制器无法与前端控制器一样，形成一个统一的内置处理类。一般情况下，需要对后端控制器单独编码设计。

后端控制器先要实现一个 Controller 接口。因为只有实现了该接口，系统才会认为该类是一个后端控制器类，否则系统不予承认。该接口中包含了一个 handleRequest() 方法，它需要在实现类中进行实现。该方法的方法体就是具体的处理逻辑。该方法有一个返回类 ModelAndView，从名字上看，该类由两部分组成，一部分是 Model，另一部分是 View。Model 与 View 都是 MVC 设计思想中的重要组成部分，分别代表模型与视图，该类正好与 MVC 设计思想相契合。因为，IndexController 类是一个后端控制器类，控制器在 MVC 中的作用就是将正确的数据显示在正确的界面上。然后，将搭载着数据的界面作为结果返回给用户。所以，在该类中首先构建一个 ModelAndView 对象，并将视图作为参数加载到该对象中，然后通过该对象的 addObject() 方法将数据也加入其中，从而使得该对象既包含视图信息又包含数据信息，进而构成一个完整的结果返回。后端控制器类的代码如下。

```java
public class IndexController implements Controller{
    @Override
    public ModelAndView handleRequest(HttpServletRequest request, HttpServletResponse response) throws Exception {
        // TODO Auto-generated method stub
        ModelAndView mav = new ModelAndView("index.jsp");
        mav.addObject("message", "Hello Spring MVC");
        return mav;
    }
}
```

后端控制器处理后形成的结果通过适配器又回传到前端控制器，前端控制器会根据 ModelAndView 对象选择一个合适的视图解析器 ViewResolver，解析后形成一个真正的视图文件返回给前端控制器。DispatcherServlet 对视图进行渲染，将模型数据填充至视图中，最后将视图渲染的结果返回给客户端浏览器并对其进行显示。综上所述，Spring MVC 的工作流程可以概括为 10 步。

（1）用户通过浏览器端向服务器端发送请求。请求由服务器端的前端控制器 DispatcherServlet 处理。

（2）DispatcherServlet 拦截到请求后，调用映射器 Mapping。

（3）Mapping 根据请求 URL 找到处理该请求的处理器信息，生成处理器对象返回给

DispatcherServlet。

（4）DispatcherServlet 通过返回的信息选择合适的适配器 Adapter。

（5）Adapter 调用并执行控制功能模块，即项目中自定义的后端控制器类 Controller。

（6）Controller 执行完成后，返回一个 ModelAndView 对象，其中包含视图信息和数据信息。

（7）Adapter 将 ModelAndView 对象返回给 DispatcherServlet。

（8）DispatcherServlet 根据 ModelAndView 对象选择一个合适的视图解析器 ViewResolver。

（9）ViewResolver 对其解析后，再向 DispatcherServlet 返回具体的视图。

（10）DispatcherServlet 对视图进行渲染，将模型数据填充至视图中。视图渲染的结果返回给客户端浏览器显示。

5.3.2 Spring MVC 框架的视图定位

从 Spring MVC 的工作流程中可以了解到，后端控制器所返回的 ModelAndView 对象中同时携带着数据和视图，但是该视图并不是真正的视图，而是逻辑视图，即只包含了视图信息，并没有视图实体。需要通过 ViewResolver 对 ModelAndView 对象中的逻辑视图进行解析，将其匹配到对应的真实页面上。

除了用于视图解析外，ViewResolver 还可以用于实现视图定位功能。视图定位功能是将实际的视图存放在自定义的路径下，便于视图的管理。在上个项目实例中，创建的视图统一放在项目中的 WebContent 目录下面，如果视图数量少则无所谓，但是如果视图数量众多，且功能不一的话，我们更希望将不同的视图放在不同的文件夹下。例如，与用户相关的界面放在一个文件夹下；与后台管理模块相关的界面放在一个文件夹下等。而这些功能的实现就需要视图定位功能。

视图定位的设置比较简单，在 Spring MVC 项目中 springmvc-servlet.xml 文件中添加下列代码。该段代码首先通过 <bean> 标签定义一个 id 为 viewResolver 的 bean，该 bean 管理了一个内置类，类的路径由 <bean> 标签的 class 属性给出。正常的视图文件的格式是：文件路径 + 文件名 + 文件类型。文件路径又称为文件名的前缀，文件类型又称为文件名的后缀。视图定位功能主要是将文件的前缀与后缀进行定位。

视图定位的具体信息由两个 <property> 标签定义，第一个 <property> 标签的 name 属性是 prefix，即前缀。通过 value 属性设置前缀的值，这里我们统一将视图文件放到 "/WEB-INF/page/" 目录下。第二个 <property> 标签的 name 属性是 suffix，即后缀，表示文件类型，将其 value 值设置为 ".jsp"。这样就可以完成视图定位的设置。视图定位的具体代码如下所示。

```xml
<bean id="viewResolver"
 class="org.springframework.web.servlet.view.InternalResourceViewResolver">
    <property name="prefix" value="/WEB-INF/page/"></property>
    <property name="suffix" value=".jsp"></property>
</bean>
```

5.3.3 Spring MVC 框架的注解形式搭建

注解是搭建 Spring MVC 框架的另一种手段。它与 XML 形式具有互换性，也就是在搭建框架时，既可以使用注解，也可以使用 XML 形式。

Spring MVC 注解的形成可以替换 XML 文件的形式，所以，先删掉 springmvc-servlet.xml 文件中两个 bean，即 simpleUrlHandlerMapping 和 indexController。删掉后，再添加 <context:component-scan base-package="controller"> 语句。此语句就是告诉系统，现在准备采用注解的形式使用 Spring MVC 框架。注解形式的配置信息编写如下。

```xml
<beans>
  <context:component-scan base-package="controller">
</beans>
```

完成 springmvc-servlet.xml 文件后，再将其转到后端控制器类中去操作。刚刚删去的两个 bean 主要完成了请求名称与处理类的对应，以及后端控制器位置的定位。所以，需要通过注解找回这两个功能，施加注解的地方就是后端控制器。在这里主要使用了 2 个注解完成：@Controller 和 @RequestMapping()。

@Controller 注解主要作用于类名上方，用于标识该类是控制器类，当进行注解扫描时，可以正确识别到此类。有了该注解之后，就可以删掉原先实现的 Controller 接口。

@RequestMapping() 注解作用于方法之上，该注解的括号内填写的是请求名称，即 @RequestMapping("/index")。因为管理请求与其对应的后端控制器类的 bean 已经被删除，所以通过注解的形式将该注解放在对应处理方法之上，表示对应的处理关系。在这里通过 @RequestMapping() 注解表示，当请求名称为 index 时，由该注解下方的处理方法进行处理。后端控制器的注解设置代码如下。

```java
@Controller
public class IndexController {
    @RequestMapping("/index")
    public ModelAndView handleRequest(HttpServletRequest request, HttpServletResponse
    response) throws Exception {
        // TODO Auto-generated method stub
        ModelAndView mav = new ModelAndView("index");
        mav.addObject("message","Hello springmvc");
```

```
        return mav;
    }
}
```

5.3.4　Spring MVC 表单请求

表单是在开发动态 Web 项目时的一种常见形式。表单一般作为用户数据进入软件系统的入口。例如，使用教务系统前，首先需要输入用户名和密码，提交后发送到后端与数据库存储的用户信息对比正确后，才能进入系统。

表单本身是一个前端的组件，当用户在前端界面填写完表单数据提交后，就会进入后端进行数据处理和响应。表单数据的处理和响应也是依靠 Spring MVC 框架实现。

首先，在进行请求响应时，用户需要发送一个请求，才能被后端进行响应处理，那么如果使用表单的话，请求名称在哪里生成？假设有以下代码。

```
<form action="addProduct" method="post">
   产品名称:<input type="text" name="name" value=" "><br/>
   产品价格:<input type="text" name="price" value=" "><br/>
   <input type="submit" value=" 增加商品 ">
</form>
```

在上述代码中，通过 <form> 标签构建了一个表单页面，每一个 <form> 标签都有一个 action 属性。该段代码中 action 的属性值为 "addProduct"，这个属性值并不是 <form> 表单的名字，而是填写完表单单击 "提交" 后所形成的请求名称。即在表单中填写完产品名称和产品价格后，单击 "提交" 按钮，此时，表单数据就会生成一个 "addProduct" 请求。该请求会进入后端被 Spring MVC 的控制器识别、处理。

其次，每一个表单需要填写数据，比如产品名称和产品价格。这些数据进入后端后，为了能够与数据库进行交互，需要转换为模型层的数据类型。所以，要构建一个实体类接收来自表单的数据，代码如下。

```
package pojo;
public class Product {
   private int id;
   private String name;
   private float price;
public int getId() {
      return id;
}
public void setId(int id) {
      this.id = id;
```

```
}
public String getName() {
    return name;
}
public void setName(String name) {
    this.name = name;
}
public float getPrice() {
    return price;
}
public void setPrice(float price) {
    this.price = price;
}
}
```

表单请求的响应处理需要调用控制器实现，代码如下。

```
package controller;
import org.springframework.stereotype.Controller;
import org.springframework.web.bind.annotation.RequestMapping;
import org.springframework.web.servlet.ModelAndView;
import pojo.Product;

@Controller
public class ProductController {
    @RequestMapping("/addProduct")
    public ModelAndView add(Product product)throws Exception{
        ModelAndView mav = new ModelAndView("showProduct");
        return mav;
    }
}
```

ProductController 类为后端控制器类，其实现采用注解的形式。类中的 add() 方法上，通过 @RequestMapping() 注解，标注该方法处理的请求名称 addProduct。该名称与前端表单的 action 的名称是完全一样的，这也证明了 action 的名字就是表单成功提交后，发送到后端的请求名称。

5.3.5 页面跳转

页面跳转是 Spring MVC 框架经常做的工作，例如，输入 index 请求，页面经过后端处理会跳转到 index.jsp 页面。页面跳转主要有两种方式：重定向和请求转发。

重定向是站在浏览器角度做的事情，在 Web 应用下，当浏览器发出第一次请求到达服务器端后，服务器不会直接跳转出结果页面，而是发出一个响应，告诉浏览器重新发出一次请求，去请求一个新的地址来获得最终的结果。所以，浏览器需要两次按照服务器的指示发出请求，此时的地址栏中会发生变化。

请求转发则是站在服务器角度去做事情，同样在 Web 应用下，当浏览器发出第一次请求到达服务器端后，浏览器的工作就做完了，剩下的事情都交给服务器去做，服务器会主动转发这一个请求去获得结果页面。请求从头到尾只有一个，服务器并没有让浏览器重新发出一个请求，此时的地址栏中不会发生变化。

所以，从重定向和请求转发的工作流程看，这两种方式的跳转方式是不同的，主要区别如下。

（1）请求转发是在服务器端完成的，重定向是在客户端完成的。

（2）请求转发的速度快，重定向速度慢。

（3）请求转发的是同一次请求，重定向是两次不同请求。

（4）请求转发地址栏没有变化，重定向地址栏有变化。

（5）请求转发必须是在同一台服务器下完成，重定向可以在不同的服务器下完成。

在之前说过的 Spring MVC 框架的工作流程中都是请求转发的例子，下面看一个重定向的例子。其代码如下。

```
@Controller
public class IndexController {
    @RequestMapping("/index")
    public ModelAndView handleRequest(HttpServletRequest arg0, HttpServletResponse arg1)
throws Exception {
            // TODO Auto-generated method stub
            ModelAndView mav = new ModelAndView("index");//这是视图
            mav.addObject("message", "Hello Spring mvc");
            return mav;
    }

@RequestMapping("/jump")
    public ModelAndView jump(){
            ModelAndView mav = new ModelAndView("redirect:/index");
            return mav;
    }
```

上述代码定义了一个控制器类，类体内设置了一个 jump() 方法，在方法体内的 ModelAndView 对象创建的参数列表中，引入了一个重定向语句"redirect：/index"。该代码的引入使得当用户从浏览器端发送了请求"jump"后，服务器端在处理该请求时，不会直接跳转到结果页面，而是执行重定向命令，让浏览器端重新访问 index 请求。之后，浏览器端会重新向服务器端发出"index"请求，到达服务器后，由 handleRequest() 方法处理该请求，并最终跳转到 index.jsp 页面上。在这个过程中，浏览器端共发出两次不同请求，且地址栏会发生变化。

5.4 MyBatis 框架

MyBatis 框架是 SSM 框架之一，该框架主要负责数据库的交互。原先在处理数据库交互时，常常采用 JDBC 技术。但是，JDBC 技术有许多的弊端和劣势。

（1）数据库连接创建、释放频繁会造成系统资源浪费，从而影响系统性能。

（2）SQL 语句在代码中硬编码，造成代码不易维护。在使用 JDBC 时，SQL 语句的书写需要渗透到 Java 代码中，如需变动 SQL 语句，就必须修改代码，而这种操作违背了设计模式中的开闭原则，即对扩展开放，对修改关闭。意思就是如果需要调整代码，不能直接在代码中修改，应该将调整的部分重新扩展出一个新的模块。JDBC 的代码如下。

```
String sql = "insert into hero values(null,+'蝙蝠侠')";
s.execute(sql);
```

上述代码直接写在程序中，且 SQL 语句是硬编码的形式。如果用户的需求改变需要调整 SQL 语句，只能修改代码。

（3）用 PreparedStatement 向占位符传参数存在硬编码，因为 SQL 语句的 where 条件不确定，可能多也可能少，修改 SQL 语句需要修改代码，造成系统不易维护，其代码如下。

```
String sql = "insert into hero values(null,?,?,?)";
    PreparedStatement ps = c.prepareStatement(sql);
        ps.setString(1, "提莫");
        ps.setFloat(2, 313.0f);
        ps.setInt(3, 50);
        ps.execute();
```

在上述例子中，SQL 语句的参数通过占位符进行表示，通过 PreparedStatement() 方法向占位符传参数。如果需要设置其他的名字或者价格，则需要再次修改传递的参数。

（4）JDBC 对结果集解析存在硬编码（查询列名），SQL 语句的变化会导致解析代码变化，造成系统不易维护，其代码如下。

```
String sql = "select * from hero";
    ResultSet rs = s.executeQuery(sql);
        while (rs.next()) {
            int id = rs.getInt("id");
            float hp = rs.getFloat("hp");
        }
```

在上述代码中，ResultSet 对象装载着结果集，在对结果集解析时，需要通过硬编码的形式，即查询具体的列名，如"id""hp"等实现。

为了弥补 JDBC 的缺点，提出了 ORM 框架的理念。MyBatis 框架就是 ORM 框架的一种。ORM 的全称为 Object/Relation Mapping，即对象关系映射。允许应用程序以面向对象的方式来操作关系型的数据库，即将 Java 对象与对象之间的关系映射到数据库中表与表之间的关系。

原先使用 JDBC 技术时，程序员在开发过程中既要关注 Java 程序的设计，还要关注数据库层面的设计。使用了 ORM 框架后，程序员只需要将精力放到面向对象代码设计上，数据库层面的操作完全由 ORM 框架将 Java 层面的操作映射过去。

所谓的 ORM 就是一种为了解决面向对象与关系型数据库中数据类型不匹配的技术，它通过描述 Java 对象与数据库表之间的映射关系，自动将 Java 应用程序中的对象持久化到关系型数据库的表中。

ORM 框架的工作原理如图 5.4 所示。

图5.4　ORM框架的工作原理

上图中的两端分别是应用程序和关系数据库，应用程序主要通过 Java 构建，数据库是关系型数据库，应用程序在与关系型数据库交互时，需要创建持久化对象。所谓的持久化对象就是将对象永久保存。但是，对象本身具有生命周期，对象的生命周期结束后，就会被 Java 虚拟机回收，所以对象只能暂时地存在于程序中。为了能够将对象永久保存下来，只能将对象存储于数据库中，所以，在数据库中有对应记录的对象就称为持久化对象。持久化对象会与数据库中的表形成一一对应的关系，即对象名对应表名，对象的属性名对应表里的字段名。两者在进行对接时，可以通过 ORM 框架的对象关系映射完成，从而达到事半功倍的效果。

5.4.1　Java 持久化对象

通过 ORM 框架进行对象关系映射时，Java 程序端必须设置一个持久化对象，与关系数据库中的表和字段形成对应。所以，在 MyBatis 框架的应用程序中，每一个数据库的表都对应一个持久化对象 PO（Persistent Object）。PO 可以看成是与数据库中的表相映射的 Java 对象。

PO 其实就是一个普通 JavaBean，PO 中应该不包含任何对数据库的操作，其具体代码如下。

```java
public class Book {
    private int id;
    private String book;
public int getId() {
      return id;
}
public void setId(int id) {
      this.id = id;
}
public String getBook() {
      return book;
}
public void setBook(String book) {
      this.book = book;
}
}
```

JavaBean 主要由 3 个部分构成：私有的属性成员 id 与 name；公有的 get 和 set 方法；默认的构造函数。具体的业务方法不应该出现在该类中。

PO 对象有 3 种状态：临时状态（又称临时态）、持久状态（又称持久态）和托管状态（又称脱管态）。处于持久态的对象也称为 PO，临时对象和脱管对象称为 VO（Value Object）。

new 命令开辟内存空间时刚生成的 Java 对象就处于临时态。

例如，

```
UserInfoPO ui=new UserInfoPO();
```

临时对象在内存中是孤立存在的，它是携带信息的载体，与数据库的数据没有任何关联。在 MyBatis 框架中，可通过 session 的 insert() 方法将临时对象与数据库相关联，并将数据对应地插入数据库中，此时该临时对象转变成持久对象。

持久态表示该对象在数据库中具有对应的记录，并拥有一个持久化标识。如果使用 MyBatis 的 delete() 方法，对应的持久对象就变成临时对象，因数据库中的对应数据已被删除，该对象不再与数据库的记录关联。当一个 session 执行 close() 方法之后，持久对象变成脱管对象，此时持久对象会变成脱管对象，此时该对象虽然具有数据库识别值，但它已不在 MyBatis 持久层的管理之下。

脱管对象是指当与某持久对象关联的 session 被关闭后，该持久对象转变为脱管对象。当脱管对象被重新关联到 session 上时，再次转变成持久对象。脱管对象拥有数据库的识别值，可通过 update() 方法转变成持久对象。

5.4.2 MyBatis 框架搭建步骤

在进行 MyBatis 框架搭建前,先要确保在数据库中已经有了对应的库与表,以便使用框架对其进行映射。因为 MyBatis 框架是对象关系映射框架,其所服务的数据库一定是关系型数据库,我们以 MySQL 数据库为例。首先,通过如下 SQL 语句完成数据库层面的操作,构建一个名字称作"mybatistest"的数据库,其代码如下。

```
create database mybatistest
```

然后,在该数据库中创建一个名为"category_"的表,其中包含 2 个字段,分别是 id 与 name。同时,向该表中插入 2 条数据,其代码如下。到此为止,数据库方面的工作已经完成。

```
CREATE TABLE category_ (
  id int(11) NOT NULL AUTO_INCREMENT,
  name varchar(32) DEFAULT NULL,
  PRIMARY KEY (id)
) ENGINE=MyISAM AUTO_INCREMENT=1 DEFAULT CHARSET=utf8;

INSERT INTO category_ VALUES (null,'category1');
INSERT INTO category_ VALUES (null,'category2');
```

接下来,需要在程序端搭建 MyBatis 框架。在 MyBatis 框架中,首先构建一个与刚刚所创建的表对应的实体类 Category。Category 类中的属性与刚刚在数据库中创建的表 category_ 中的字段是一致的,Category 类的代码如下。

```java
package com.mybatis.pojo;
public class Category {
    private int id;
    private String name;
    public int getId() {
        return id;
    }
    public void setId(int id) {
        this.id = id;
    }
    public String getName() {
        return name;
    }
    public void setName(String name) {
        this.name = name;
    }
}
```

}

在进行 MyBatis 框架搭建时，需要将程序端与其所交互的数据库端连接起来，这一操作是在 MyBatis 框架的 mybatis-config.xml 文件中完成的。mybatis-config.xml 是 MyBatis 框架的核心配置文件，该文件主要用于编写数据库连接交互的重要信息。在创建配置文件时，必须清楚该文件的文件名及其创建的位置。

配置文件的类型是 XML 文件，文件名为 mybatis-config，在 src 目录下构建。其主要代码如下。

```xml
<?xml version="1.0" encoding="UTF-8" ?>
<!DOCTYPE configuration
PUBLIC "-//mybatis.org//DTD Config 3.0//EN"
"http://mybatis.org/dtd/mybatis-3-config.dtd">
<configuration>
    <typeAliases>
      <package name="com.mybatis.pojo"/>
    </typeAliases>
    <environments default="development">
        <environment id="development">
            <transactionManager type="JDBC"/>
            <dataSource type="POOLED">
     <property name="driver" value="com.mysql.jdbc.Driver"/>
<property name="url" value="jdbc:mysql://localhost:3306/mybatistest?characterEncoding=UTF-8"/>
                <property name="username" value="root"/>
                <property name="password" value="admin"/>
            </dataSource>
        </environment>
    </environments>
    <mappers>
        <mapper resource="com/mybatis/pojo/Category.xml"/>
    </mappers>
</configuration>
```

该配置信息可分为 3 个部分，第 1 部分为 <typeAliases> 标签引出的持久化类的包路径，其作用是简化框架搜寻持久化类的步骤。有了该路径后，每次需要查询持久化类，直接去这个包下面查找即可。第 2 部分为 <dataSource> 标签引出的数据源，该段代码主要由 4 个 <property> 标签分别表示数据库的驱动、地址、用户名和密码。

第 1 个 <property> 表示驱动，应用程序和数据库分为两个体系，但是为了能够正常完成业务，需要将两者结合起来使用。驱动类就是让应用程序能够识别数据库信息，为后续的连接交互做好准备，其代码如下。

```
<property name="driver" value="com.mysql.jdbc.Driver"/>
```

第 2 个 <property> 表示数据库的地址信息。Localhost 为配置名称，3306 是端口号，而后面的 mybatistest 则为当前使用的数据库的名称，其代码如下。

```
<property name="url" value="jdbc:mysql://localhost:3306/mybatistest?characterEncoding=UTF-8"/>
```

第 3 个和第 4 个 <property> 分别表示数据库的用户名和密码信息，只有获取了用户名和密码才能真正进入数据库，完成对数据的访问，其代码如下。

```
<property name="username" value="root"/>
    <property name="password" value="admin"/>
```

可以这样来理解 4 个属性的设置：数据库交互就是应用程序要去数据库中操作数据，它们两个中间隔了一段路，驱动类相当于一部汽车，可以载着命令请求与数据库交互，而地址则是找寻数据库的一个指向，告诉我们去哪里找数据库。当我们开着车，按照地址来到了数据库门口时，发现数据库的大门是锁着的。这个时候，需要通过用户名和密码两个属性来打开数据库的大门，进入数据库内部，完成数据的操作。

mybatis-config.xml 文件的第 3 部分是 <mappers> 标签。该标签的作用是将映射资源引入核心配置文件。下列代码中的 resource 属性表示的就是映射资源的地址。映射资源是编写通过程序跟数据库进行具体交互操作的重要文件，其代码如下。

```
<mappers>
    <mapper resource="com/mybatis/pojo/Category.xml"/>
</mappers>
```

映射资源主要是以 Category.xml 命名的文件，该文件与持久化对象处于同一个包下面，作用是将程序跟数据库操作的具体信息写在其中。其代码如下。

```
<select id="listCategory" resultType="Category">
    select * from category_
</select>
```

以执行查询操作为例。<select> 标签表示其功能是执行查询、获取相关操作，其中有两个重要属性。id 属性表示该标签的识别符号，如果在运行时，需要用到该操作，则可通过获取其 id 属性执行。resultType 属性表示的是结果类型，因为在执行查询操作时，一定会返回一个查询结果，可以通过该属性规定其返回结果的数据类型，在这里是 Category 类型。标签的中间书写具体 SQL 语句。上述代码执行的是从 category_ 表中将所有的记录查询出来。

如果想按照指定的 id 去查找，可以使用以下代码。在这里，该标签除了 id 属性外，还有 parameterType 和 resultType 两个类型属性，parameterType 属性规定传入参数的类型，因为在 SQL 语句中包含了一个 WHERE 子句的条件查询，需要人为地给出一个查询记录的 id 号才可以执行，故将 parameterType 属性类型设置为 int 类型，resultType 仍然是返回的结果类型。

```
<select id="getCategory" parameterType="_int" resultType="Category">
select * from  category_  where id= #{id} </select>
```

配置文件构建完毕，就可以通过测试类启动 MyBatis 框架，测试代码如下。

```
public class TestMyBatis {
   public static void main(String[] args) throws IOException {
      String resource = "mybatis-config.xml";
InputStream inputStream = Resources.getResourceAsStream(resource);
SqlSessionFactory sqlSessionFactory = new SqlSessionFactoryBuilder().build(inputStream);
 SqlSession session=sqlSessionFactory.openSession();
List<Category> cs=session.selectList("listCategory");
 for (Category c : cs) {
      System.out.println(c.getName());
}}}
```

在上述测试代码中，可以概括为如下 MyBatis 的执行步骤。

（1）MyBatis 读取核心配置文件 mybatis-config.xml，在 mybatis-config.xml 核心配置文件中主要配置了 MyBatis 的运行环境等信息。

（2）加载映射文件 Mapper.xml，即 SQL 映射文件，该文件配置了操作数据库的 SQL 语句，需要在 mybatis-config.xml 中加载才能执行。

（3）构造会话工厂：通过 MyBatis 的环境等配置信息构建会话工厂 SqlSessionFactory，该会话工厂用于创建 SqlSession。

（4）创建会话对象：由会话工厂 SqlSessionFactory 创建 SqlSession 对象，该对象中包含了执行 SQL 语句的所有方法。

（5）创建执行器：会话对象本身不能直接操作数据库，MyBatis 底层定义了一个 Executor 接口用于操作数据库，执行器会根据 SqlSession 传递的参数动态生成需要执行的 SQL 语句，同时负责查询缓存维护。

（6）封装 SQL 信息：SqlSession 内部通过执行器 Executor 操作数据库，执行器将待处理的 SQL 信息封装到 MappedStatement 对象中。

（7）操作数据库：根据动态生成的 SQL 语句操作数据库。

（8）输出结果映射：执行 SQL 语句之后，通过 MappedStatement 对象将输出结果映射至 Java 对象中。

5.4.3 MyBatis 框架的增删改查操作

应用程序与数据库之间的常见交互方式可以概括为 CRUD。C 表示 Create，即创建或插入；R 表示 Read，即读取或查找；U 表示 Update，即更新或修改；D 表示 Delete，即删除。下面通过 MyBatis 框架对这 4 种操作进行实现。

1. MyBatis 框架的增加操作

首先在映射文件 Category.xml 中，配置增加操作的相关 SQL 语句，代码如下。

```
<insert id="addCategory" parameterType="Category">
    insert into category_(name)values(#{name})
</insert>
```

插入通过 <insert> 标签进行设置，id 属性表示该 SQL 的标识，parameterType 属性表示输入参数的数据类型。因为插入的数据为 Category 对象，所以使用 Category 类名作为参数类型。SQL 语句采用常规的 insert into 格式，给数据库表中的 name 字段插入一个值，值通过占位符表示。增加操作的测试代码如下。

```
Category c = new Category();
c.setName("newdata");
session.insert("addCategory",c);
```

在测试代码中，首先创建一个 Category 对象 c，并给该对象的 name 属性设置一个新值，调用 session 对象的 insert() 方法，将映射文件中的 id 编号导入参数方法的参数列表，并同时将要插入的对象引用也放到参数列表中。最终将数据通过程序插入数据库。

2. MyBatis 框架的删除操作

在映射文件 Category.xml 中，配置删除操作的相关 SQL 语句，其代码如下。

```
<delete id="deleteCategory" parameterType="Category">
    delete from category_ where id=#{id}
</delete>
```

删除通过 <delete> 标签进行设置，id 属性表示该 SQL 的标识，parameterType 属性表示输入参数的数据类型。因为删除的数据为 Category 对象，所以使用 Category 类名作为参数类型。SQL 语句采用常规的 delete from 格式，删除数据库表中的指定 id，id 的值通过占位符表示。删除操作的测试代码如下。

```
Category c = new Category();
c.setId(3);
session.delete("deleteCategory",c);
```

在测试代码中，首先创建一个 Category 对象 c，并设置要删除的记录的 id，调用 session 对象的 delete() 方法，将映射文件中的 id 编号导入参数方法的参数列表，并同时将要删除的对象引用也放到参数列表中。最终通过程序删除数据库中的对应 id 的记录。

3. MyBatis 框架的读取操作

读取也称作查找，是将数据按照不同的需求从数据库中读取到程序中。在映射文件 Category.xml 中，配置读取操作的相关 SQL 语句，其代码如下。

该例子是一个指定 id 查找的例子。根据指定 id 查找是通过 <select> 标签设置的，id 属性表示该 SQL 的标识，因为该查找方式是指定 id 查找，在属性设置上有两个参数，分别是输入参数类型 parameterType 属性，以及返回参数类型。因为查找的数据为 Category 对象，所以使用 Category 类名作为参数 resultType 属性。parameterType 主要是给需要查找的 id 号赋值；而 resultType 是给查找后的返回结果类型赋值。查找数据库表中的指定 id，id 的值通过占位符表示。

```
<select id="getCategory" parameterType="int" resultType="Category">
    select * from category_ where id= #{id}
</select>
```

执行时，通过 session 对象的 selectOne() 方法调用，其代码如下。

```
Category c= session.selectOne("getCategory",3);
```

4. MyBatis 框架的更新操作

更新也称作修改，是将数据库中已有的数据修改为另一个数据。在映射文件 Category.xml 中，配置更新操作的相关 SQL 语句，其代码如下。更新通过 <update> 标签进行设置，id 属性表示该 SQL 的标识，parameterType 属性表示输入参数的数据类型。因为更新的数据为 Category 对象，所以使用 Category 类名作为参数类型。SQL 语句采用常规的 update set 的格式，更新数据库表中的指定 id，id 的值通过占位符表示。

```
<update id="updateCategory" parameterType="Category" >
```

```
        update category_ set name=#{name} where id=#{id}
</update>
```

更新操作的测试代码如下。在实际操作中，首先通过 selectOne() 方法将要修改的记录取出来，然后设置新的值，再调用 update() 方法进行修改生效。

```
Category c= session.selectOne("getCategory",3);
c.setName("修改了的Category名称");
session.update("updateCategory",c);
```

5. MyBatis 框架对传统 JDBC 编程的补偿

从上文得知，传统的 JDBC 技术虽然能够完成程序与数据库间的交互操作，但却存在许多劣势，而 MyBatis 框架可以利用其自身的优势来弥补 JDBC 中的这些劣势。

对于 JDBC 中的数据库链接创建、释放频繁会造成系统资源浪费，从而影响系统性能的问题。MyBatis 框架可以在 SqlMapConfig.xml 中配置数据链接池，使用连接池管理数据库链接。

对于 JDBC 中的 SQL 语句在代码中硬编码造成代码不易维护的问题，MyBatis 将 SQL 语句配置在 MyBatis 的映射文件中，实现了其与 Java 代码的分离。如下代码中专门构建一个 XML 文件进行 SQL 语句的执行，而不是在代码中编写 SQL。

```
<select id="listCategory" resultType="Category">
     select * from category_
</select>
```

对于 JDBC 中的使用 preparedStatement 向占位符传参数存在硬编码的问题，MyBatis 框架能够自动将 Java 对象映射至 SQL 语句，通过 Statement 中的 parameterType 定义输入参数的类型。在 XML 文件中，通过 parameterType 属性定义输入的参数类型是 int 类型，其代码如下。

```
<select id="getCategory" parameterType="_int" resultType="Category">
```

MyBatis 自动将 Java 对象映射至 SQL 语句，其代码如下。

```
Category c = new Category();
       c.setName("新增加的Category");
       session.insert("addCategory",c);
```

对于 JDBC 对结果集解析存在硬编码（查询列名），SQL 变化会导致解析代码变化，从而造成系统不易维护的问题。MyBatis 可以自动将 SQL 执行结果映射至 Java 对象，通过 Statement 中的 resultType 定义输出结果的类型，其代码如下。

```
<select id="listCategory" resultType="Category">
```

MyBatis 自动将 SQL 执行结果映射至 Java 对象，其代码如下。

```
List<Category> cs=session.selectList("listCategory");
```

5.4.4 MyBatis 框架的多表关联操作

在之前的 MyBatis 框架与数据库的交互中，都是与数据库中的一张表进行的。但是在实际使用中，数据库中不可能只有一张表。比如学习使用的教务系统，与其相关的数据库中肯定会包含学生表、班级表、课程表等，而且，不仅表的数量多，表与表之间还存在相互的关联。常见的关联关系主要有一对一、一对多、多对一、多对多等。

一对一是最常见，也是最简单的一种关联关系，如学生与学生证之间、公民与身份证之间都是典型的一对一关系。

多对一关系也是较常见的一种关系，如学生与班级、孩子与父亲之间都是这种关系，学生与孩子都是多的一方，而班级与父亲都是一的那方。一对多关系只是将多对一调转过来，实际还是那一对关联关系。

多对多关系也是很重要的一种关联关系，如课程与学生之间，商品与订单之间。一名学生一学期可以上多门课程，同时，一门课又有多个学生来上。所以，这一对关系就是典型的多对多，两者都是多的一方。

多表的关联在配置上要比单表复杂。在设置多表的关联关系时，除了每个表所必需的主键外，还需要添加外键进行两个表之间的连接，外键可以理解为是另一个表的主键，如果表 A 中有一个外键引用了表 B 的主键，A 表就是子表，B 表就是父表。

表与表之间的关系也会映射到对象中，形成级联关系，这是一种结构化的关系，指一个对象和另一个对象有联系。

下面设置一对多的关联关系。先在数据库中准备两个表：category_ 表与 product_ 表。category_ 表是分类表，而 product_ 表是商品表，这两个表存在一对多的关联关系。category_ 表是 "一" 方，而 product_ 表是 "多" 方。category_ 表在之前已经建立，构建 product_ 表的代码如下。

```
create table product_(
id int NOT NULL AUTO_INCREMENT,
name varchar(30)   DEFAULT NULL,
price float   DEFAULT 0,
cid int ,
PRIMARY KEY (id)
)AUTO_INCREMENT=1 DEFAULT CHARSET=utf8;
```

在 product_ 表中,包含了一个 cid 字段,该字段是 product_ 表里的外键,用于跟 category_ 表里的 id 主键进行关联。

然后,在程序端准备两个类,第一个是 Category 类。在 Category 类中不能只包含本类的属性,因为在表的关联中,一个表需要通过外键与另一个表建立关系。在 Java 中,也需要通过在一个类中设置另一个类的属性来完成。因为 Category 类关联的类是 Product,属于多的一方。在 Category 类中设置一个关于 Product 类的集合用于两个类间的关联,构建 Category 类的代码如下。

```
public class Category {
    private int id;
    private String name;
    List<Product> products;
}
```

Product 类不需要设置额外的属性,只编写其自身的属性即可。构建 Product 类的代码如下。

```
public class Product {
        private int id;
        private String name;
        private float price;
}
```

Category 类与 Product 类之间属于一对多关系。在进行一对多设置时,不需要两个类都设置,只需要设置一方就可以,另一方会自动绑定在一起。在选择时,一般按照谁在前,就在谁的文件里设置。如果设置"一对多"关联关系,则只需要在"一"方里面进行,即在 Category 类及其映射文件中进行设置。

接下来编写 SQL 语句。在这里进行一个查询操作,查询仍然使用 <select> 标签引出。需要注意的是,原来的查询属性是 resultType,现在需要换成 resultMap。因为 resultType 属性表示的是从数据库取出的数据要转换成的数据类型,原先只有一个表对应一个类,系统能够很明确地区分出表与类的对应关系,可以直接进行数据类型的转换。但是,在多表之间的查询中，因为数据库端的表有多个，程序端对应的类也有多个，而且在不同的表与类中，有着相同命名的字段或者属性，如 id、name 等。所以，在通过 SQL 语句从数据库中取出数据后，不能直接转化成 Java 的数据类型，而需要借助于 resultMap 标签对表中字段与类中字段进行一一对应后，再统一转换成 Java 的数据类型，再进行后续的逻辑处理。

以下 SQL 语句进行了 category_ 表与 product_ 表的多表查询，两表间通过左连接实现联合，以 product_ 表的外键 cid 与 category_ 表的 id 作为对应实现连接。查询的内容是两个表中的全部字段，但两个表中同名字段较多，为了区分，将同名字段取别名，再将查询的结果返回给 resultMap。其代码如下。

```
<select id="listCategory" resultMap="categoryBean">
select c.*, p.*, c.id 'cid', p.id 'pid', c.name 'cname', p.name 'pname' from category_ c left join product_ p on c.id = p.cid
</select>
```

映射文件的第二个部分是匹配属性与字段，完成 <resultMap> 标签。<resultMap> 标签的 type 表示最后要转化成的数据类型。<resultMap> 标签的编写代码如下。

在进行匹配时，因为涉及两个类与两个表，采用先主方后客方。主方即正在操作的该类的映射文件，在这里就是指 Category。<id> 标签配置 Category 的主键相关信息。<id> 中的 column 属性指的是数据库表里的字段名。

```
<resultMap type="Category" id="categoryBean">
        <id column="cid" property="id" />
        <result column="cname" property="name" />
        <collection property="products" ofType="Product">
            <id column="pid" property="id" />
            <result column="pname" property="name" />
            <result column="price" property="price" />
        </collection>
</resultMap>
```

5.4.5 MyBatis 框架的动态 SQL

SQL 语句是与数据库进行交互的主要语句，SQL 语句分为动态 SQL 和静态 SQL 两种。静态 SQL 是在编写的时候就已经确定的 SQL 语句；而动态 SQL 是执行的时候无法确定的 SQL 语句。

之前在映射文件中写的 SQL 都是静态 SQL，因为其 SQL 语句的结构与语义都是完整的，在程序运行前就知道该 SQL 要执行的内容。如下方代码所示，该映射文件中包含

两个 <select> 标签，第一个实现对 product_ 表的全查，第二个执行模糊查询。虽然静态 SQL 的结构与语义没有任何问题，但是语句一旦写完就无法更改，如果需要更改就要重新写一个新的 SQL 语句。随着需求的增多，SQL 语句的数量也会增加，会让代码冗余度增加，可读性变差。下面两个 SQL 语句前半部分是一样的，后一个查询比前一个多一个模糊查询，而模糊查询是否执行是根据 name 字段是否被赋值来定。

```
<mapper namespace="com.mybatis.pojo">
    <select id="listProduct" resultType="Product">
        select * from product_
    </select>
    <select id="listProductByName" resultType="Product">
      select * from product_ where name like concat('%',#{name},'%')
    </select>
</mapper>
```

为了能够使 SQL 语句变得更加灵活，并且减少冗余，故提出了动态 SQL 语句。动态 SQL 的特点是不执行的时候无法确定的 SQL 语句，实现这种特点主要依靠几个常用的动态 SQL 元素：<if> 元素、<where> 元素、<choose> 元素、<when> 元素、<otherwise> 元素。

动态 SQL 中的 <if> 标签与 Java 语法结构中的 if 语句用法类似，即对某一个条件执行判断。通过条件判断，降低 SQL 语句的冗余度，精练 SQL 语句的结构。<if> 标签的使用代码如下。

```
<mapper namespace="com.mybatis.pojo">
    <select id="listProduct" resultType="Product">
        select * from product_
            <if test="name!=null">
                where name like concat('%',#{name},'%')
            </if>
    </select>
</mapper>
```

在上述代码中，将两个查询合二为一，共同的部分放在最前面，而是否包含 name 字段的这个条件通过动态 SQL 中的 <if> 标签进行判断，若 name 字段的值不为空，则将模糊查询的语句拼接到 select 语句的后面，组成一个完整的模糊查询语句；如果 name 字段的值为空，则忽略后面的模糊查询语句。

如果有多个条件需要判断，可以在文件中使用多个 <if> 标签，但是不能采用以下代码的形式，因为该代码从表面看虽然符合 SQL 语法，但如果不满足第一个 if 条件，而满足第二个 if 条件时，系统就会直接将"and price > #{price}"连接到 select 语句的后面，很显然是不符合 SQL 的语法结构，其代码如下。

```xml
<select id="listProduct" resultType="Product">
    select * from product_
    <if test="name!=null">
        where name like concat('%',#{name},'%')
    </if>
    <if test="price!=0">
        and price > #{price}
    </if>
</select>
```

为了避免这种情况的发生,在使用多 <if> 标签时,一般配合着 <where> 标签一起使用。<where> 标签一般放在 <if> 标签的最外围,起到对 if 判断后的 SQL 语句的格式进行自动调整的作用。例如,给 SQL 语句增加 where 关键词;将多余的关键词自动删除等功能。配合 <where> 标签使用的代码如下。

```xml
<mapper namespace="com.mybatis.pojo">
    <select id="listProduct" resultType="Product">
        select * from product_
        <where>
            <if test="name!=null">
                and name like concat('%',#{name},'%')
            </if>
            <if test="price!=null and price!=0">
                and price > #{price}
            </if>
        </where>
    </select>
</mapper>
```

在上述例子中,一共包含了两个 <if> 标签,每一个 <if> 标签都表示一个条件判断,在 <if> 标签中的 SQL 语句全部省略 where 关键字,统一在 <if> 标签的外围添加 <where> 标签。在使用时,根据判断条件的不同,会选择不同的分支,缺少的关键字会自动补全,构成完整的 SQL 语句。

虽然在动态 SQL 中添加 <where> 标签可以实现多条件的表达,但是如果条件众多,很难能穷尽所有的情况。在 Java 语言的语法中,往往通过 else 关键词来表示与 if 关键词对立的那些情况。动态 SQL 中虽然没有 else 对应的标签,但是有一个 <choose><when><otherwise> 三者组成的组合,该组合可以实现 else 的表达,其使用代码如下。

```xml
<select id="listProduct" resultType="Product">
    select * from product_
```

```xml
            <where>
            <choose>
            <when test="name!=null">
               and name like concat('%',#{name},'%')
            </when>
            <when test="price!=null and price!=0">
               and price >#{price}
            </when>
            <otherwise>
               and id>1
            </otherwise>
            </choose>
            </where>
</select>
```

在上述代码中，这个组合的使用是通过 <when> 来代替原来的 <if>，而 <otherwise> 表示与 <if> 相反的条件，<choose> 位于 <when> 与 <otherwise> 最外围，表示一个选择分支。

5.4.6 MyBatis 框架的注解形式使用

MyBatis 框架在搭建时也可以使用注解的形式，接下来看一下增删改查如何实现注解形式的使用。在原来的搭建中，增删改查的核心 SQL 语句主要是写在映射文件中。注解主要与代码绑定在一起，但是在原来的 MyBatis 项目中没有对应的代码能够施加注解，那么就需要创建一段代码来放置注解。在 com.mybatis.mapper 包下，构建一个接口 CategoryMapper，该接口中有 5 个抽象方法，即 add、delete、get、update、list，分别表示增、删、获取、改、查 5 个操作。但是接口中的方法都是抽象方法，没有方法体，所以无法执行具体的交互操作。以往使用接口时，一般通过一个类来继承该接口，并重写内部的抽象方法来实现。现在可以通过注解来实现。

MyBatis 框架用于增删改查的注解主要有 @Insert、@Delete、@Update 和 @Select。在使用这些注解时，将对应的注解放到对应的方法声明上方。例如，add() 方法主要用于增加操作，那么就将 @Insert 注解放到该方法的上方，在注解后面的括号中放入需要执行的 SQL 语句，像这样将其他操作的注解以此类推进行匹配，从而完成 MyBatis 注解形式的搭建。注解形式搭建完毕，原来的映射文件就可以被替代。在调用时，只需要通过反射机制获取到该接口的对象，并通过接口对象调用内部的方法名，就可以触发与该方法关联的注解的使用，其代码如下。

```java
public interface CategoryMapper {
    @Insert(" insert into category_ ( name ) values (#{name}) ")
    public int add(Category category);
    @Delete(" delete from category_ where id= #{id} ")
```

```
    public void delete(int id);
    @Select("select * from category_ where id= #{id} ")
    public Category get(int id);
    @Update("update category_ set name=#{name} where id=#{id} ")
    public int update(Category category);
    @Select(" select * from category_ ")
    public List<Category> list();
}
```

5.4.7 MyBatis 框架与 Spring 框架整合

MyBatis 框架是一个 ORM 框架，对于与关系型数据库的交互具有良好的效果，同时，该框架与 Spring 框架也有良好的兼容性，可以实现与 Spring 框架的整合。

MyBatis 框架与 Spring 框架整合就是为了实现"让专业的人干专业的事"。MyBatis 框架的专业性在于通过对象关系映射实现与关系型数据库之间的交互，而 Spring 框架的专业性在于通过 IoC 等技术实现类的管理与解耦。这两个框架整合的目的在于各司其职，各自发挥优势，提高开发的效率。

MyBatis 框架与 Spring 框架整合的思路是将 MyBatis 框架中的相关类和接口都交给 Spring 框架去管理，使得 MyBatis 框架可以专注于数据库交互业务。

在实施时，首先在 com.ms.mapper 包下，构建一个接口 CategoryMapper，其代码如下。该接口提供了增删改查相关操作的抽象方法。

```
public interface CategoryMapper {
    public int add(Category category);
    public void delete(int id);
    public Category get(int id);
    public int update(Category category);
    public List<Category> list();
    public int count();
}
```

将映射文件也放到该包下，之所以放到一个包下，主要是为了实现通过接口的抽象方法直接访问映射文件的 SQL 语句。映射文件的代码如下。

```
<mapper namespace="com.ms.mapper.CategoryMapper">
    <insert id="add" parameterType="Category" >
        insert into category_ ( name ) values (#{name})
    </insert>
    <delete id="delete" parameterType="Category" >
        delete from category_ where id= #{id}
    </delete>
```

```xml
        <select id="get" parameterType="_int" resultType="Category">
            select * from  category_  where id= #{id}
        </select>
        <update id="update" parameterType="Category" >
            update category_ set name=#{name} where id=#{id}
        </update>
        <select id="list" resultType="Category">
            select * from   category_
        </select>
    </mapper>
```

接下来,在 Spring 框架的核心配置文件中配置 MyBatis 框架的核心类。在 applicationContext.xml 中,主要涉及 3 个 bean 的装配。第 1 个 bean 主要完成数据源的管理工作,包括所连接数据库的地址、用户名、密码、驱动等信息,其代码如下。

```xml
<bean id="dataSource" class="org.springframework.jdbc.datasource.DriverManagerDataSource">
        <property name="driverClassName">
            <value>com.mysql.jdbc.Driver</value>
        </property>
        <property name="url">
        <value>jdbc:mysql://localhost:3306/how2java?characterEncoding=UTF-8</value>
        </property>
        <property name="username">
            <value>root</value>
        </property>
        <property name="password">
            <value>admin</value>
        </property>
    </bean>
```

第 2 个 bean 主要完成 sqlSession 的管理工作,其中需要将数据源进行注入,以及将映射文件资源引入,其代码如下。

```xml
<bean id="sqlSession" class="org.mybatis.spring.SqlSessionFactoryBean">
    <property name="typeAliasesPackage" value="com.ms.pojo" />
        <property name="dataSource" ref="dataSource"/>
        <property name="mapperLocations" value="classpath:com/ms/mapper/*.xml"/>
    </bean>
```

第 3 个 bean 主要实现对创建的 CategoryMapper 接口的自动扫描。因为在框架整合后,可以通过接口中的方法直接调用对应的映射文件中的 SQL 语句。所以,需要用到该 bean,其代码如下。

```xml
<bean class="org.mybatis.spring.mapper.MapperScannerConfigurer">
    <property name="basePackage" value="com.ms.mapper"/>
</bean>
```

两个框架整合后，MyBatis 框架启动调用时就不需要大量代码的支持，因为关于核心类的创建已经由 Spring 框架完成，MyBatis 框架只需要关注自身的数据库交互功能，其具体代码如下。

```java
@RunWith(SpringJUnit4ClassRunner.class)
@ContextConfiguration("classpath:applicationContext.xml")
public class MybatisTest {
    @Autowired
    private CategoryMapper categoryMapper;
    @Test
    public void testAdd() {
        Category category = new Category();
        category.setName("new Category");
        categoryMapper.add(category);
    }
}
```

MyBatis 框架与 Spring 框架整合后，当需要对数据库进行交互操作时，只需要将核心代码写到测试类中即可，其余对象的创建都可以通过 Spring 框架进行创建。这既保证了核心业务的实施，又保证了对象间耦合度的降低。

5.5 软件质量保证技术

5.5.1 软件危机与能力成熟度模型

软件危机是指落后的软件生产方式无法满足迅速增长的计算机软件需求，从而导致软件开发与维护过程中出现一系列严重问题的现象。软件危机的主要表现有：软件开发进度难以预测，软件开发成本难以控制，用户对产品功能难以满足，软件产品质量无法保证，软件产品难以维护，软件缺少适当的文档资料。

发生软件危机的一个很重要的原因是软件开发方没有一套成熟的软件开发规范。软件危机的主要表现并不会因为新软件技术的运用而自动提高其生产率和利润率。能力成熟度模型组织建立了一个有规律的、成熟的软件过程，提出了一套成熟的管理软件过程的方法。改进的过程将会生产出质量更好的软件,使更多的软件项目免受时间和费用的超支之苦。能力成熟度模型主要分成以下 5 个等级。

成熟度等级 1:初始级(Initial)。初始级的特点是工作无序,管理无章法,缺乏健全的管理制度。开发项目成效不稳定,项目成功主要依靠项目负责人的经验和能力,他一旦离去,工作秩序就会面目全非。

成熟度等级 2:可重复级(Repeatable)。可重复级的特点是管理制度化,建立了基本的管理制度和规程,管理工作有章可循。初步实现标准化,开发工作能够比较好地按标准实施。变更依法进行,做到基线化,稳定可跟踪,新项目的计划和管理基于过去的实践经验,具有复现以前成功项目的环境和条件。

成熟度等级 3:已定义级(Defined)。已定义级的特点是开发过程(包括技术工作和管理工作)均已实现标准化、文档化。该级建立了完善的培训制度和专家评审制度,全部技术活动和管理活动均可控制,其对项目进行中的过程、岗位和职责均有共同的理解。

成熟度等级 4:已管理级(Managed)。已管理级的特点是产品和过程已建立了定量的质量目标。开发活动中的生产率和质量是可量度的。该级已建立过程数据库;已实现项目产品和过程的控制;可预测过程和产品质量趋势,如预测偏差,及时纠正。

成熟度等级 5:优化级(Optimizing)。优化级的特点是可通过采用新技术、新方法,集中精力改进过程。该级具备防缺陷、识别薄弱环节以及改进的手段,可取得过程有效性的统计数据,并可据此进行分析,得出最佳方法。

能力成熟度模型的 5 个等级,是让整个软件开发的流程、管理、规范逐次上升的一个等级标准要求。通过以能力成熟度模型为依据进行软件开发,可以有效地避免软件危机的出现,使得软件开发更加规范、有条理。

5.5.2 软件过程模型

软件过程模型也称为软件开发模型,软件过程模型是为了获得高质量软件所需要完成的一系列任务的框架,它规定了完成各项任务的工作步骤。软件过程模型的种类很多,通过选择不同的过程模型,可以规范软件的开发过程,明确过程中每一个阶段的任务和目标,保证每一个阶段输出结果的正确性,进而实现高质量软件的开发。主要的软件过程模型有瀑布模型、增量模型、统一过程模型等。

1. 瀑布模型

瀑布模型是最常见的一种过程模型,瀑布模型将整个软件开发过程分为 3 个时期,即定义时期、开发时期和维护时期。这 3 个时期又细分为需求分析、规格说明、设计、编码、综合测试以及维护 6 个具体开发阶段。这 6 个阶段的排列就像一条飞流直下的瀑布一样,有严格的先后顺序和输入输出内容。每一个阶段必须全部完成才能进行下一个阶段。

第1个阶段是需求分析阶段。需求分析的主要任务是软件设计者通过访谈、问卷调查、开会讨论等方式获得用户的需求。在瀑布模型的使用中，需求分析必须全面而准确，不能存在不确定的需求或者不完整的需求，一旦通过了需求分析阶段，就无法再次对需求进行任何更改。

第2个阶段是规格说明阶段。规格说明阶段所遵循的文件就是第1个阶段（即需求分析阶段）所输出的内容。该阶段是通过数据流图、模型图、状态图、数据字典等工具对需求分析中的系统要求的模块规格从专业的角度进行说明，并形成一个完整的文档作为输出。

第3个阶段是设计阶段。设计阶段所遵循的文件就是规格说明阶段的输出。设计阶段将规格说明的内容进行功能模块划分与模块内部逻辑设计，使其更贴近于系统实施要求。

第4个阶段是编码阶段。编码阶段之所以放到后续阶段，是为了通过瀑布模型在编码前设置系统分析、系统设计等阶段，推迟程序物理实现，保证前期工作扎实。从中也能看出，编码并不是软件开发的全部，甚至只是占了整个软件开发过程的很少一部分。只有在前期分析与设计阶段的结果是正确无误的，才能保证编码工作的开发是有效的，否则再多的编码也是徒劳无功的。

第5个阶段是综合测试阶段。测试阶段是对上一个阶段的编码成果的质量测试，排查所编写的系统是否存在问题和漏洞，以保证该系统投入市场后，能够正常运行。

第6个阶段是维护。维护阶段就是在系统投入使用后对系统进行的运行状态的监管和维护工作。保证运行期间系统的稳定和正常。

瀑布模型的特点就是每一个阶段都具有顺序性和依赖性，前一阶段结束后一阶段开始，前一个阶段输出文档，后一个阶段输入文档。只有当前一个阶段全部做完，才能开启下一个阶段。每阶段都必须完成完整、准确的文档。每阶段结束前都要对文档评审。正是这种特点使得瀑布模型具有良好的质量保证。

瀑布模型的优点很明显，提高软件质量，降低维护成本，缓解软件危机。但是缺点也比较突出，即模型缺乏灵活性，无法解决需求不明确的问题。为了解决这个问题，提出了增量模型。

2. 增量模型

瀑布模型是一次把满足需求的所有产品提交给用户，增量模型是分批向用户提交产品，先提供最核心的功能。增量模型不需要每一个阶段都必须完整，允许存在不确定的地方。增量模型最突出的特点就是允许分批向用户提交产品，可以先确定最核心、最重要的功能需要，并完成制作提供给用户使用，然后再将非核心功能进行研发交付。这种方式的软件开发不仅可以缩短产品首次交付用户的时间，还能够使需求变得可变，用户随时可以提出新的需求。

3. Rational 统一过程

为了进一步突出以用例为驱动、以体系结构为核心的思想,提出了 Rational 统一过程。Rational 统一过程将整个软件开发分成了 4 个阶段:初始阶段、细化阶段、构建阶段、移交阶段。

初始阶段是第 1 阶段,该阶段完成软件开发大体上的构想、业务案例、范围和模糊评估;定义系统的业务模型,确定系统的范围;建立目标里程碑。

细化阶段是第 2 阶段,该阶段完成已精化的构想、核心架构的迭代实现、高风险的解决、确定大多数需求和范围,以及进行更为实际的评估;完成系统的体系结构设计和系统开发计划;建立结构里程碑。

构建阶段是第 3 阶段,该阶段完成对遗留下的风险较低和比较简单的元素进行迭代实现,准备部署;构造产品并继续演进需求、体系结构和计划,直到产品完成。

移交阶段是第 4 阶段,该阶段完成系统部署和系统测试,并移交给用户,最后建立发布里程碑。

每个阶段主要完成了 6 个核心工作流和 3 个核心支持工作流。6 个核心工作流分别是:业务建模、需求、分析设计、实现、测试、部署。3 个核心支持工作流分别是:配置与变更管理、项目管理、环境。在每个阶段实施的时候,该模型不断进行着流程迭代及增量开发。

5.5.3 可靠性设计技术与 FEMA

1. 可靠性设计技术

软件危机的避免和软件高质量的开发是进行软件开发工作需要重点考虑的方面,同时,对于软件可靠性的分析与处理也是保证软件能够平稳运行的关键,是开发人员进行软件开发时必须考虑的问题。

软件可靠性技术主要有容错设计技术、检错设计技术、降低复杂度设计技术。容错是指对错误的包容程度,不管哪一个系统,不管经过何种严格的测试,其都有可能出现错误。当错误出现时,系统能不能仍然保持正常的运转,这体现了一个系统的容错能力。一般通过 3 种技术提高系统的容错能力,即恢复块设计、N 版本程序设计、冗余设计。

一个恢复块包含若干个功能相同、设计差异的程序块文本,每一个时刻有一个文本处于运行状态。一旦该文本出现故障,则用备份文本加以替换,从而构成动态冗余。

N 版本程序设计的核心是通过设计多个模块或不同版本,对于相同初始条件和相同输入的操作结果实行多数表决。从而防止其中某一模块/版本的故障提供错误的服务,以实现软件容错。

软件冗余设计技术实现的原理是在一套完整的软件系统之外,设计一种不同路径、不同算法或不同实现方法的模块或系统作为备份。在出现故障时可以使用冗余的部分进行替换。

检错设计技术是在软件系统中,对无须在线容错或不能采用冗余设计的技术,如果对可靠性要求较高,故障有可能导致严重的后果。这时一般采用检错技术,在软件出现故障后能及时发现并报警,提醒维护人员进行处理。

降低复杂度设计的思想就是在保证实现软件功能的基础上简化软件结构,缩短程序代码长度。并且优化软件数据流向,降低软件复杂度,从而提高软件可靠性。

2. 故障模式与影响分析

FMEA 称为故障模式与影响分析,一般通过制作 FMEA 分析表来完成。分析表主要包含以下内容。

(1)功能点。FMEA 分析的对象是软件系统中的不同功能,比如软件系统中的"登录"功能、"注册"功能等。

(2)故障模式。故障模式指的是系统会出现什么样的故障,比如用户得到响应的时间超过 3s 等。

(3)故障影响。当发生故障模式中描述的故障时,功能点会具体受到什么影响。比如 20% 的用户在等待响应而无结果。

(4)严重程度。严重程度就是故障的影响程度,严重程度有一个评判表达式,即严重程度 = 功能点重要程度 × 故障影响范围 × 功能点受损程度。严重程度根据级别可以划分为以下几种。

① 致命:超过 70% 用户无法登录。

② 高:超过 30% 的用户无法登录。

③ 中:所有用户登录时间超过 5s。

④ 低:10% 的用户登录时间超过 5s。

(5)故障原因。针对故障模式,进行详细说明。

(6)故障概率。指某个具体的故障原因发生的概率。

(7)风险程度。综合严重程度和故障概率判断某个故障的最终等级。

(8)已有措施。针对具体的故障原因,系统现在是否提供了某些措施来应对,包括检测告警、容错、自恢复等。

(9)规避措施。为了降低故障发生概率而做的一些事情。

(10)解决措施。为了能够解决问题而做的一些事情。

(11)后续措施。后续需要根据前面的问题采取的工作。

5.5.4　软件测试

对系统编码完成后,不能直接将编码后的系统投入市场。因为一个系统往往由众多的代码和模块组成,系统很难能够在一次编码后,保证所有的模块和代码功能都没有问题。

为了保证让用户使用的系统正确无误，在编码时和编码完成后都需要进行系统测试。系统测试是为了保证软件系统投入使用后能够正确无误，不存在 Bug 或者问题。

测试环节一般分为 3 个阶段，按照测试的先后顺序可分为开发测试、α 测试和 β 测试。每一个阶段的操作者和任务都是不一样的，3 个阶段形成一个整体，共同保证软件系统的质量。

开发测试是由软件开发人员进行的测试，该测试注重边开发边测试。软件开发人员每设计一个模块，不论该模块规模大或者小，都需要对其进行测试。

当软件系统的各个模块开发完毕，并且已经整合成一个完整的软件系统时，测试环节就会进入 α 测试。

α 测试由软件测试人员完成。软件测试人员是一个独立的岗位，其职责是通过不同的测试手段，专门对不同的软件系统进行测试。

β 测试是测试的最后一个阶段，也是软件产品进入市场的最后一关。β 测试并不是由专业的人员进行，而是由真实的用户执行。因为最终的产品要交到用户手上去运行，用户可能不具备专业知识，也并不了解系统的内部原理。比起专业人员进行的测试，真实的用户测试时可能会出现很多之前都不存在的问题，这也是 β 测试执行的主要目的。

1. 白盒测试与黑盒测试

鉴于软件开发人员主要进行开发测试，接下来就讲一下开发测试的几个重点。根据测试手段进行分类，开发测试可以分为白盒测试和黑盒测试。

白盒测试相当于将系统的内部逻辑透明化，即内部逻辑全部可以被看见；而黑盒测试是将系统的内部逻辑覆盖住，即内部逻辑无法被看见。在使用时，黑盒测试与白盒测试一般交替使用，共同完成对软件的测试工作。

白盒测试的核心是针对被测单元内部如何进行工作的测试，注重测试程序的内部逻辑，主要检查测试对象的语句。主要方式有语句覆盖、判定覆盖、条件覆盖、条件/判定覆盖、条件组合覆盖等。

语句覆盖主要集中在测试对象的语句上，要求程序中的每条语句至少应该执行一次。语句覆盖是很弱的逻辑覆盖，如图 5.5 所示。

图 5.5 就是一个语句覆盖的例子，图中共有 2 个判断语句和 2 个分支语句，执行测试时，只需要将这 4 条语句执行一遍即可完成语句覆盖测试。虽然语句覆盖可以很直观地从源代码获得用例，但是它仅仅针对程序逻辑中显式存在的语句，对于隐藏的条件是无法测试的，如在多分支的逻辑运算中该测试无法全面考虑。

在白盒测试中，比语句覆盖的覆盖率更大一些的测试用例就是判定覆盖，判定覆盖使得程序中的每一个判断的取真分支和取假分支至少经历一次，即判断真假值均会被满足一次。

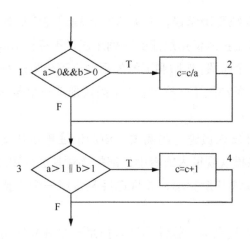

图5.5 逻辑执行流程

按照图5.5中的逻辑执行流程，判定覆盖必须将每一个判断的取真分支和取假分支都测试一遍。对应着图中两个判断就是4条分支，具体表示如下。

```
条件1: T, 条件2: F
条件1: F, 条件2: T
```

判定覆盖比语句覆盖具有更强的测试能力，可以对判断的取真取假分支进行覆盖，但是往往大部分的测试用例是由多个逻辑条件组合的，若仅仅判断其整体的最终结果，而忽略每个条件的取值情况，必然会遗漏部分测试路径。所以，判定覆盖也是很弱的逻辑覆盖。

条件覆盖使每个判断中的每个条件的可能取值至少满足一次。从图5.5中可以看出，两个判断中的每一个条件都是多个逻辑条件的组合，即使是在一个判断中，逻辑条件的组合方式不同，其判断的最终结果也是不同的，判断逻辑条件如下所示。

```
判断表达式1:
设条件 a>0 为真 记 T1
         假 记 F1
   条件 b>0 为真 记 T2
         假 记 F2
判断表达式3:
设条件 a>1 为真 记 T3
         假 记 F3
   条件 c>1 为真 记 T4
         假 记 F4
```

根据每个判断逻辑条件的不同取值组合，可以得到8条不同的条件覆盖，即T1，T2，T3，T4，F1，F2，F3，F4，其具体如下所示。

```
T1,F2,T3,F4
F1,T2,F3,T4
```

条件覆盖增加了对条件判断情况的测试，增加了测试路径，但是条件覆盖不一定包含判定覆盖。上面的测试用例中就不包含判断 1 的 T 分支和判断 3 的 F 分支。所以，条件覆盖只能保证每个条件语句取值至少有一次为真，而不考虑所有的判定结果。

判定覆盖和条件覆盖均无法做到测试的完全覆盖，那么将二者结合起来就可以得到一个更加合理、全面的测试覆盖，即条件/判定覆盖。按照图 5.5 中的逻辑执行流程，条件/判定覆盖使程序中每个判断的每个条件的所有可能取值至少执行一次，并且每个可能的判断结果至少执行一次，其具体取值如下所示。

```
判断表达式 1：
设条件 a>0 为真 记 T1
            假 记 F1
    条件 b>0 为真 记 T2
            假 记 F2
判断表达式 3：
设条件 a>1 为真 记 T3
            假 记 F3
    条件 c>1 为真 记 T4
            假 记 F4
```

覆盖条件用例如下所示。

```
T1,T2,T3,T4
F1,F2,F3,F4
```

条件/判定覆盖虽然能同时考虑到判定、条件两种覆盖，但是未考虑条件的所有组合情况。

条件组合覆盖使所有可能的条件取值组合至少执行一次，其结果如表 5.1 所示。按照图 5.5 中的逻辑执行流程，一共可以罗列出 8 种不同的条件组合。

表5.1 条件组合覆盖结果

编号	覆盖条件取值
1	T1, T2
2	T1, F2
3	F1, T2
4	F1, F2

续表

编号	覆盖条件取值
5	T3，T4
6	T3，F4
7	F3，F4
8	F3，F4

条件组合覆盖满足了判定覆盖、条件覆盖、和条件/判定覆盖准则。

可以看出，白盒测试主要是对模块内部的具体逻辑进行的测试，以保证代码逻辑不存在问题。除了白盒测试，还有一种常见的测试就是黑盒测试。黑盒测试的测试方法是不考虑测试对象的内部结构和具体设计，只考虑测试对象的整体系统的功能是否能够满足预期的结果。黑盒测试常见的方式有等价类划分法和边界值分析法。

等价类划分法作为一种最典型的黑盒测试方法，不需要考虑程序的内部结构，只需要根据对程序的要求和说明来进行测试用例的设计。等价类划分法将每个输入数据元素各种可能的输入值的域（包括有效的域和无效的域）划分为若干部分，即"等价类"。

边界值分析法是对等价类划分法的补充，专注于每个等价类的边界值。边界值分析法是在划分好的等价类中，选取正好等于、刚刚大于或刚刚小于边界的值作为测试数据，而不是选取等价类中的典型值或任意值作为测试数据。

例如，有一个测试要求用户名长度为6~12位的数字与字母组合而成的字符。可以通过以下步骤完成黑盒测试。

首先确定等价类，在该题目中关键词是用户名长度和数字与字母的组合。在进行等价类划分时，就以这两个关键词为输入域条件。

对于两个关键词可以划分出如表5.2所示的等价类。

表5.2　等价类划分

输入域条件	等价类划分
用户名长度为6~12位	无效，小于6位
	有效，6~12位
	无效，大于12位
数字与字母组合	无效，纯字母
	有效，字母与数字组合
	无效，纯数字

等价类划分完毕，就可以通过边界值分析法对等价类进一步补充。选取等价类中等于、大于或小于边界的值作为测试数据，进而获得边界值分析结果，如表5.3所示。

表5.3 边界值分析结果

输入域条件	等价类划分
用户名长度为6~12位	无效，小于5位
	无效，边界值5位
	有效，等于6位
	有效，6~12位
	有效，等于12位
	无效，边界值13位
	无效，大于13位
数字与字母组合	无效，纯字母
	无效，纯数字
	有效，字母与数字组合
	无效，特殊字符

2. 测试阶段

如果对测试进行阶段划分，可以分为单元测试、集成测试、系统测试等阶段。

单元测试属于白盒测试，它关注的是单元的具体实现、内部的逻辑结构、数据流向等，这里的单元可以为一个类或者一个模块等。单元测试属于早期测试，当程序开发人员编写完一个模块后，就可以进行单元测试，在代码量不多的情况下，通过单元测试可使问题及早暴露，降低修改错误的成本。

集成测试的被测对象是在概要设计中规划的模块以及这些模块间的组合。其特点是模块比较综合，每一个模块包含的功能比较多。单元测试的测试对象是这些模块下实现功能的具体单元，一般对应详细设计中所描述的设计单位。集成测试关注的是模块间的接口、接口之间的数据传递关系、单元组合后是否能够实现预期功能等。

系统测试位于单元测试和集成测试之后，是对整个系统进行的测试。系统测试属于黑盒测试，是站在用户的角度来看待系统，对系统进行测试，证明系统是否已经满足了用户的需要。

3. 性能测试

黑盒测试主要是对系统功能进行的测试，属于功能测试。对于一个软件系统而言，仅仅满足功能需求是不够的，还应该满足性能要求。系统性能要求一个系统不仅能够实现功能，还可以在不同的条件下更高效、更稳定地运行功能。所以，在进行系统测试时，既要进行功能测试，又要进行性能测试。

性能测试的目的是验证软件系统是否能够达到用户提出的性能指标，并且是否能够保持该指标。同时，发现软件系统中存在的性能瓶颈，并对软件进行优化。

时间性能测试。时间主要指软件的一个具体操作的响应时间。响应时间的长短并无一个绝对统一的标准，不同的软件系统有不同的要求。以电商购物网站来看，一个普遍接受的响应时间标准为2∶5∶10，即2s以内对用户的操作予以响应是非常优秀的，5s以内响应用户的操作则认为可以被用户接受，而若10s还无法响应用户操作则将被用户抱怨。

空间性能测试。空间主要指软件运行时消耗的系统资源。它直接决定了系统的最低配置和推荐配置。

系统吞吐量也是进行性能测试的一个重要指标,它是时间性能和空间性能的综合,一个系统的吞吐量与请求对 CPU 的消耗,以及外部系统接口、I/O 等的影响速度关联紧密。单个请求对 CPU 消耗越高,外部系统接口、I/O 影响速度越慢,系统吞吐能力越低,反之越高。系统吞吐量的几个重要参数:QPS(每秒查询率)、TPS(每秒事务数)、并发数、响应时间。

举例说明,一个典型的上班签到系统,早上 8 点上班,7:30~8:00 用户会登录签到系统进行签到。公司员工为 1000 人,平均每个员工登录签到系统的时长为 5 分钟。系统吞吐量的部分参数可以用下面的方法计算。

$QPS = 1000/(30 \times 60)$(事务/秒)

平均响应时间为 $= 5 \times 60$(秒)

并发数 $= QPS \times$ 平均响应时间 $= 1000/(30 \times 60) \times (5 \times 60) = 166.7$

总的来说,性能测试主要从系统响应时间、系统资源消耗情况、系统吞吐量、CPU 使用情况等方面进行测试。

4. 其他测试

系统的可靠性测试是指系统在规定的条件下,在规定的时间内完成规定的功能的能力。一般通过如下几个指标对系统的可靠性进行评价。

(1)失效率:失效率是以时间为变量的函数,指已工作到时刻 t 的产品,到时刻 t 后单位时间内发生失效的概率称为该产品时刻 t 的失效率函数,简称失效率 $\lambda(t)$。

(2)平均故障间隔时间(MTBF):系统在两相邻故障间隔期内正确工作的时间的平均值。MTBF 越长表示可靠性越高,其工作能力越强。

(3)平均故障前时间(MTTF):对于不可维修产品的可靠性表征方法,与 MTBF 的区别在于产品的不可修复,是失效前的平均工作时间。

(4)平均停机时间(MDT):系统处于停机状态且无法执行规定功能的时间间隔。

(5)平均运行时间(MUT):系统没有任何停机的连续运行时间。

(6)平均修复时间(MTTR):平均修复时间是指可修复的系统的平均修复时间,是从出现故障到修复完成的时间。MTTR 指标越短表示恢复性越好。

负载测试是通过逐步增加系统负载,测试系统性能的变化,并最终确定在满足性能指标的情况下,系统所能承受的最大负载量的测试。

压力测试是在强负载(大数据量、大量并发用户等)下的测试,查看应用系统在峰值使用情况下的操作行为,从而有效地发现系统的某项功能隐患,检测系统是否具有良好的容错能力和可恢复能力。压力测试可分为高负载下的长时间(如 24 小时以上)的稳定性压力测试和极限负载情况下导致系统崩溃的破坏性压力测试。压力测试主要是为了测试系统的稳定性和可靠性。

第6章 系统性能与维护

- 6.1 高性能
- 6.2 高可用
- 6.3 多线程
- 6.4 异常处理
- 6.5 事务管理
- 6.6 云计算

6.1 高性能

6.1.1 存储高性能

数据库是信息系统主要的存储场所，目前主流的用于信息系统构建的数据库是关系型数据库，在信息系统的存储系统中扮演了重要角色。常见的关系型数据库有Oracle、MySQL等，虽然这些关系型数据库在优化和提升单个数据库服务器性能方面做了许多的改进，但是随着互联网业务的快速发展，用户数量以及处理数据的海量增加，单体数据库服务器已经很难满足业务需求。为了提升存储系统的性能，必须考虑通过数据库集群的方式实施。

集群就是将同一份代码部署在不同的服务器上，然后对外提供服务。简单来说，就是将单一应用复制多份，这样每个单体都可以作为其他单体应用的备份，当其中一个单体应用损坏或者崩溃后，集群中其他单体应用仍然可以继续提供服务。

高性能数据库集群的第一种方式是"读写分离"，其目的是将访问压力分散到集群中的多个结点，但是该方式没有分散存储压力；第二种方式是"分库分表"，该方式既可以分散访问压力，又可以分散存储压力。

读写分离的基本原理是将数据库读写操作分散到不同的结点上，其基本实现方式是：数据库服务器搭建主从集群，一主一从、一主多从都可以，主机与从机都是数据库服务器集群之一，主机与从机的内容是一样的。但是，从实际使用上看，数据库主机负责读写操作，从机只负责读操作。数据库主机通过复制将数据同步到从机，每台数据库服务器都存储了所有的业务数据。业务服务器将写操作发给数据库主机，将读操作发给数据库从机。

读写分离的实现逻辑和实现途径并不复杂，但是在实际使用时，主机与从机会涉及数据的复制，主从复制会有延迟，如果业务服务器将数据写入数据库主从服务器后立刻进行读取，此时读操作访问的是从机，主机还没有将数据复制过来，从从机读取到的数据并不是最新的数据，就会产生数据不一致问题，进而对业务产生严重影响。

为了解决主从复制的延迟问题，主要有以下3种常见方法。

（1）写操作后的读操作指定发给数据库主服务器。

（2）读从机失败后再读一次主机。

（3）关键业务读写操作全部指向主机，非关键业务采用读写分离。

读写分离方式虽然提高了数据库的读写方面的性能，但是数据库存储方面的性能并没有得到提高。面对海量的数据存储，单台数据库服务器的存储空间是有限的。而且数据量的增多也会降低数据库的读写性能，数据备份和恢复的时间也在增加。所以，提高存储方面的性能仍然需要发挥集群的作用。常见的分散存储的方法有"分库"和"分类"两大类。

高性能数据库集群的第二种方式是"分库分表"。业务分库指的是按照业务模块将数据分散到不同的数据库服务器。例如，一个超市管理信息系统，包括用户、商品、订单3个业务模块，我们可以将用户数据、商品数据、订单数据分开放到3台不同的数据库服务器上，而不是将所有数据都放到一台数据库服务器上，从而减轻了单台服务器的存储压力。

虽然分库能够将不同的业务数据分散到不同的数据库服务器中进行存储，减轻单体数据库的存储压力，但是同一种业务随着不断发展也会迅速增加，从而达到单体数据库服务器的处理极限。面对这种情况，需要采用分表的方式进行性能提升。

分表是将数据库中的单表数据进行拆分，拆分的方式有两种：垂直分表和水平分表。

垂直分表是将一张单表从上往下进行垂直切分。将一张单表左右分成两张表，左表与右表的面积可以不同，即切分后的两张表包含的列的数量可以不同。所以，为了提高存储性能，可以将查询次数较少的列集中放到一张表中。

水平分表是将一张单表从左往右进行水平切分。水平分表后，两个表包含相同的列，但是行数据不同。不论是水平分表还是垂直分表，在实际使用时并不限制切分次数，可以切分一次，也可以切分多次。

虽然关系型数据库仍然是主流的信息系统使用的数据库，但是它也有一些缺点，并且这些缺点会影响业务执行的效率。比如关系型数据库的读写性能比较差，尤其是海量数据的高效率读写；关系型数据库虽然有严格的表结构，但是固定的表结构也会导致其灵活度欠佳；对关系表中的海量数据进行统计运算时，关系数据库的 I/O 会很高，因为即使对某一列进行运算，关系数据库也要读取整行数据。

为了弥补关系型数据库的这些缺点，提升数据库性能，引入了非关系型数据库。非关系型数据库也称作 NoSQL，是对关系型数据库的有力补充。

常见的非关系型数据库有 Key-value 型数据库、文档型数据库、列式数据库。

Key-value 型存储也称作键值对存储，Key 称作键，一般作为数据的标识；Value 就是每一个标识所对应的具体数据值，它以 Redis 为代表。

文档型数据库以 MongoDB 为代表，其最大的特点是数据结构要求不严格，表结构可变，可以存储和读取任意的数据。

列式数据库以 HBase 为代表，以列来存储数据，将同一列的数据存储在一起，具有查找速度快，可扩展性强的特点。

信息系统的数据库体系中，也存在与计算机硬件存储相似的主存-缓存结构。对于需要经过运算才能得出的数据或者读多写少的数据，仅仅依靠 MySQL 数据库很难提高其效率。缓存就是为了弥补存储系统在这些复杂业务场景下的不足。缓存的基本原理就是将可能重复使用的数据放到内存中,一次生成,多次使用,避免每次使用都要去访问存储系统。

6.1.2 计算高性能

信息系统的主要功能就是数据的计算,计算高性能也是每一个开发人员始终追求的目标。为了提高信息系统的计算性能,可以从以下两个方面考虑。

(1)尽量提升单体服务器的性能,将单体服务器的能力发挥到极致。

(2)单体服务器发挥到极致后仍不能满足需求,就需要考虑服务器集群的作用。

单体服务器在进行提升时需要考虑两个问题:服务器如何管理连接以及服务器如何处理请求。

根据服务器连接管理和服务器请求处理的不同,分成了以下 5 种网络模型:PPC 模型、prefork 模型、TPC 模型、prethread 模型和 Reactor 模型。

为了更好地理解这 5 种模型,有两组概念需要提前了解。一个是 I/O 模型,另一个是进程模型。

1. I/O 模型与进程模型

I/O 模型主要是服务器进行业务处理时的读写模型。分为阻塞 I/O 模型、非阻塞 I/O 模型、同步 I/O 模型、异步 I/O 模型。

阻塞 I/O 模型与非阻塞 I/O 模型是对进程来说的,当进程进行"读取 – 业务处理 – 写入"操作时,如果此时没有数据能够读取,则进程就停留在读取操作上,不能够做别的操作,这就是阻塞 I/O 模型;当进程发现没有数据能够读取时,不会停留在读取操作上,而是先去做别的事情,不定时地查看有没有数据能够读取,如果有数据,则继续执行读取操作,这就是非阻塞 I/O。

同步 I/O 模型与异步 I/O 模型的区分是当进程在读取数据时,是否需要操作系统一直等待进程读取完毕。当进程在读取数据时,需要操作系统一直等待进程执行完毕才能做其他事情,这就是同步 I/O 模型;当进程在读取数据时,操作系统不需要等待,可以做其他事情,等到进程的数据读取完毕,再回过头处理该进程后续的任务,这就是异步 I/O 模型。

进程与线程的区别是,进程包含线程,线程是进程中实际的执行单元,一个进程中可以包含多个线程。

2. 网络模型

PPC 是 Process Per Connection(每个连接的进程)的缩写,其含义是指每次有新的连接就新建一个进程专门处理这个连接的请求。PPC 模式实现简单,比较适合服务器的连接数量不多的情况。

prefork 模式是对于 PPC 模式的改进，它在系统启动后提前创建一个进程，然后才开始接受用户的请求，比起 PPC 模式，它能够让用户更加快速地进行访问。

无论是 PPC 模式还是 prefork 模式，都是从进程的角度去处理用户请求问题，其支持的并发连接数量是非常有限的，这限制了系统性能。TPC 模式是从线程层面进行问题的解决，其含义是指每次有新的连接就新建一个线程去专门处理这个连接请求。线程包含在进程中，更加轻量化，创建线程的消耗比进程要少得多，而且在一个进程中可以创建多个线程，多线程间可以共享进程的内存空间，且线程之间的通信比进程之间的通信更加简单。

虽然 TPC 模式从线程层面考虑问题，创建线程的代价也小于创建进程的代价，但是这并不代表没有代价，在高并发情况下，所需要的线程量很大，还是会存在性能问题。prethread 模式会预先创建线程，然后才开始接受用户的请求，当有新的连接进来后，可以省去创建线程的操作，从而增强用户的使用体验。

为了进一步提高性能，引入了线程池和 I/O 多路复用技术。线程池是指预先创建多个线程，组成一个资源池，供用户请求进行消费。但是，线程池并没有解决 I/O 阻塞的问题，如果当一个进程被分到了多条连接，进程在处理一个连接时发生了阻塞，此时，即使别的连接可以读取数据，进程也无法对其进行处理，从而造成资源的浪费。为了解决这个问题，可以将 I/O 改变为非阻塞模式，从而使得当进程在等待的同时，不断去轮询其他连接是否可以读取数据，如果有数据，马上转到该连接进行处理。非阻塞 I/O 虽然可以解决资源浪费问题，但是轮询的消耗非常大。I/O 多路复用技术就解决了这个问题，当多条连接共用一个阻塞对象后，进程只需要在一个阻塞对象上等待，而无须再轮询所有连接，当某条连接有新的数据可以处理时，操作系统会通知进程，进程从阻塞状态返回，开始进行业务处理。这种方式就是 Reactor 模式所采用的。

无论如何优化，单体服务器总是有性能上的天花板，为了更好地满足高并发情况的需求，需要发挥集群的群体性能。

计算高性能集群的原理非常简单，就是通过增加更多的服务器提升系统整体的计算能力。每一台服务器都需要具有同样的输入数据和逻辑，无论在哪台服务器上运行，都能够得到同样的输出结果。

计算高性能的关键点是对任务分配器的选择，什么样的任务交给哪一个服务器去完成是由任务分配器根据其任务分配算法来决定的。任务分配器又称作负载均衡系统，常见的负载均衡系统有 3 种：DNS 负载均衡、硬件负载均衡和软件负载均衡。

DNS 负载均衡一般实现地理级别的均衡，其优点是简单、成本低，可以就近访问，提升访问速度。硬件负载均衡是通过单独的硬件设备来实现负载均衡，这类设备性能强劲，功能强大，但是价格也比较昂贵。软件负载均衡以 Nginx 为代表。

6.1.3 消息队列

当某一时段访问系统的请求数量突然增多时,服务器同一时间无法处理骤增的请求信息。为了能够及时响应用户、不让用户等待时间过长,系统使用消息队列服务器作为中间件,将用户发送的请求暂时保存在消息队列服务器中,并同时响应用户,避免用户过长时间等待。在服务器闲时,系统将请求信息发送给服务器处理,从而增强数字化平台服务器的可伸缩性和整体性能。

当用户访问客户端服务器时,如果此时用户访问量很大,服务器的运行压力骤增,导致用户得到服务器响应的时间变长。所以对于需要增加数据、删除数据等的操作,系统会将这些数据存储到消息队列服务器中,立刻给用户响应结果,从而减少用户的等待时间。等到闲时,消息队列服务器再跟数据库进行数据交互,保存或删除用户数据。

使用消息队列主要有两个优势。第一个优势是通过异步处理提高系统性能。在不使用消息队列服务器的时候,用户的请求数据直接写入数据库,在高并发的情况下数据库压力剧增,使得响应速度变慢。但是在使用消息队列服务器之后,用户的请求数据发送给消息队列服务器之后立即返回,再由消息队列服务器的消费者进程从消息队列服务器中获取数据,异步写入数据库。由于消息队列服务器处理速度快于数据库(消息队列也比数据库有更好的伸缩性),因此响应速度得到大幅改善。消息队列服务器具有很好的削峰作用——即通过异步处理,将短时间高并发产生的事务消息存储在消息队列服务器中,从而削平高峰期的并发事务。

第二个优势就是降低系统耦合性。消息队列服务器是利用发布–订阅模式工作的,消息发送者(生产者)发布消息,一个或多个消息接受者(消费者)订阅消息。消息发送者(生产者)和消息接受者(消费者)之间没有直接耦合,消息发送者将消息发送至分布式消息队列服务器即结束对消息的处理,消息接受者从分布式消息队列服务器获取该消息后进行后续处理,并不需要知道该消息从何而来。对新增业务,只要对该类消息感兴趣,即可订阅该消息,对原有系统和业务没有任何影响,从而实现系统业务的可扩展性设计。

虽然消息队列模式通过上述两个优点实现了系统性能的提升,但是也带来了一些弊端。首先就是在某种程度上降低了系统可用性,因为在整个系统架构中,增加了一个消息队列服务器,这就需要考虑该服务器在发生故障时的一些问题。其次是系统复杂性提高,消息队列服务器增加了系统的复杂度,主要体现在需要考虑消息在传递过程中的顺序、丢失和重复等问题。最后是一致性问题。消息队列采用异步工作模式,如果真正消费者并没有正确消费消息,就会造成数据不一致问题的出现。

6.2 高可用

系统的高可用与高性能一脉相承、互为依托。高性能是为了保证系统在面临大量用户请求或者大数据量读写时，能够保持良好的处理效率和读写效率。高可用是为了保证系统在运行时，能够稳定运行不受干扰。高可用是高性能的保障，高性能是高可用的延伸。如果只讨论高性能而不考虑高可用，则无法保证系统的抗干扰和抗风险能力；如果只讨论高可用，不考虑高性能，则无法保证用户的使用效率。在考虑高可用时，分为存储高可用和计算高可用两种。

6.2.1 存储高可用

存储高可用的本质是通过将数据复制到多个存储设备，以数据冗余的方式将其实现。其复杂性主要体现在如何应对复制时延迟和中断导致的数据不一致问题。常见的高可用存储架构有主备、主从、主主、集群、分区等。

主备架构是指架构中有主机和备机两种，主机负责客户端发送的读写操作，备机只负责同步主机的数据，并不进行任何业务操作。当主机出现故障时，业务请求不会直接停止，但也不会直接发送给备机，除非由人工手动将备机升级为主机。

主从架构是指架构中有主机和从机两种。从机与备机不同，备机是只能进行备份，而不能进行读写操作，而从机可以进行业务操作，一般主机负责读写操作，从机负责读操作。同样，主机中的数据也会复制到从机中。工作时，客户端的写操作请求发送给主机，读操作请求既可以发送给主机，也可以发送给从机。当主机出现异常故障时，读操作可以通过使用从机正常进行，写操作被禁止。如果需要使用从机进行写操作，就需要人工将从机升级为主机。

主主架构是指架构中同时存在两个主机。这两台机器都是主机，两者互相将数据复制给对方，客户端可以任意挑选一台主机进行读写操作。如果某一台主机出现异常故障，客户端可以继续给另一台主机发送读写请求，整个工作不会中断。

高可用架构中的主备、主从、主主架构主要依靠主机，而单台主机的容量是有限的，随着业务的增加和扩展，总会达到瓶颈，从而影响系统整体的可用性。为了避免单台主机影响系统的可用性，提出通过数据集群的架构方式实现系统高可用。在主备、主从、主主架构中，机器数量基本为 2 台，而集群架构的方式是保证至少有 3 台机器存在架构中。数据集群架构可以分为数据集中集群架构和数据分散集群架构。

数据集中集群架构是对之前架构的扩展和升级，原来的架构一般是 1 主 1 备、1 主 1 从等，而数据集中集群是使得架构变为 1 主多备、1 主多从。多备或者多从就是集群的体现，但是写操作还需要集中到主机中完成，读操作可以分散到集群中完成。因为机器的增多，复杂度也相应增加。复杂度的增加主要体现在两个方面：一是主机与从机或者备机进行数据复制时，存在多条复制通道，需要考虑主机复制的压力问题；二是主机发生故障后，只允许将一台备机升级为主机，而集群中机器众多，需要进行合适的选择。

在数据分散集群架构中，不再区分主机或者从机，每台机器都会负责存储一部分数据，同时每一台机器也会备份一部分数据。数据分散集群中，每一台机器都可以进行数据的读写操作。

虽然集群架构可以解决单台主机容量有限的问题，但是存储高可用需要具备故障容错的能力，上述场景都是从物理设备的角度进行可用性考虑，没有考虑地理上的风险，即一旦该地区面临非常大的灾难，如洪灾、地震、停电等情况，整个地区的设备都不会幸免，从而无法保证存储的高可用。

数据分区架构则可以解决上述问题，因为数据分区是将数据按照不同的地理区域进行划分并分别存储，通过这种存储方式避免大的灾害对数据存储的影响，即使某一个区域发生了故障，受到损害的也只是一部分数据，不会导致数据全部损害。

6.2.2　计算高可用

计算高可用与存储高可用类似，也是通过冗余的形式来规避部分机器的故障，从而实现单台机器无法实现的目标。计算机高可用实现的思路很简单，因为计算高可用只关注于功能处理，而不需要考虑数据备份等问题，只需要增加更多的服务器即可。计算高可用的复杂度主要体现在任务管理方面，因为随着服务器的增多，需要有一个专门的任务管理服务器来对众多服务器进行统一的调度。计算高可用也分为主备、主从、对称集群、非对称集群等架构模式。

主备计算高可用架构是由主机和备机构成，与存储高可用架构类似，但是计算高可用架构的主备不需要进行数据复制。在计算高可用中，主机执行所有的计算任务，备机不做任何操作。当主机出现故障或异常后，任务分配器不会将任务自动发送给备机，需要由人工手动将备机升级为主机后，备机才开始执行任务。根据备机的不同状态，可分为冷备和热备。

冷备是指备机准备好所有的系统运行的程序包和配置文件，但是并不启动备机，主机发生故障后，需要人工手动将备机业务启动，并将任务分配器的任务请求切换成备机。

热备是指备机不仅拥有所有的系统运行的程序包和配置文件，而且已经启动了备机，只是其并不对外提供服务。当主机发生故障后，需要人工手动将任务分配器的任务请求切换成备机。

主从计算高可用中的主机和从机都需要参与到计算任务中，只不过不需要与存储高可用中的主机和从机一样进行数据复制，该架构主要由任务分配器分配计算任务，确定哪些任务交给哪些机器执行。正常情况下，主机和备机分别执行部分计算任务，当主机发生故障时，任务分配器不会将主机的计算任务重新发送给从机，需要由人工手动进行切换。

计算高可用中的主备和主从架构都是通过冗余一台服务器来保证计算服务的可用性，但是当主机发生故障后，需要人工进行切换，且只冗余一台服务器时，面对高访问量对其容易出现性能瓶颈。在计算高可用架构中使用集群架构方案既可以增加冗余服务器的数量，保证高访问量时的高可用，又可以减少人工切换操作，使任务分配自动执行。

集群架构可以分为对称集群和非对称集群。对称集群也称为负载均衡集群，集群中的每一台机器不区分主从，统一按照任务分配器的策略随机、轮转地进行计算任务分配。当某台机器出现故障时，任务分配器停止对其进行任务分配，转而继续给其他机器分配任务。当该台机器故障排除后，再继续给其分配任务。

非对称集群中的机器并不是平等的，集群中不同的服务器的角色不相同，不同的角色负责不同的任务。集群会通过某种方式对集群中的服务器区分角色，然后任务分配器将不同的任务发送给不同的服务器。不属于该角色的服务器不能对相关任务进行处理。

6.3 多线程

如果要提高系统性能，可以通过多线程的方式实现。理解多线程之前先需要分辨两组概念：进程与线程，并行与并发。

进程是计算机中的程序关于某数据集合上的一次运行活动，是系统进行资源分配和调度的基本单位，是操作系统结构的基础。

例如，在计算机上打开"超级玛丽"游戏后进入游戏界面，这就开启了一个进程。

线程是操作系统能够进行运算调度的最小单位，它被包含在进程之中，是进程中的实际运作单位。

进程和线程的区别在于进程拥有独立的内存空间，而线程通常与其他线程共享内存空间；共享内存空间有利于线程之间的通信、协调配合，但共享内存空间可能导致多个线程在读写内存时数据不一致，这是使用多线程必须面对的风险。

并行是两个或两个以上任务同时运行，如图 6.1 所示，即 A 任务运行的同时，B 任务也在运行。

并发是多个任务在同一个 CPU 上按细分的时间片轮流（交替）执行，如图 6.2 所示。由于轮流执行的时间间隔（时间片）非常短，因此从较长时间来看，让人感觉两个或两个以上的任务都在运行。

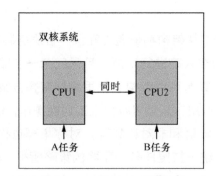

图6.1 并行示例

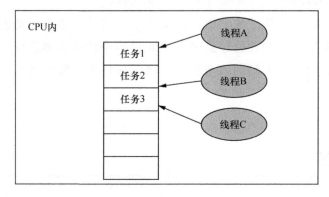

图6.2 并发示例

多线程运行就是通过并发实现的。下面来了解如何在 Java 语言中创建多线程。创建多线程的方式主要有 3 种，分别是继承 Thread 类、实现 Runnable 接口、匿名内部类创建多线程。

继承 Thread 类共有 3 个步骤：首先继承 Thread 类；然后重写 run() 方法，在该方法中书写业务代码；最后调用 start() 方法启动线程。继承 Thread 类的代码如下。

```
public class MusicRead {
    public static void main(String[] args) {
      Music music = new Music();
      Read read = new Read();
      music.start();
      read.start();
    }
}
class Music extends Thread{
    @Override
    public void run(){
            for(int i=0;i<1000;i++)
                System.out.println(i+" 听音乐 ");
    }
}
```

```
class Read extends Thread{
    @Override
    public void run(){
           for(int i=0;i<1000;i++)
                   System.out.println(i+" 看书 ");
    }
}
```

在上述代码中,定义了两个类: Music 和 Read。这两个类都继承了 Thread 类,并在类中重写了 run() 方法,run() 方法的方法体中就是该线程运行的业务内容,方法体中包含了一个循环语句,进行 1000 次的 "听音乐" 或者 "看书" 信息输出。定义完线程后需要启动线程。线程的启动就是通过创建这两个线程类的对象,并调用 start() 方法完成。

虽然继承 Thread 类的方式可以完成多线程的创建,但是在 Java 语言中,类是单继承的,因此如果某个类已经有一个父类,就无法再继承 Thread 类。难道类已经实现了继承就无法完成多线程了吗?显然这是不会的,这就需要介绍第 2 种创建多线程的方式。

第 2 种方式是实现 Runnable 接口。第 1 步是创建一个类,实现 Runnable 接口;第 2 步是重写 run() 方法,在该方法中书写业务代码;第 3 步是借助线程对象的 start() 方法启动新线程。实现 Runnable 接口的代码如下。

```
public class MusicRead1 {
    public static void main(String[] args) {
    Music1 music = new Music1();
    Thread t_muisc = new Thread(music);
    Read1 read = new Read1();
    Thread t_read=new Thread(read);
    t_muisc.start();
    t_read.start();
    }
}
class Music1 implements Runnable{
    @Override
    public void run() {
           for(int i=0;i<1000;i++)
                   System.out.println(i+" 听音乐 ");
    }
}
class Read1 implements Runnable{
    @Override
    public void run() {
           for(int i=0;i<1000;i++)
                   System.out.println(i+" 看书 ");
    }
}
```

在上述代码中，Music1 和 Read1 分别实现了 Runnable 接口，并重写了 run() 方法，该方法中的方法体就是业务代码，即进行 1000 次的"听音乐"或者"看书"信息输出。在启动线程时，Runnable 接口与 Thread 类方式不同，因为 Runnable 接口中的方法是抽象的，所以，Runnable 接口不能直接启动线程，需要在创建完 Music1 和 Read1 对象后，将这两个对象分别作为 Thread 类的参数来创建 Thread 类对象，最后通过 Thread 类对象调用 start() 方法启动线程运行。

在 Java 语言中接口是允许实现多继承的，也就是一个类可以实现多个接口。这种方式可以弥补 Java 单继承的问题，从而在不同的条件下实现多线程的创建。

第 3 种方式是通过匿名内部类创建多线程，第 1 步是构建匿名类；第 2 步是重写 run() 方法，在该方法中书写业务代码；第 3 步是调用 start() 方法启动线程。

匿名类是 Java 语言中的一种特殊类，它没有显示的类名，通常用于创建临时的、一次性的类实例。匿名类通常是在创建接口实例、抽象类的子类实例、重写方法的实例时使用，以简化代码和提高代码的可读性。匿名内部类的实现代码如下。

```java
public class MusicRead2 {
    public static void main(String[] args) {
        new Thread(){
          @Override
          public void run(){
                for(int i=0;i<1000;i++)
                    System.out.println(i+" 听音乐 ");
          }
        }.start();

        new Thread(){
          @Override
          public void run(){
                for(int i=0;i<1000;i++)
                    System.out.println(i+" 看书 ");
          }
        }.start();
    }
}
```

在上述代码中，通过匿名类的形式创建了两个匿名类的线程对象，在匿名类的线程对象中重写了 run() 方法，之后直接通过匿名类的线程对象调用 start() 方法启动线程。匿名类的形式相比较其他两种形式，可以简化代码并提高代码的可读性。

6.3.1 线程的状态

线程是一个动态执行的过程，它也有一个从出生到死亡的过程。当线程被创建并启动以后，它既不是一启动就进入了执行状态，也不是一直处于执行状态。在线程的生命周期中，它要经过新建、就绪、运行、阻塞和死亡 5 种状态。当线程启动以后，不可能由一个线程始终占有着 CPU 资源，CPU 会根据每个线程的时间片进行流转，所以 CPU 需要在多个线程之间切换，于是线程状态也会多次在运行、阻塞之间切换。接下来，我们来具体了解一下这 5 种状态。

1. 新建状态

使用 new 关键字和 Thread 类或其子类创建一个线程后，该线程就处于新建状态。它保持这个状态直到程序调用 start() 方法。

2. 就绪状态

当程序调用了 start() 方法之后，该线程就进入就绪状态。就绪状态的线程处于就绪队列中，要等待 JVM 中线程调度器的调度。

3. 运行状态

就绪状态的线程获取了 CPU 资源，就可以执行 run() 方法，此时线程便处于运行状态。处于运行状态的线程最为复杂，它可以变为阻塞状态、就绪状态和死亡状态。

4. 阻塞状态

如果一个线程执行了 sleep()（睡眠）、suspend()（挂起）等方法，失去所占用资源之后，该线程就从运行状态进入阻塞状态。当睡眠时间到或获得设备资源后可以重新进入就绪状态。阻塞状况可以分为以下 3 种情况。

（1）等待阻塞：运行状态中的线程执行 wait() 方法，使线程进入等待阻塞状态。

（2）同步阻塞：线程获取 synchronized 同步锁失败（因为同步锁被其他线程占用）。

（3）其他阻塞：通过调用线程的 sleep() 或 join() 方法发出了 I/O 请求时，线程就会进入阻塞状态；当 sleep() 状态超时或 join() 等待线程终止或超时，又或者 I/O 处理完毕，线程重新进入就绪状态。

5. 死亡状态

一个运行状态的线程完成任务或者其他终止条件发生时，该线程就进入死亡状态。

6.3.2 操作线程的方法

1. sleep() 方法

sleep() 方法是让当前线程休眠特定的时间。当线程触发 sleep() 方法时，其状态由运行态变为阻塞状态，线程进行休眠，休眠时间结束后，线程重新回到就绪状态，等待 CPU 的调用。sleep() 方法的具体执行代码如下。

```java
public class TestTh {
    public static void main(String[] args) {
        Thread t1= new Thread(){
            public void run(){
                int seconds =0;
                while(true){
                    try {
                        Thread.sleep(1000);
                    } catch (InterruptedException e) {
                        e.printStackTrace();
                    }
                    System.out.printf("已经玩游戏 %d 秒 %n", seconds++);
                }
            }
        };
        t1.start();
    }
}
```

在上述代码中，通过 Thread 类构建了一个线程对象 t1，在该线程对象的 run() 方法体中，Thread 类调用了 sleep() 方法，sleep() 方法的参数列表中的 1000 表示 1000ms，即让当前线程休息 1000ms。

2. 线程的让步

线程的让步用于正在执行的线程，表示在某些情况下让出 CPU 资源给其他线程执行。yield() 方法的作用是让步，它能让当前线程由"运行状态"进入"就绪状态"，从而让其他具有相同或更高优先级的等待线程获取执行权。但是，并不能保证在当前线程调用 yield() 之后，其他具有相同或更高优先级的线程就一定能获得执行权。也有可能是当前线程又进入"运行状态"继续运行。yield() 方法的具体执行代码如下。

```java
public class MusicReadYield {
    public static void main(String[] args) {
        Music2 music=new Music2();
        Read2 read=new Read2();
        music.start();
        read.start();
    }
}
class Music2 extends Thread{
    @Override
    public void run() {
        for (int i = 0; i < 1000; i++) {
            System.out.println(i + " 听歌曲 ");
        }
```

```
        }
    }
class Read2 extends Thread{
    @Override
    public void run() {
    for (int i = 0; i < 1000; i++) {
    if(i==10) {
    Thread.yield();
    }
    System.out.println(i + " 看书 ");
    }
    }
}
```

在上述代码中,通过继承 Thread 类的方式创建两个线程对象,其中在一个线程的 run 方法体中,设置了一个 if 判断,当循环到第 10 次时,线程调用 yield() 方法进行让步,将当前的 CPU 资源让出去。

3. 线程的插队

现实生活中,当人群排队时,经常会遇到插队的情况。某些人因为想快点排到自己,就插队优先执行。在多线程中,也会存在让一个线程优先于其他线程运行的情况。在多线程中可以使用 join() 方法实现插队的效果,join() 方法是 Thread 类的一个静态方法,它有以下 3 种形式。

(1) join():等待调用该方法的线程终止,只有当指定的线程结束后,当前线程才能继续。

(2) join(long millis):等待调用该方法的线程终止的时间最长为 millis 毫秒。

(3) join(long millis,int nanos):等待调用该方法的线程终止的时间最长为 millis 毫秒加纳秒。join() 方法的具体执行代码如下。

```
public static void main(String[] args) {
        final Thread t1 = new Thread(" 看书线程 "){
            public void run(){
                for(int i=0;i<10;i++){
                    try {
                        Thread.sleep(500);
                    } catch (InterruptedException e) {
                        e.printStackTrace();
                    }
                }
            }
        };
        Thread t2 = new Thread(" 听歌线程 "){
          public void run(){
```

```
                    for(int i=0;i<100;i++){
                        if(i==2){
                            try {
                                            t1.join();
                                } catch (InterruptedException e) {
                                    e.printStackTrace();
                                }
                            }
                        }
                    }
                };
            t1.start();
            t2.start();
        }
```

在上述代码中，可以看到听歌线程执行了两次后就插入了看书线程，尽管看书线程每执行一次都有睡眠，但 join() 方法保证了该线程全部执行完毕当前线程才能继续执行。把 t1.join() 改为 t1.join(2000) 后再次执行。此时插入的看书线程 t1 并没有全部执行完就退出了 CPU，仅仅执行了 2s。这是因为 t1.join(2000) 规定了插队时间为 2s。

4. 线程的优先级

除了通过调用 join() 方法实现插队以外，还可以通过设置线程间的优先级完成。每一个 Java 线程都有一个优先级，这样有助于操作系统确定线程的调度顺序。Java 线程的优先级是一个整数，其取值范围是 1(Thread.MIN_PRIORITY)~10(Thread.MAX_PRIORITY)。

在默认情况下，系统会为每一个线程分配一个优先级。

```
public static final int MIN_PRIORITY = 1;
public static final int NORM_PRIORITY = 5;
public static final int MAX_PRIORITY = 10;
```

具有较高优先级的线程对程序更重要，应该在低优先级的线程之前分配 CPU 资源。但是，线程的优先级不能保证线程执行的顺序，执行顺序非常依赖平台。

可以通过 setPriority() 方法（final 修饰的，不能被子类重载）更改优先级。优先级不能超出 1~10 的取值范围，否则会抛出 IllegalArgumentException 异常，setPriority() 方法的具体执行代码如下。

```
public class PriorityDemo {
    public static void main(String[] args) {
        Thread t_music = new Thread(){
```

```java
public void run() {
for(int i = 0; i < 100; i++) {
System.out.println(getName() + " 听歌曲 " );
}
}
};
Thread t_read = new Thread(){
public void run() {
for(int i = 0; i < 100; i++) {
System.out.println(getName() + " 看书 " );
}
}
};
//t_music.setPriority(1); // 设置最低优先级
//t_read.setPriority(10); // 设置最高优先级
t_music.setPriority(Thread.MIN_PRIORITY); // 设置最低的线程优先级
t_read.setPriority(Thread.MAX_PRIORITY); // 设置最高的线程优先级
t_music.start();
t_read.start();
}
}
```

在上述代码中，通过 setPriority() 方法分别给 t_music 和 t_read 两个线程设置优先级。第一种设置方式是直接在 setPriority() 方法的参数列表中用数字表示优先级；第二种方式是在 setPriority() 方法中通过静态常量表示优先级。经过多次运行发现，大部分情况下总是优先执行"看书"任务。无法保证优先级高的线程一定先执行，一般只把线程优先级作为提高效率的一种手段。

6.3.3 线程的同步

线程的同步是指当有一个线程在对内存进行操作时，其他线程都不可以对这个内存地址进行操作，直到该线程完成操作后，其他线程才能对该内存进行操作，而其他线程只能处于等待状态。

线程的同步可以保证线程的安全，如果线程间不能实现同步，则多个线程操作（读写）同一个变量可能导致数据不一致，导致出现"异常"情况。

举个例子，假设我们在玩一盘网络游戏，游戏中有一个角色的生命值是 1000，在这个场景中，有多个敌人在不断地减少该角色的生命值，同时，又有多个帮手在不断地给这个角色增加生命值。这里的敌人和帮手都可以看作是线程，假设敌人和帮手的线程的数量是一样的，且都只进行一次操作，并且每次改变的值都是 1，那么所有线程结束后，该角色的生命值应该还是 1000。但是，最后结果发现该角色的生命值并不是 1000，而是 999。这是为什么？下面我们来分析一下。

假设增加线程先进入，得到角色的生命值是 1000，并进行增加运算。此时，正在做增加运算的时候，还没有来得及修改生命值，减少线程又来了，减少线程得到的生命值也是 1000，减少线程进行减少运算。增加线程运算结束，得到生命值是 1001，并把这个值赋予该角色。减少线程也运算结束，得到值 999，并把这个值赋予该角色。结果，最后该角色的生命值就是 999。虽然经历了两个线程各自增减了一次，本来期望还是原值 1000，但是却得到了 999。这个时候的 999 是一个错误的值，在业务上又称作脏数据。那应该如何避免这种情况的出现？

总体解决思路是在增加线程访问角色的生命值期间，其他线程不可以访问该角色的生命值。其处理流程是：增加线程获取到生命值，并进行运算。在运算期间，减少线程试图来获取角色生命值，但是不被允许。增加线程运算结束，并成功修改生命值为 1001。减少线程在增加线程做完后，才能访问角色的生命值，即现在的生命值为 1001。减少线程运算，并得到新的值 1000，从而避免脏数据的出现，保证数据的正确性。这就是线程同步的思想。

在 Java 中实现线程同步需要用到 synchronized 关键字，其语法结构是 synchronized(lock){}。synchronized 关键字后面的小括号放的是同步对象，同步对象后面的大括号放的是同步代码块。synchronized 关键字的代码如下。

```java
public class Multiplesynchro {
    public static String now(){
        return new SimpleDateFormat("HH:mm:ss").format(new Date());
    }
    public static void main(String[] args) {
        final Object someObject = new Object();
        Thread t1 = new Thread(){
            public void run(){
                try {
                    System.out.println( now()+" t1 线程已经运行 ");
                    System.out.println( now()+this.getName()+ " 试图占有对象：someObject");
                    synchronized (someObject) {
                        System.out.println( now()+this.getName()+ " 占有对象：someObject");
                        Thread.sleep(5000);
                        System.out.println( now()+this.getName()+ " 释放对象：someObject");
                    }
                    System.out.println(now()+" t1 线程结束 ");
                } catch (InterruptedException e) {
                    // TODO Auto-generated catch block
                    e.printStackTrace();
                }
            }
        };
        t1.setName(" t1");
        t1.start();
```

```java
        Thread t2 = new Thread(){
            public void run(){
                try {
                    System.out.println( now()+" t2 线程已经运行 ");
                    System.out.println( now()+this.getName()+ " 试图占有对象：someObject");
                    synchronized (someObject) {
                        System.out.println( now()+this.getName()+ " 占有对象：someObject");
                        Thread.sleep(5000);
                        System.out.println( now()+this.getName()+ " 释放对象：someObject");
                    }
                    System.out.println(now()+" t2 线程结束 ");
                } catch (InterruptedException e) {
                    // TODO Auto-generated catch block
                    e.printStackTrace();
                }
            }
        };
        t2.setName(" t2");
        t2.start();
    }
}
```

在上述代码中，使用 final 关键词定义了一个引用 someObject，该引用指向的就是程序中的同步对象，也可以称作"锁"。哪个线程拿到了同步对象，哪个线程就可以独占资源执行 synchronized 后面的同步代码块，而别的线程只能等待，直到该线程执行完毕释放同步对象。

虽然线程同步可以保证线程安全，但是，线程同步设计不当会产生"死锁"的问题。"死锁"是指两个或两个以上的线程在执行过程中，因争夺资源而造成的一种互相等待的现象。若无外力干涉，它们都将无法推进下去。在一个同步代码块同时持有两个及两个以上对象的锁时，就可能会发生"死锁"的问题。"死锁"就是各自抱着资源不释放，然后各自请求对方的资源。

例如，在进行商品交易时要一手交钱一手交货，卖家说你给我钱我给你货，买家说你给我货我给你钱，这样永远也做不成交易，这就是"死锁"。"死锁"的代码如下。

```java
public class MultipleDea {
    public static void main(String[] args) {
        final Course history = new Course ();
        history.name = "历史课";
        final Course math = new Course ();
        math.name = "数学课";
        Thread t1 = new Thread(){
            public void run(){
```

```java
                    // 占有历史课
                    synchronized (history) {
                        System.out.println("t1 已占有历史课 ");
                        try {
                            // 停顿 1000 毫秒，另一个线程有足够的时间占有数学课
                            Thread.sleep(1000);
                        } catch (InterruptedException e) {
                            e.printStackTrace();
                        }
                        System.out.println("t1 试图占有数学课 ");
                        System.out.println("t1 等待中……");
                        synchronized (math) {
                            System.out.println("do something");
                        }
                    }
                }
            };
            t1.start();
            Thread t2 = new Thread(){
                public void run(){
                    synchronized (math) {
                        System.out.println("t2 已占有数学课 ");
                        try {
                            Thread.sleep(1000);
                        } catch (InterruptedException e) {
                            // TODO Auto-generated catch block
                            e.printStackTrace();
                        }
                        System.out.println("t2 试图占有历史课 ");
                        System.out.println("t2 等待中……");
                        synchronized (history) {
                            System.out.println("do something");
                        }
                    }
                }
            };
            t2.start();
        }
}
```

上述代码描述了一个关于课程的线程同步场景。在该场景中，有两门课程对象：历史课和数学课。这两门课可以看作是两个同步对象，或者两把锁。哪一个线程的 synchronized 占据了同步对象，其就可以实现同步，避免其他线程使用该资源。但是，在这个场景中，同步的时候会产生"死锁"问题。因为 t1 线程在拿到"历史课"同步对象后，想要执行完同步块还需要拿到"数学课"的同步对象，如果拿不到"数学课"的同步对象，则无法完成其同步代码块，也就无法释放"历史课"同步对象。同理，t2 线程在拿到"数

学课"同步对象后，想要执行完同步块还需要拿到"历史课"的同步对象，如果拿不到"历史课"的同步对象，则无法完成其同步代码块，也就无法释放"数学课"同步对象。

在该场景中，t1 线程拿到了"历史课"同步对象，等待 t2 释放"数学课"同步对象；t2 线程拿到了"数学课"同步对象，等待 t1 释放"历史课"同步对象。这导致两个线程陷入互相等待的情况，形成"死锁"的局面。

想要解决"死锁"问题并不复杂，思路是不要在同一个代码块中同时持有多个对象的锁，锁不能嵌套。按照这个思路，即可解决上述例子中的"死锁"问题。

在进行线程同步时，虽然拿到同步锁的线程可以独享资源执行，但是在有些场景中，不能让同步线程一直执行，还需要考虑在执行过程中线程的变化，使其配合其他线程协同使用，这就需要用到线程交互。

考虑这样的情况：在一个游戏中有两个线程，处理同一个游戏角色。一个是为该角色加血，一个是为该角色减血。这两者之间有一个前提，就是当减血的线程不断地工作，当游戏角色的血量的值是 1 时，就停止减血。开始让加血线程工作，直到加血的线程为游戏角色加了血，才可以继续减血。在这个例子中，当减血线程拿到了同步锁，不能始终自己一直执行下去，而是当到了一定条件，就需要其他线程进行工作，这就需要两个线程间做好交互。

线程间交互的方法主要有以下 3 种。

（1）wait() 方法。wait() 方法使当前线程放弃同步锁，转换为阻塞状态，直到被其他线程进入此同步锁唤醒为止。

（2）notify() 方法。notify() 方法随机唤醒一个在同步锁上等待中的线程。

（3）notifyAll() 方法。notifyAll() 方法唤醒此同步锁上所有等待中的线程。

多线程在进行线程间交互时，常常会发生数据竞争问题。为了解决此问题，保证线程的正常运行，提出了乐观锁和悲观锁两种思想。这两种思想，用于解决并发场景下的数据竞争问题。

乐观锁在操作数据时非常乐观，认为别人不会同时修改数据。因此乐观锁不会上锁，只是在执行更新的时候判断在此期间别人是否修改了数据：如果别人修改了数据则放弃操作，否则执行操作。

悲观锁在操作数据时比较悲观，认为别人会同时修改数据。因此操作数据时它会直接把数据锁住，直到操作完成后才会释放锁；上锁期间其他人不能修改数据。

乐观锁和悲观锁的使用是非常广泛的，不局限于某种编程语言或数据库，既可以在 Java 的多线程中使用，也可以在数据库表中使用。

悲观锁的实现方式是加锁，加锁既可以对代码块加锁（如 Java 的 synchronized 关键字），也可以对数据加锁（如 MySQL 中的排它锁）。

乐观锁的实现方式主要有两种：CAS 机制和版本号机制。

版本号机制一般是在数据表中加上数据版本号 version 字段，表示数据被修改的次数，当数据被修改时，version 值会 +1。当线程 A 要更新数据值时，读取数据的同时也会读取 version 值，在提交更新时，若刚才读取到的 version 值与当前数据库中的 version 值相等时才更新，否则重试更新操作，直到更新成功。就是通过 version 版本号作为一个标识，标识这个字段所属的数据是否被改变。

CAS 的全称是 Compare And Swap（比较与交换）。CAS 操作包括了 3 个操作数：需要读写的内存位置（V），进行比较的预期值（A），拟写入的新值（B）。CAS 算法的执行过程如下。

在多线程场景下，线程 1 与线程 2 在同一时间并发地更新主存的值，将主存中的 V=0 读取到各自的本地内存中进行备份，备份值为 A。此时线程 1 与线程 2 中 A 的值都为 0，与主存中的一致。线程 1 要将主存的值 V 更新为 1，即 B=1；线程 2 要将主存的值 V 更新为 2，即 B=2。因为多线程并发执行时，CPU 需要根据时间片轮转来使其按照顺序执行。

线程 1 首先拿到时间片，线程 1 更新时先将自己的本地副本 A 的值与主存的 V 的值比较，此时 A=V=0，主存要更新的值与预期的值相等，将拟写入的新值 B 赋值给 V，此时 V=1。然后，时间片轮转到线程 2，线程 2 执行更新操作，将自己本地的副本 A 和主存的 V 相比较，此时，A=0，V=1，主存更新的值不满足预期的值，所以线程 2 不能执行更新操作。线程 2 进入自旋状态，不断地重新读取主存的值，下一次读取到主存的值 A=1，此时，A=V=1，满足更新条件，完成更新操作，将拟写入的新值 B 赋值给 V，此时 V=2。

CAS 算法虽然性能良好，但是如果遇"ABA"情况，就会出现问题。所谓的"ABA"问题就是：假设有两个线程——线程 1 和线程 2，两个线程按照顺序进行以下操作。

（1）线程 1 读取内存中数据为 A。
（2）线程 2 将该数据修改为 B。
（3）线程 2 将该数据修改为 A。
（4）线程 1 对数据进行 CAS 操作。

在第（4）步中，由于内存中数据仍然为 A，因此 CAS 操作成功，但实际上该数据已经被线程 2 修改过了，这就是 ABA 问题。

对于 ABA 问题，比较有效的方案是引入版本号，内存中的值每发生一次变化版本号都 +1；在进行 CAS 操作时，不仅比较内存中的值，还会比较版本号，只有当二者都没有变化时，CAS 才能执行成功。

6.4 异常处理

6.4.1 代码异常处理机制

软件系统往往包含大量代码，程序员在编写代码时，会不可避免地使其产生一些异常。异常是指程序发生的错误，异常将导致程序无法继续编译或在运行时中止。程序员在编译代码的时候未必能找出全部错误，这些错误会影响程序运行。为了能够让程序能捕捉代码中的错误，提出了异常处理机制。在程序中准确判断及处理异常情况，以使程序能正常运行的机制，称作异常处理机制。异常处理机制可以帮助程序捕捉到这些错误，且在捕捉这些错误的同时，还能够对捕捉到的异常进行处理。

使用异常处理机制的优点是可以让代码没有那么复杂。如果不使用异常处理机制，那么就需要将考虑到的许多错误在程序中一个个去处理，这可能会让代码多出许多的分支。例如，十分常见的异常类型——空指针异常（NullPointerException）。

如果不使用异常处理机制，需要列出可能出现空指针异常的全部情况，然后按照实际的条件选择合适的分支进行处理。以下是可能出现空指针异常的 5 种情况。

（1）调用 null 对象的实例方法。

（2）访问或修改 null 对象的字段。

（3）当一个数组为 null，试图用属性 length 获得其长度时。

（4）当一个数组为 null，试图访问或修改其中某个元素时。

（5）在需要抛出一个异常对象，而该对象为 null 时。

面对以上 5 种情况，需要列出 5 条分支处理，具体代码如下。

```
if(错误情况 1) {
  对应处理方法
}
if(错误情况 2) {
  对应处理方法
}
if(错误情况 3) {
  对应处理方法
}
if(错误情况 4) {
  对应处理方法
}
if(错误情况 5) {
  对应处理方法
}
```

显而易见，这样大大地增加了代码的复杂程度，使代码变得难以阅读与维护。但是如果使用异常处理机制去捕捉，只需要捕捉到空指针异常，然后在一个地方集中处理这些错误就可以了。这样大大地减少了代码量，并且更方便人们阅读。

在介绍异常处理机制之前，先说一下异常的类型。异常主要分为两类：运行时异常和编译时异常。编译时异常是必须处理的，该异常是指在程序语法上有错误的异常。如果不进行处理，程序是不能正常编译通过的。运行时异常通常是程序员在编程时犯的逻辑性错误而导致的，例如，空指针异常、数组下标越界异常、算术异常、数组下标负数异常等。

在 Java 语言中，以上的异常都属于 Exception 类，Exception 类又包含了一个称作 RuntimeException 的子类和其他多种子类。其中，RuntimeException 类属于运行时异常。运行时异常是指在程序编译时不被发现，在程序运行时才出现的异常。RuntimeException 类下面还有很多子类。

Exception 类中除 RuntimeException 以外的其他子类则属于编译时异常（也称作非运行时异常）。这些异常都是 Exception 类的子类，无法确定是哪个异常时，可用 Exception 类来表示。以下代码就存在一个异常。

```java
public static void demo01() {
  int num = 10 / 0;
  System.out.print("结果是:");
  System.out.println(num);
}
```

虽然上述代码在编写完后并没有报错，但在实际运行时却会发生异常，导致程序不能正常运行。原因是在程序中的除法运算是无意义的，除数不能为零。运行到语句"int num=10/0"时程序中断，后面两行代码都得不到执行，同时控制台会抛出异常信息。

很显然，面对异常而被迫中断不利于程序的使用，在 Java 语言中有一套异常处理机制，专门用于处理程序中出现的异常。

Java 语言中第一个异常处理机制由 try…catch 语句构成，它是用于处理异常的一种逻辑结构。try 与 catch 分别是 Java 中的关键词。try 与 catch 的后面分别跟着一段代码块，每一段代码块的意义不同。try 后面的代码块是监控区域，如果一段代码可能产生异常，可以将这段代码放在 try 块内。catch 块的后面是异常处理区域，该区域专门对捕获的异常进行处理。

使用 try…catch 语句的优势在于，如果程序中被 try 监控的代码出现了异常，那么程序不会立即中断，而是进入 catch 块中对异常进行处理或其他操作。try…catch 语句执行的具体代码如下。

```java
public static void demo01() {
 int num=0;
 try {
 num = 10 / 0;
 System.out.print(" 结果是:");
 System.out.println(num);
 }catch(ArithmeticException e) {
 System.out.println(" 不能被 0 除! ");
 }
}
```

上述代码使用了由 try…catch 语句组成的异常处理机制,在该段代码中,将包括除法运算在内的 3 行代码放在其中,因为除法运算分母为零存在算数异常,所以如果没有异常处理机制,运行到除法运算程序就会中断。有了异常处理机制后,当 try 语句监控到算数异常发生时,马上会将程序转移到 catch 语句中运行,而不会直接中断代码。当 catch 语句接收到 try 语句捕捉到的异常,就会按照异常的类型进行处理或者做其他操作。在上述代码中,catch 执行了一段输出语句,说明异常出现的原因。以下代码也是一个使用 try…catch 语句的例子。

```java
public static void demo02() {
 int[] nums = new int[] { 1, 2, 3 };
 try {
 System.out.println(nums[3]);
 System.out.print(" 测试 ");
 }catch(ArrayIndexOutOfBoundsException e) {
 System.out.println(" 数组越界了!");
 }
}
```

上述代码定义了一个数组长度为 3 的数组 nums,代码中的有一行代码对 nums[3] 元素进行了输出。很显然,该数组元素越界了,因为该数组的长度为 3,数组下标是从 0 开始计数,最大只能到 2,所以,该程序存在数组下标越界异常。

为了处理异常,该程序使用了 try…catch 语句,将会出现问题的代码放到了 try 代码块中,当运行到该问题行时,程序会直接跳转到 catch 代码块并进行处理。

虽然 try…catch 语句能够对异常进行处理,避免程序的中断。但是在使用异常处理机制的时候,如果过早抛出了异常,很可能会使得这一块的代码形同虚设,因为异常的过早出现早早就终止了 try 块的执行,后面可能有用的代码得不到执行。为了能够解决这个问题,对 try…catch 语句进行了扩充,有了 try…catch…finally 语句。

try…catch…finally 语句比之前的异常处理语句多了一个 finally 关键词,finally 块则可

信息系统开发与应用

以保证在 try 块执行完毕必须执行的一部分代码。简单来说，就是无论有没有抛出异常，都会执行 finally 块内的代码。通过这种方式，可以在处理异常的同时，保证一部分重要的代码能够顺利执行而不会受到异常响应跳转的影响。以下代码是一个使用 try…catch…finally 语句的例子。

```java
public static void demo01(){
    int num=0;
    try{
        num = 10/0;
    }catch(ArithmeticException e){
        System.out.println(" 不能被 0 除 ");
    }
    finally{
        System.out.println(" 结果是： ");
        System.out.println(num);
    }
}
```

在上述代码中，假设除法运算后面的两个输出语句非常重要，当把这两个输出语句放到 try 代码块中除法运算的后面时，这两行语句会因为算数异常而无法被执行，为了能够使两行语句的执行不受异常的影响，可以将这两行语句放到 finally 块中，finally 块中的语句不会受到 try 块终止的影响。

除了系统检测到异常自动抛出以外，还可以手动抛出异常。手动抛出异常的代码如下。

```java
public static void main(String[] args) {
    int age=1000;
    try{
        if(age>12){
            throw new Exception(" 年龄不合理 ");
        }
    }
    catch(Exception e){
        System.out.println(" 年龄不合理 ");
    }
}
```

上述代码并没有运行时异常或者编译时异常，只是根据使用场景进行判断是否存在异常情况。例如，当年龄的值大于 12 时，就判定为异常出现，此时系统不能检测到异常自动抛出，只能使用手动抛出异常。这时要使用 throw 关键词，然后在 catch 块中捕获这个手动抛出的异常并对其进行处理。

与 throw 关键词类似的还有一个 throws 关键词，这两个关键词一个有 s，一个没有。

两者有明显区别。throw 是在程序代码中手动抛出异常（代码级别），throws 是针对方法中若存在手动抛出异常或编译时异常，则在方法层面抛出异常（方法级别）。需要注意的是，方法中抛出异常并没有"解决问题"，而是把问题"甩锅"出去，谁调用谁负责处理这个"锅"；当然调用者（方法）可以再次"甩锅"出去，直到最后一个（方法）不能再"甩"了，就要用 try…catch 来"解决问题"。throws 关键词的代码如下。

```java
public class Demo5 {
    public static void main(String[] args){
        DivDemo dd =new DivDemo();
        int resultD;
        try {
            resultD = dd.div(10, 0);
            System.out.println("resultD' value is :"+resultD);
        } catch (Exception e) {
            System.out.println("finish!");
        }
        System.out.println("over!");
    }
}
class DivDemo{
    public int div(int a,int b) throws Exception {
        return a/b;
    }
}
```

在上述代码中，类 DivDemo 中有一个 div() 方法，该方法抛出了一个异常，当类 Demo5 调用 div() 方法，即将 div() 方法放在一个 try 代码块中，用于监控异常，并用 catch 来接收 div() 方法抛出的异常并对其进行处理。

6.4.2　接口级异常处理方案

通过代码异常处理机制，可以帮助程序在运行出现异常时，能够使程序仍然执行，不至于中断。除了代码逻辑的错误，在系统的实际使用中，随着用户数量的增多，会出现业务响应缓慢，大量访问超时等问题，这类问题的主要原因在于系统压力太大，负载太高，导致无法快速处理业务请求。

解决接口级异常方案的核心思想是优先保证核心业务，优先保证绝大部分用户。主要途径有 4 种，分别是降级、熔断、限流、排队。

降级指系统降低某些业务或接口的功能，只提供部分功能，也可以完全停掉所有功能。在进行功能选择时，可以按照该功能是否为核心功能以及使用该功能的用户数量来决定。

熔断也是禁止某些功能的使用，虽然与降级类似，都是降低使用功能的数量。但是，降级的目的是应对自身系统功能的异常，而熔断的目的是应对自身所依赖的外部系统功能的异常。

当一个系统有 A 服务和 B 服务两个服务，且 A 服务中的某个功能需要依赖 B 服务的某个接口才能正常使用。当 B 服务的某个接口响应时间很慢时，一定会影响到 A 服务中与接口关联的功能的效率，进而导致 A 服务的运行线程都停留在该功能上。熔断机制就是将 A 服务中功能（调用 B 服务的接口）进行熔断，并立即返回错误，从而避免 A 服务整体被拖慢。

降级与熔断都是从系统功能上进行考虑，而限流则是从用户访问压力的角度来考虑异常处理方案。限流指只允许系统能够承受的访问量进来，超出系统访问能力的请求被禁止。

常见的限流方式可以分为两类：基于请求限流和基于资源限流。基于请求限流是从外部访问的请求角度考虑限流，常见的方式有限制总量和限制时间量。限制总量的方式是限制某个指标的累积上限，常见的有当前服务的用户总量；限制时间量指限制一段时间内某个指标的上限，如 1 分钟内只允许 1 万个用户访问。

基于资源限流是从系统内部考虑，即找到系统内部影响性能的关键资源，如线程数、连接数等。

排队与限流类似，限流是直接限制部分用户的访问，而排队是不限制用户，而是让用户等待。由于排队需要临时缓存大量业务请求，单个系统内部无法缓存这么多数据，因此排队需要使用独立的系统实现，常见的有消息队列等方式。

6.4.3 系统级异常应对方案

在系统实际使用时，代码与业务功能可能没有问题，但是机器死机、机房故障、网络故障等系统问题会导致系统不能正常运转。

面对机房故障、机器死机等系统级问题，一般通过"异地多活"架构进行处理。异地多活架构的关键点是"异地"与"多活"。异地是指不同的地理位置，多活是指在不同的地理位置上都可以对其提供业务服务。异地多活架构就是通过在不同的地理位置上设置相同可用的业务服务来分担原来的一个系统压力，避免某一个地理位置的业务系统因为机房断电、机房火灾、城市地震、水灾等灾难的发生导致其不能使用。判断一个系统是否满足异地多活架构主要看其是否满足两个标准，第一是正常情况下，用户无论访问哪一个地理位置上的业务系统，都能够获得正确的业务服务；第二是某地系统异常情况下，用户访问到其他地理位置上正常的业务系统，能够获得正确的业务服务。

根据地理位置的不同，异地多活架构可以分为同城异区、跨城异地、跨国异地。

同城异区指将业务部署在同一个城市的不同地理位置的机房。例如，在青岛部署两个机房，一个机房在市南区，一个机房在崂山区。这两个不同区的机房可以通过专用高速网络进行连接。

同城异区的异地多活架构的优点就是两个机房距离不远,通常只有几十千米,通过高速专用网络可以实现和一个机房几乎同样的网络传输速度。这也意味着,虽然地理上是两个不同的机房,但是从逻辑上可以看作一个机房。这种架构的缺点也非常明显,就是如果该城市出现一些严重事件,如洪水、大范围停电等,机房的安全性是无法得到保障的。

跨城异地指的是业务部署在不同城市的多个机房,通过跨城部署,可以避免如地震、水灾、停电等问题。但是,跨城异地的缺点是两个城市距离很远,会使得网络传输速度变慢,除了距离增大导致网络传输速度变慢之外,传输网络故障的概率也会增加,如光纤挖断、骨干网故障等。

跨国异地是指业务部署在不同国家(地区)的多个机房。虽然机房应对危险的能力得到进一步提高,但是网络传输时延变得越来越高。

异地多活的本质是通过异地的数据冗余,保证在异常极端情况下业务也能够正常开展。因此,数据同步对于异地多活架构非常重要,而对于跨城异地和跨国异地来说,由于地理位置的限制,数据同步非常困难。所以,对于这两种方式的异地多活架构,可以通过2种方式进行缓解:一个是尽量减少数据同步,只同步核心业务相关数据;另一个是保证最终一致性,不保证实时一致性。由于地理位置的距离限制,做到数据的实时同步很困难甚至不可能,那么只要保证最终的异地系统的数据一致即可,不在时间上进行强约束。

6.5 事务管理

事务是指作为单个逻辑工作单元执行的一系列操作,要么完全地执行,要么完全地不执行。通过将一组相关操作组合为一个要么全部成功要么全部失败的单元,可以简化错误恢复并使应用程序更加可靠。总结起来,事务具有ACID特点。

A是指原子性(Atomicity),将事务中所做的操作捆绑成一个原子单元,即对于事务所进行的数据修改等操作,要么全部执行,要么全部不执行。

C是指一致性(Consistency),事务在完成时,必须使所有的数据都保持一致状态,事务执行前后,数据库从一个一致状态转换到另一个一致状态。而且在相关数据中,所有规则都必须应用于事务的修改,以保持所有数据的完整性。

I是指隔离性(Isolation),由并发事务所做的修改必须与任何其他事务所做的修改相隔离,即事务不会查看由另一个并发事务正在修改的数据。

D是指持久性(Durability),事务完成后,它对系统的影响是永久的。

事务管理对于信息系统,尤其是电商购物系统来说是非常重要的。举一个简单的例子,设想网上购物的一次交易，其付款过程至少包括以下几步操作。

（1）更新客户所购商品的库存信息。

（2）保存客户付款信息——可能包括与银行系统的交互。

（3）生成订单并且保存到数据库中。

（4）更新用户相关信息，如购物数量等。

正常情况下，这些操作将顺利进行，最终交易成功，与交易相关的所有数据库信息也被成功更新。但是，如果在这一系列过程中任何一个环节出了差错，如在更新商品库存信息时发生异常、该顾客银行账户存款不足等，都将导致交易失败。一旦交易失败，数据库中所有信息必须保持交易前的状态不变。例如，最后一步更新用户信息时失败而导致交易失败，那么必须保证这笔失败的交易不影响数据库的状态——库存信息没有被更新、用户也没有付款、订单也没有生成。否则，数据库的信息将会一片混乱且不可预测。

所以，在通过信息系统执行操作时，需要对操作进行事务管理，这里的操作并不是所有的操作。主要是会对数据库数据产生影响的操作，比如增加、删除、更新等操作，而像查找等不会改变数据库数据的操作，也可以不进行事务管理。

Hibernate 框架与 MyBatis 框架类似，也是一个开放源代码的对象关系映射框架。MyBatis 框架是一个半自动化的对象关系映射框架，而 Hibernate 框架是一个全自动的对象关系映射框架。Hibernate 框架可以自动生成 SQL 语句、自动执行，使得 Java 程序员可以随心所欲地使用对象编程思维来操纵数据库。

Hibernate 框架中使用 Transaction 接口完成事务管理，在开启 Transaction 之前，需要先创建一个 SessionFactroy 接口，SessionFactroy 接口负责初始化 Hibernate 框架，将数据库信息载入应用程序。其实现代码如下。

```
SessionFactory sf = new Configuration().configure().buildSessionFactory();
```

构建完 SessionFactory 对象后，需要使用该对象构建 Session 对象。Session 对象是 Hibernate 技术的核心，持久化对象的生命周期、事务的管理和持久化对象的查询、更新和删除都是通过 Session 对象来完成的。其实现代码如下。

```
Session s1 = sf.openSession();
```

获取 Session 对象后就可以进行事务的创建，其实现代码如下。

```
Transaction tx = s1.beginTransaction();
```

创建完毕，将具体的业务操作放在事务中执行，保证操作对数据库数据执行的安全性。

Transaction 接口的常用方法如下。

（1）commit()：提交相互关联的 Session 实例。

（2）rollback()：撤销事务操作。

（3）wasCommitted()：检查事务是否提交。

如果操作没有问题，则会执行 commit() 方法进行提交，否则执行 rollback() 方法撤销事务操作。

在信息系统的硬件系统中，采用"三级两层次"的存储结构，为了解决 CPU 和主存速度不匹配的问题，在两者之间加入了 Cache。Cache 是一种高速缓冲存储器，虽然速度快，但是容量却要远小于主存。所以，Cache 不可能保存主存中所有的数据，只能保存其中的一小部分。

在信息系统的软件系统中，为了缓解数据库与应用程序之间的访问效率问题，也可以使用 Cache 缓存机制。

如果每一次事务处理，都让应用程序直接访问数据库，既会增加数据库的访问压力，又会增加事务完成的时间。尤其在大并发量的情况下，大量的数据需要进行读取操作，如果每次程序都需要向数据库直接做查询操作，它们所带来的性能开销显而易见，频繁的网络传输将会大大降低系统的整体性能。

为了解决该问题，利用软件技术手段在数据库与应用程序之间引入 Cache，通过 Cache 让数据在本地内存中保留一个镜像，下次访问时只需从内存中直接获取数据，这样显然可以带来不小的性能提升。

仍然以 Hibernate 框架技术为例。在 Hibernate 框架中，使用 Session 接口实现第一级 Cache，第一级 Cache 属于事务级数据缓冲。一旦事务结束，Cache 也随之失效。第一级 Cache 的实现代码如下。

```
SessionFactory sf =new Configuration().configure().buildSessionFactory();
        Session s=sf.openSession();
        s.beginTransaction();
        System.out.println(" 分割线 ");
        Book b1=(Book)s.get(Book.class,1);
        System.out.println(" 分割线 ");
        Book b2=(Book)s.get(Book.class,1);
        System.out.println(" 分割线 ");
        s.getTransaction().commit();
        s.close();
        sf.close();
```

上述代码通过 Session 对象获取数据库中 id = 1 的 Book 类的对象，第一次通过 id = 1 获取对象的时候，Session 中是没有对应缓存对象的，所以会在"分割线"后出现 SQL 查询语句。第二次通过 id = 1 获取对象的时候，Session 中有对应的缓存对象，所以在"分割线"

后不会出现 SQL 查询语句。

Hibernate 的一级缓存是在 Session 上，二级缓存是在 SessionFactory 上。

SessionFactory 的作用域要高于 Session，SessionFactory 是线程安全的，可以被多个线程调用。大多数情况下一个应用中只初始化一个 SessionFactory，它可以为不同的线程提供 Session，当客户端发送一个请求线程时，SessionFactory 生成一个 Session 对象来处理客户请求。二级缓存的实现代码如下。

```
SessionFactory sf =new Configuration().configure().buildSessionFactory();
        Session s1=sf.openSession();
        s1.beginTransaction();
        Book b1=(Book)s1.get(Book.class,1);
        System.out.println(" 分割线 ");
        Book b2=(Book)s1.get(Book.class,1);
        System.out.println(" 分割线 ");
        s1.getTransaction().commit();
        s1.close();

        Session s2=sf.openSession();
        s2.beginTransaction();
        Book b3=(Book)s2.get(Book.class,1);
        System.out.println(" 分割线 ");
        s2.getTransaction().commit();
        s2.close();
        sf.close();
```

上述代码创建了两个 Session 对象，在第一个 Session 里第一次获取 id = 1 的 Book 对象时会执行 SQL 语句，第二次获取 id = 1 的 Book 对象时不会执行 SQL 语句，因为有一级缓存。在第二个 Session 里获取 id = 1 的 Book 对象时会执行 SQL 语句，因为在第二个 Session 没有缓存该对象。所以总共会看到两条 SQL 语句。

下面基于上述代码开启二级缓存。在 Hibernate 框架中写入二级缓存配置信息。Hibernate 本身不提供二级缓存，都是使用第三方的二级缓存插件。这里使用的是 EhCache 提供的二级缓存插件，其配置代码如下。

```
<property name="hibernate.cache.use_second_level_cache">true</property>
<propertyname="hibernate.cache.provider_class">org.hibernate.cache.EhCacheProvider</property>
```

完成配置后，再次运行上述代码。会发现使用不同的 Session 去获取 id = 1 的 Book 对象时，只会访问一次数据库。因为第二次获取虽然没有从第二个 session 中拿到缓存，但从 Sessionfactory 中拿到了 Book 缓存对象。

使用缓存机制会涉及数据的更新与同步问题，在进行数据的删除操作时，一般采用延迟双删的策略。

在更新数据库数据时，需要同步 redis 中缓存的数据，所以存在两种方案。

（1）第一种方案：先执行数据库更新操作，再执行缓存清除。

（2）第二种方案：先执行缓存清除，再执行数据库更新操作。

但是上述两种方案都存在弊端，即当存在并发请求时，很容易出现问题。

（1）第一种方案的弊端：当请求 1 执行数据库更新操作后，还未来得及进行缓存清除，此时请求 2 查询到并使用了 redis 中的旧数据。

（2）第二种方案的弊端：当请求 1 执行缓存清除后，还未进行数据库更新操作，此时请求 2 查询到了旧数据并写入了 redis。

为了解决上述弊端，提出了延迟双删策略。之所以采用延迟双删策略是因为在访问 redis 时，redis 中的数据可能不是热点数据，即此时数据库的更新操作已经完成，但是还没有同步到 redis 中。

延时双删方案执行有 4 步：删除 redis；更新数据库；延时 500ms；删除 redis。

为何要延时 500ms？这是为了我们在第二次删除 redis 之前能完成数据库更新操作。防止在两次删除 redis 操作执行完毕后，数据库的数据还没有更新。

那么为何要两次删除 redis？因为第一次删除 redis 是为了防止数据库更新操作后，redis 中仍然保留旧数据，导致请求直接访问 redis 读取旧数据。第二次删除 redis 是为了防止数据库更新操作还未完成，请求在数据库中查询到了旧数据，并写入了 redis 中。

6.6 云计算

前面诸多提高系统性能的提出方式，主要依托物理设备的提升和转换策略，但是物理设备的资源利用总会存在不足或者冗余，造成资源的浪费。所以，随着科技的发展，云计算技术逐步成为性能提升的关键技术。

云计算是当下流行的技术之一，云计算技术的引入解决了传统信息系统中资源不充足的问题。云计算是供应商利用其强大的资源池，通过互联网向用户提供资源的方式。云计算实现资源的按需分配，就像家庭用电一样，每一个家庭需要多少电，就去充值多少，不需要过度充值，也避免了不够用情况的发生。如果用完，可以再次去购买。云计算将电力换成了计算资源进行按需售卖。

6.6.1 云计算的特点

客户在使用云计算资源时，可以根据需要"按需"使用资源，客户只需为所购买的计算资源付款。云计算与传统的资源使用方式相比，资源有效利用效率大幅提高。

传统的资源是固定的物理设备。比如一个企业需要购买一台服务器，可能会在买之前做出一套完整的购买方案，把系统的性能考虑完整，避免资源浪费或者不够用。企业考虑到未来的发展空间，一般会往高的性能购买设备资源，但因为企业前期业务不多，所以大量的资源闲置会被浪费。随着业务的不断扩大，企业后期业务超出了当时的预期，还会造成设备资源不够用。

可以看出，传统的资源分配方式不利于资源的有效利用，利用率较低。需求和资源总是不能吻合。

引入了云计算之后，可以根据需要"按需"使用资源，这种分配方式可以使得企业完全可以按照目前的状况进行资源的购买，不用担心不够用或者用不了的问题，如果不够用，可以继续进行购买，从而避免了资源浪费。云计算主要有以下4个特点。

（1）按需自助服务。为了实现最大的灵活性，用户可以根据需要以自助式方式访问云资源，不需要与服务提供商进行冗长的谈判。在许多情况下，客户可以访问云中的资源，不需要与提供者进行人工交互。对于需求变化迅速的企业，可以实现前所未有的灵活性，因为它极大地方便了根据需要扩展或缩小基础架构。

（2）快速弹性。通常信息系统基础架构的服务器和其他元素需要数周的交付时间和数天或数周的配置时间（因为公司的专业人员必须安装和配置系统软件、数据库和应用程序软件，具体取决于客户的需求）。相比之下，在云环境中，计算资源可以基于用户需求几乎即时地使用，并且可以自动地按比例放大或缩小。因此，不需要购买昂贵的设备来为预期的需求激增做准备。但是，如果客户的需求确实激增，则企业可以通过云服务立即以任何数量访问所需的资源。

（3）广泛的网络访问。由于云服务是通过互联网访问的，因此几乎可以从任何地方以及几乎任何支持Web的设备访问它们。对于客户而言，这可以实现业务流程的实时管理，可以随时随地从任何位置访问云中托管的应用程序，无论是从台式计算机还是笔记本计算机，又或是从iPhone、iPad或Android智能手机中均可对其进行访问。因此，员工可以在任何位置上迅速响应可能需要他们立即关注的任何事情，而不必待在办公室里。

（4）资源池。云提供商不是在一个特定的物理机器上向每个客户出租空间或时间，而是管理多个分布式资源，这些资源根据客户的需求动态被分配给多个客户。因此，客户仅需要租用资源，而不必了解或控制资源的提供方式或位置。但是，在某些情况下，服务提供商允许客户指定资源的特定地理区域。例如，上海公司可以租用位于上海的资源，以便减少响应延迟。

6.6.2 云计算的服务方式

云计算提供的资源服务类型种类多样。主要可以划分为以下3类：基础设施即服务

（IaaS）、平台即服务（PaaS）、软件即服务（SaaS）。

基础设施即服务通过云计算平台提供基础设施类的资源，如硬件资源、网络资源、信息安全资源等。

平台即服务通过云计算平台提供平台资源，如操作系统、Web服务器、数据库管理系统、编程语言等。

软件即服务通过云计算平台提供软件应用资源，如应用软件等。

这3种服务可以通过一个例子进行说明。比如我们要准备一顿晚餐，第一步是需要准备食材，基础设施即服务就是将这些做菜必备的食材为我们准备好了，我们不需要再去外面购买了。平台即服务就是将一个完整的厨房提供给了我们，包括锅、碗、瓢、盆、冰箱等，已经全部具备，我们需要做的就是做菜。软件即服务就是将一道道色、香、味俱全的菜都做好了，你直接吃就可以。

根据云计算供应商提供的服务的不同，又可以分为公有云和私有云。公有云面向广大用户，其归属权在服务供应商，而不是用户个人。用户只能够利用该公有云的资源，但没有所属权。所以，公有云的安全性不高，一旦供应商关闭了服务，用户在公有云中的资源就会面临丢失。但是，公有云价格便宜，只需要为每一次的使用付费即可，具有良好的伸缩性和扩展性。

私有云是真正属于用户的，是专门根据用户的需要打造的云计算。其安全性和自主可控能力是很高的。但是，私有云造价比较昂贵，一般面向企业或者组织。

由于其各种优势，云计算已经获得了很大的普及，尤其是在试图利用可扩展性潜力并提高业务敏捷性的高管中。但是，在将基础架构迁移到公有云时，管理层还应考虑各种问题。首先要考虑的是将哪些应用程序、服务或数据迁移到云。通常，没有一个云计算提供商可以满足客户的所有需求。因此，客户通常必须与不同的服务提供商合作，根据业务需求选择IaaS、PaaS和SaaS模型，并经常将公共云和私有云结合起来。由于没有一种解决方案适合所有人，客户必须仔细权衡云计算的利弊，主要考虑的问题包括可靠性、可扩展性、可行性、安全性、隐私、合规性、产品多样性、开放性以及成本等。

得益于云计算的强大算力，许多技术也得到了较大的发展，首当其冲的就是大数据技术。大数据中的"大"字的含义非常广泛，主要体现在数据种类多、处理数据速度快、存储数据容量大等方面。随着当下数据采集设备和数据类型的增多，短时间就可以产生各种数据类型的海量数据。面对海量数据，首先要有一个非常大的存储空间对其进行存储，但存储远远不能满足用户的需要，用户往往要求从海量数据中获取到对自己的业务有帮助的有效信息，用来指导企业决策，所以，还需要通过强大的算力来快速处理数据并得出结果。无论是快速的数据处理能力还是海量的存储空间，仅依靠本地的设备是无法满足快速变化的数据需要的，只有依靠云计算作为底层架构，才能够实现大数据技术的实施和运行。

参考文献

[1] 冉姝玲，杨柳青. 软件工程技术在系统软件开发过程的应用研究[J]. 长江信息通信，2022，35(04)：132-134.

[2] 李静，孙伟，高建. 系统软件开发过程中的软件工程技术[J]. 电子测试，2021(16)：125-126.

[3] 檀超，张静宣，王铁鑫，岳涛. 复杂软件系统的不确定性[J]. 软件学报，2021，32(7)：1926-1956.

[4] 郑庆博. 计算机信息系统开发方法体系结构研究[J]. 信息技术与信息化，2016(12)：113-114+119.

[5] 鲁洋. 软件工程方法在计算机软件开发中应用[J]. 软件，2022(8)：176-178.

[6] 周健，曹晓龙，吴琦. Web软件性能参数自动化测试方法设计[J]. 电子设计工程，2023(16)：112-115+120.

[7] 张坤，张云霞，孙全建. 计算机软件数据库设计的原则及问题研究[J]. 电子技术与软件工程，2022(1)：168-171.

[8] 吴凡，卞建玲，宋振乾，等. 微服务软件架构设计模式及其应用[J]. 数字通信世界，2024(1)：102-104.